2025年度版

D.ブレイン［編著］

業界と会社研究

商社

産経新聞出版

◆商社業界研究クイズ

Q 1
2020年ごろから総合商社の株を買い求め、先見の明があると賞賛された世界的投資家は誰。
ⓐジョージ・ソロス
ⓑウォーレン・バフェット
ⓒ村上世彰

Q 2
世界中が脱炭素社会実現に向けて進む中、注目されている水素エネルギー。この新エネルギー開発、供給で国内のリーディングカンパニーは。
ⓐ東レ
ⓑ帝人
ⓒ岩谷産業

Q 3
日本の食料自給率はどれくらいか。
ⓐ78％
ⓑ55％
ⓒ38％

Q 4
〝最後のフロンティア〟と呼ばれるアフリカで、ビジネスを大きく展開し存在感を増す総合商社は。
ⓐ伊藤忠商事
ⓑ豊田通商
ⓒ丸紅

Q 5
外国為替証拠金取引（FX）大手の外為どっとコムの株式を大幅に取得し、持分法適用会社にした商社は。
ⓐ伊藤忠商事
ⓑ三菱商事
ⓒ双日

Q 6
マルハニチロ社とサーモンの陸上養殖事業会社を立ち上げた商社は。
ⓐ日鉄物産
ⓑ阪和興業
ⓒ三菱商事

Q 7
講談社、小学館、集英社など出版業界大手企業と組んで出版流通のDX化、改革を目指す新会社PubteXを設立した商社は。
ⓐ日本紙パルプ商事
ⓑ丸紅
ⓒ三洋貿易

Q 8
アジア市場におけるアニメ・キャラクターライセンス事業を展開しているのは。
ⓐ住友商事
ⓑ三菱商事
ⓒ伊藤忠商事

Q 9
三井物産の創業者は誰？
ⓐ伊藤忠兵衛（初代）
ⓑ岩崎彌太郎
ⓒ益田孝

Q 10
2025年開催の大阪万博で注目を浴びそうな「空飛ぶ車」。実用化に積極的な商社は。
ⓐ日立ハイテク
ⓑ双日
ⓒ丸紅

Q 11
「建材の食べログ」と言われるアークログを運営する商社は。
ⓐ丸紅
ⓑユアサ商事
ⓒトラスコ中山

Q 12

ワンキャリアが主催する「就活クチコミアワード2023」で最高賞GOLDを受賞した商社は。

ⓐ三菱商事
ⓑ日立ハイテク
ⓒダイワボウ情報システム

Q 13

今年（2023年）発表されたOECDの幸福度調査で日本の順位は。

ⓐ5位
ⓑ22位
ⓒ47位

Q 14

人口が世界一となったインドで、「日本式ものづくり学校（JIM）」を展開する鉄鋼商社は。

ⓐ伊藤忠丸紅鉄鋼
ⓑ日鉄物産
ⓒメタルワン

Q 15

サステナブル経営に大きく舵を切る総合商社。伊藤忠商事が始めた消費者向けレストランは。

ⓐ緑の牧場
ⓑ星のキッチン
ⓒ白いレストラン

Q 16

夏の風物詩になったTV「鳥人間コンテスト」。この番組を10年以上スポンサードしている商社は。

ⓐ岩谷産業
ⓑ住友商事
ⓒ稲畑産業

Q 17

コンビニと総合商社、組み合わせが違うのは。

ⓐ伊藤忠商事・ファミリーマート
ⓑ三菱商事・ローソン
ⓒ住友商事・セブンイレブン

Q 18

商社小説の傑作『不毛地帯』の作者は。

ⓐ松本清張
ⓑ城山三郎
ⓒ山崎豊子

Q 19

かつて総合商社の一角を担っていたトーメンを吸収合併した商社は。

ⓐ豊田通商
ⓑ三菱商事
ⓒ丸紅

Q 20

総合商社が力を入れるデカコーン企業への投資。その定義で間違っているのは。

ⓐ創業者が30歳未満
ⓑ評価額100億ドル以上
ⓒ創業10年未満

Q 21

世界最大の生物多様性を誇るアマゾン。その環境保全を積極的に支援している商社は。

ⓐ伊藤忠商事
ⓑ三井物産
ⓒ三菱商事

Q 22

MNインターファッション株式会社は、商社「M」と商社「N」が折半で出資し、統合新会社として2022年1月にスタートした。「N」は日鉄物産、「M」は次のうちどこか。

ⓐ三菱商事
ⓑ三井物産
ⓒ丸紅

Q 23

総合商社がこぞって参入しているSAF。国内生産・調達を積極的に進めている企業はどこか。

ⓐユーグレナ
ⓑ花王
ⓒコスモ石油

Q 24

三菱商事の企業理念として受け継がれている「三綱領」に当てはまらないものは次のうちどれ？

ⓐ「立業貿易」
ⓑ「所期奉公」
ⓒ「質実堅忍」
ⓓ「処事光明」

あなたの業界研究習熟度

24～21点◆プロ級

まだまだ厳しい就職戦線だが心配は無用。あとは自分をうまくアピールするだけです。商社はあなたの入社を待っている！

20～16点◆セミプロ級

業界研究は十分のようです。間口の広い業界だけに今後もその調子で研究を続けましょう。常に情報の更新を心がけて。

15～11点◆王手級

国際情勢やIT関連など最新情報をさらに収集し、21世紀の商社のあり方をシミュレート。知識とともに分析力を養おう。

10～6点◆心配級

他者や世界への好奇心が薄い人に商社は向きません。あらゆることにアンテナをむけるバイタリティがあなたには必要かも。

5～0点◆……級

就職戦線最強のノウハウは採用担当者に期待感を持たせること。こうなったら、自分のキャラクターに磨きをかけるしかない？？

解答と解説

●Q1 [ⓑ] 数年前から、バフェットは総合商社の株を買い増している。バフェットは「情報と人に投資する商社には大きな将来性がある」と語っている。**●Q2 [ⓒ]** **●Q3 [ⓒ]** 日本の食料自給率は38%。カナダ266%、オーストラリア200%、アメリカ132%、フランス125%、ドイツ86%、イギリス65%、イタリア60%、スイス51% となっており、日本の食料自給率（カロリーベース）は先進国の中で最低の水準である。**●Q4 [ⓑ]** 豊田通商は、2016年フランス最大のアフリカ専門商社であったCFAOを完全子会社化。アフリカ54か国でビジネスを展開している。**●Q5 [ⓐ]** **●Q6 [ⓒ]** **●Q7 [ⓑ]** **●Q8 [ⓒ]** **●Q9 [ⓒ]** 1876年、益田孝氏が旧三井物産を創業。初代伊藤忠兵衛氏は伊藤忠商事・丸紅の２社を創業。岩崎彌太郎氏は三菱グループの基礎を築いた創業者。**●Q10 [ⓒ]** **●Q11 [ⓐ]** **●Q12 [ⓒ]** ダイワボウ情報システムはジャンル別で「説明会部門GOLD」「エリア部門BRONZE」とダブル受賞である。**●Q13 [ⓒ]** 順位は加盟国137か国中のもの。トップはフィンランド。日本の順位はここ数年、62位、56位、54位である。**●Q14 [ⓑ]** **●Q15 [ⓑ]** 伊藤忠商事は、2022年夏にプラントベースフードの消費者向けブランド「wellbeans」を立ち上げ、キッチンカーでの弁当販売や冷凍スイーツなどを展開している。**●Q16 [ⓐ]** **●Q17 [ⓒ]** セブンイレブンと関係が深いのは三井物産である。**●Q18 [ⓒ]** 松本清張は『空の城』、城山三郎は『毎日が日曜日』で商社をテーマに小説を執筆している。**●Q19 [ⓐ]** ニチメンと日商岩井が合併して、双日が誕生した。総合商社に歴史あり。**●Q20 [ⓐ]** **●Q21 [ⓐ]** **●Q22 [ⓑ]** **●Q23 [ⓐ]** ベンチャー企業であるユーグレナ社は「日本をバイオ燃料先進国に」という目標を掲げ「GREEN OIL JAPAN」宣言をしている。2030年までにSAFの産業化を目指している。**●Q24 [ⓒ]** 四代社長岩崎小彌太の1920年の訓諭をもとに、1934年に旧三菱商事の行動指針として制定されたもの。「所期奉公＝期するところは社会への貢献」「処事光明＝フェアープレイに徹する」「立業貿易＝グローバルな視野で」を意味する。

「清く、正しく、美しく」そして、たくましく
――『商社』本、三〇年の歩みから――

D．ブレイン　稲葉　昌司

本書が年度版としてスタートしてから、三〇年の歴史がたった。業界研究、企業研究の本としては、スタートした当時も類書はたくさんあったし、今も少なからず存在する。しかし、三〇年毎年続けて刊行している書籍はほかにはないと思う。なぜそういうことが可能だったかと言えば、読者の支持と、私自身が、商社という業界とそこで働く人たちの魅力にとりつかれたからと言うほかない。

今まで多くの業界とかかわりを持ってきた。例えば、広告、生保・損保、銀行、化学、パチンコ、アミューズメント、コンサルティングファーム、フードサービス、ベンチャーなど。離職者の歩留まりを考えて毎年大量採用している業界もあった。またベンチャー企業の本を作った時は、その三年後、掲載した企業のうち半数が無くなっていた。学生に人気のあるコンサルティング会社は、頭がよく理屈は立派だが、本当に現場を知っているのだろうかとも思った。そんな訳で、業界研究・就職書として一〇年以上続いた業界もあれば、数年で刊行をあきらめた業界もある。

本書がスタートした時、就職活動市場は俗にいう〝バブル時代〟で今と同じ超売り手市場だった。ライバル企業の試験の時にディズニーランドに内々定者たちを拘束

したとか、内定者たちに車をプレゼントしたという囲い込み行為が行われていた。理系学生がバブルを享受しようと銀行や証券会社に殺到したのもこの時代だ。

当時は総合商社として九社が名を連ねていた。三菱商事、三井物産、住友商事、伊藤忠商事、丸紅、兼松江商、ニチメン、トーメン、日商岩井である。総合商社と言えども、時代の流れに逆らうことはできなかった。バブル崩壊とともに、兼松江商は兼松と社名を変え大幅に規模を縮小し、得意分野に特化していった。トーメンは豊田通商に吸収合併された。ニチメンと日商岩井は合併して双日となった。三菱商事とトップを争う伊藤忠商事でさえ、丹羽宇一郎社長（当時）の元、膿を出し切る荒療治をせざるを得なかった。

本書は元々『総合商社』という書名だった。商社を目指すほとんどの学生たちが、これらの企業を目指していたからだ。私の目にも、これ以外の企業は眼中になかった。しかし時代の激流の中で、この思い込みは脆くも崩れていった。これほど危うい業界や企業を学生に紹介していいのか、そんな自問自答があった。

それに光を見出させてくれたのが、学生からの声だった。当時は本に「読者カード」というものを挟み込んでいた。ほとんどの読者が関心企業として総合商社の名前を記入していたが、こんなコメントが届いた。

「商社には、総合商社以外にもたくさんいい企業があると思いますが、御社の本にはほとんど登場していません。もっと情報が欲しいです」

はっとした。商社に魅力を感じていながらも、あまりに視野が狭かったのではないか。商社の本当の姿を読者に伝えきれていないのではないか。総合商社以外に、どんな企業があるのだろうか、知りたい、そう思った。

それから、私の商社探しが始まった。採用担当者に会い、そこで働く商社パーソンたちの話をむさぼるように聞いた。まず、採用担当者たちの情熱が熱いのに驚いた。メーカーなどと違い採用人数は多くないが、その分学生一人ひとりと真剣に対応し、人物を実によく見ている。また、商社パーソンたちの話が圧倒的に面白い。失敗したこと、大成功して手柄を上げたことなどを裏表隠さず話してくれる。海外でのエピソードなど特に面白いが、言葉も通じない地域での孤軍奮闘に圧倒される。そのエネルギーに感服した。何よりも話が上手で、人間的魅力に溢れていた。これは総合商社、専門商社問わず共通している。

「商社とはなんだ」という問いに「私たちの生活を支える企業」ということができる。石油や天然ガスが全く取れない日本でなぜ車も電力もふんだんにあるのか、カロリーベースで三八％の自給率しかない日本でなぜ餓死者が全くいないのか。改めて、商社の仕事を考えてみてほしい。ハード・ソフト、両面で国民の生活を支えているのだ。商社は日本にはなくてはならない存在だと言える。そんな商社の仕事で、大切なことは何か。最後に前述の丹羽宇一郎氏の言葉を借りて贈りたいと思う。

「清く（Clean）、正しく（Honest）、美しく（Beautiful）」そして、たくましく

私が、今まで会ってきた商社パーソンたちに、共通する姿だ。これを体現できる業界は多くない。その精神が廃れない限り、私と商社との付き合いは続くのだと思う。

CONTENTS

第2章

商社の仕事と組織 ▼223

第3章 商社の企業模様

人事部発「私が読んでほしい〝この一冊〟」▼395

第6章 商社業界に入るには ▼401

第7章 商社業界企業データ

第1章

商社の仕事人たち

ドキュメント仕事人❶

未知の世界で、困難な道を切り拓く＝CBC・菅原 成紀

◆〝ド〟で始まる三文字の国

二〇〇七年七月。

化学系商社CBC・ファッション営業部の菅原成紀は、突然上司から会議室に呼び出された。「何か話でもあるんだろうか」——。呼び出された理由に考えを巡らせていた菅原。そんな彼に、上司は突然次のような言葉をかけた。

「菅原、〝ド〟で始まる三文字の国に行ってみる気はあるか？」

菅原が母校の外国語学部で専攻していたのは、ドイツ語。会社には、当初からドイツ駐在に行きたいという希望を伝えていた。もっとも菅原は、当時すでに三七歳。入社から一四年が過ぎようとしており、アパレル事業を担当してすでに一〇年目だ。海外勤務の志望を出していたことさえ、忘れかけていた。〝ついに来たのか！〟。そう思った菅原は勢いよく身を乗り出し、二つ返事でこう答えた。

「もちろんです、ぜひ行かせてください！　ドイツ行きを首を長くして待っていましたよ！」

ところがこれを聞いた上司は、うれしそうな笑みを浮かべてこう言った。

「よし、二言はないな？　ただし俺はドイツとは言っていないぞ。菅原に行ってもらうのはドイツじゃなくて、ドバイ首長国だ」

意表を突かれ、思わず目を丸くする菅原――。

ずっと欧米に目を向けていた彼にとって、ドバイは全く意識していなかった予想外の世界だ。

だが彼はそれまでの経験を通じて、信条にしていることがあった。それは「迷ったら困難な道を選べ」ということだ。ただリスクを避けて通るよりも、前に一歩踏み出してチャレンジするほうがいい結果につながる。そう考える彼にとって、もちろん二言はなかった。

こんな青天の霹靂のやり取りから、彼の初の海外赴任先がドバイに決定。そして四か月後の同年一一月には、ペルシャ湾に面したアラビア半島の突端で走り回る菅原の姿があった。

◆ドバイを拠点にゼロからビジネスを作るミッション

ドバイといえば、超高層ビル、ブルジュ・ハリファに代表される絢爛豪華な未来都市のイメージが強い。だがブルジュ・ハリファの開業は、菅原の着任から三年後のこと。またどの都市にも、きらびやかな表の顔と裏の顔が混在していた。

後輩と二人でドバイに降り立った菅原がまず向かったのは、街外れの海沿いの砂漠の中にあるフリーゾーン＝保税区と呼ばれる一角。そこで彼に与えられたミッションは、「ドバイでＣＢＣの事務所を立ち上げて中東でのビジネスを開拓する」ことだ。

扱う商材はそれまでのアパレルと打って変わり、ＣＢＣが主力とする化学品、樹脂、食品、さらに同社

がメーカー機能を持つ光学レンズやセキュリティシステムなど。菅原たちはまだオフィスすらないドバイを拠点に、イランやサウジアラビアなど周辺国でこれらの販路をゼロから作り出す任務が課せられた。

それまでフランス、イタリア、中国などとのアパレルビジネスに腕を振るってきた菅原。英語ならお手のものだが、もちろん中東は未知の世界だ。

菅原が最初に訪ねたのは、現地事情に通じた日本人コンサルタント。その人物に教えを請いながら、入国後に取得する居住ビザ、IDカード、そして事務所を開設してビジネスを行うためのライセンスまで、膨大で煩雑な手続きから片づけていく。同時に仮事務所とする物件の短期契約を済ませ、仕事場を確保。続いてすぐ、新聞でドライバー、アシスタント、そして営業スタッフなどの募集を開始した。

求人広告が掲載されると、ファクシミリのロール紙が途切れるほどの膨大な応募が殺到。菅原は国籍も宗教も千差万別な応募者を入念に絞り込みながら、英語力、経歴、スキルなどを対面で確かめた。こうして作り上げられたのが、インド人、パキスタン人、フィリピン人、レバノン人、イラン人、そして菅原たち日本人を含めた六か国のチームだ。

だがCBCドバイ事務所は、ほどなく世界の金融市場を揺るがす激震に見舞われることになる――。

◆〝やりたいことをやらせてもらえる〟会社

菅原は一九七〇年、兵庫県姫路市で代々自営業を営んできた家に生まれた。

「海の外に出ていって、日本にない文化を自分の目で見てみたい」。早くからこうした思いを抱いていた彼は、高校一年生の時に交換留学でアメリカへ。そこで英語を学ぶかたわら、ホストファミリーの縁でドイツ系アメリカ人との交流を深める。後に大学でドイツ語を専攻するのは、この体験があったからだ。海外の大学へ進むことも考えたが、最終的に国内での進学を選択。数か月間、バッグパック旅行で欧州を単独で一周する体験を積んでいる。

菅原が就活に際してテーマとしたのは、もちろん〝海外〟。そんな彼の目が商社に向かったのは当然の成り行きだった。またもう一つ関心を持っていたのは、ファッションやアパレル業界。そのため菅原は繊維の専門商社も視野に入れながら、志望先を絞り込んでいった。

そんな彼が化学品、合成樹脂、光学機器を主力としつつ衣料や食品なども扱うＣＢＣ（当時は中外貿易）を選んだのは、〝社風〟のためだ。

「いろいろ調べた結果、ここはオープンで上下の区別もさほど厳しくなく、意思の疎通がしやすい会社だということを感じました。上意下達で命じられたことだけをするのでなく、自分の意思を汲んでもらえる環境がある、という話も直接聞いていましたから。〝やりたいことをやらせてもらえる〟会社だという、非常にいい印象を抱いて志望したことを覚えています」

こうして意気揚々とＣＢＣの門をくぐった菅原。だが彼はほどなく最初の担当として全く想像もしなかった商材を任され、その営業に奔走することになる。

◆たった二人の〝ゲームソフト〟担当

入社と同時に大阪の機能製品本部に配属された菅原は、プラスチック原料の合成樹脂を扱う部署でビジネスの基本を学んだ。最初の一年はアシスタント業務に徹して、会計や貿易などの実務をみっちり学習するわけだ。そして二年目を迎え、大阪に新設された情報・電子産業本部に異動。いよいよ営業として独り立ちしようとしていた彼に委ねられた最初の商材は、〝ゲームソフト〟だった。

セキュリティ用のカメラなど光学機器を主に扱う情報・電子産業本部は、CBCがメーカー機能を誇る主力部隊の一つだ。また民生用の消耗品なども扱っており、ゲームソフトはその意欲的なビジネスの一つとして東京で取り組みが始まっていた。任天堂のスーパーファミコンが登場して間もない当時、ゲームソフトは作れば数が売れる有望な商材。情報・電子産業本部での売上も、すでに億単位に達していた。

情報・電子産業本部が扱っていたのは、パチンコホールの台を家庭用ゲーム機用に移植したソフトウェア。初の取り組みとしてその開発にあたっていたゲームメーカーがパッケージを作り、CBCが全国のゲームソフトの問屋へ供給するわけだ。

「ゲームソフトはつまるところ、それが面白いかどうかの勝負です。そこで我々は面白いソフトを求めている客先、つまり問屋に対して新作ソフトの前情報を提供していくといった方法で、販売を拡大していきました。そして新作がリリースされれば、メーカーと一緒にパチンコホールなどでイベントを開催。同じゲームソフトでもパチンコは大人向けですから、通常とは違ったマーケティング調査が必要でした」

ほかにも菅原は、ゲーム周辺で多種多様な商材を手がけている。プリクラやUFOキャッチャーのアーケード機を、ゲームセンターに供給するビジネスもそうだ。さらにパートナー企業が買い取ったその中古筐体を中国や香港に販売、またUFOキャッチャーの景品の製造を中国の工場に委託するなどして、自分も現地にたびたび足を運ぶ日々を送った。

「私自身はそれまでゲームもパチンコもやりませんでしたが、仕事は面白かったです。こうした商材を扱っているのが全社で私を含め二人しかいないというのも、やりがいを感じる部分でしたね」

◆ゲームから一転して輸入生地の販売ビジネスに飛び込む

「ファッション営業部が大阪にできるらしい」

入社時からずっと大阪で勤務していた菅原。学生時代、彼が志望していた繊維業界は、東京本社が一手に担当していた。ところがようやく入社六年目を迎えようとする頃、業容の拡大にともなって大阪にもファッション営業部が新設されるとの情報が伝わってきた。

ゲームソフト事業に打ち込んですでに四年。菅原がかつて繊維業界を目指していたことも過去の話になりかけていたが、チャンスは突然巡ってきた。一九九八年四月から大阪のファッション営業部に異動する辞令が下ったのだ。

任されたビジネスは、生地メーカーから買い付けた生地を国内アパレルメーカーに供給すること。当初は国内生地メーカーの製品を扱っていたが、ほどなくフランス、イタリア、中国、韓国など海外を手がけることになった。つまり輸入生地の販売ビジネスだ。

単に生地メーカーから買い付けて納める、というだけだと商社の仕事は務まらない。輸入した生地はいったん商社が在庫した上で、国内アパレルメーカーの厳しい品質基準に合うよう加工・調整してやる必要がある。例えばヨーロッパでは、格子柄のパターンが歪んでいる、あるいは水に濡れると色落ちするといった場合でもさほど問題にされない。だが国内アパレルメーカーに対しては、生地の加工を専門とする業者に依頼して不具合をクリアする必要がある。そうして高付加価値化した生地をストックしておき、注文に応じてスピーディに供給することが、商社機能の一つとして求められるわけだ。

志望はしていたものの、菅原にとってはアパレル事業は全く未経験の世界。それだけでなく大阪のファッション営業部もできたばかりで、まだネットワークもノウハウも蓄積はゼロの状態だ。身近で頼れるのは、繊維業界に強い上司一人だけ。菅原は生地メーカー、また縫製管理や加工業者の担当者たちからも教えを請うなど、猛スピードで業界の知識を吸収していった。

◆一日で一〇万歩近く歩いた国際見本市

この業界で例年のハイライトとなるのが、春夏及び秋冬に分けて行われる生地の国際見本市。フランスはパリ郊外、イタリアはミラノで、それぞれ巨大な展示会場にメジャーな生地メーカーが一堂に会する屈指のイベントだ。展示されるのは、一年半先を見越した最新の生地。各国のデザイナーが最新のトレンド情報をキャッチしようと、世界中から詰めかける。

菅原が担当しているアパレルメーカーのデザイナーたちも、もちろんこの見本市は見逃せない。そんな彼らをアテンドするのも菅原の役目だ。

四日間という限られた日程で、広大な会場をどう回るか――。実はこれも、担当営業の腕の見せどころだ。見本市でアパレルメーカーが買い付けるのは生地のサンプルなので、その場で動く金額は少ない。だがそれが量産化に結びつけば、生地を輸入するCBCの取扱量も大幅に増えていく。

デザイナー側は新作を見たい生地メーカー、また生地メーカー側は特に売り込みたいアパレルメーカーがある。アテンドする営業担当がこうした双方の要望をうまくさばき、見本市会場で生地メーカーとデザイナーを効率よくマッチングさせることが、ビジネスの成功につながるわけだ。

また見本市に来たデザイナーは、できるだけ多くのサンプルを買い付けようとする。だが彼らと同行する予算管理担当のマーチャンダイザー（ＭＤ）はシビアに電卓を弾き、時には購入を控えるようアドバイスするのが役目だ。そんな時に生地メーカーとの間に入り、金額交渉をしてより多く買いやすくなるよう調整するのも菅原の仕事だった。

パリ郊外で開かれる世界最高峰のテキスタイル見本市「プルミエールヴィジョン パリ」は、二万七五〇〇平方メートルの広さ。そこを休む間もなくデザイナーたちを案内して回る菅原は、一日で最高一〇万歩近く歩いたこともあった。しかし、メーカーの人たちの満足気な顔を見ると、疲れを感じることはなかった。

見本市以外の時期も、菅原は頻繁に海を渡った。主な行き先は東アジアだ。

彼がアパレル事業を担当していた九〇年代末〜〇〇年代は、中国や韓国の製品が品質より価格の安さでシェアを伸ばしていた時代。菅原は客先のニーズに合わせ、より低価格の生地を探して足繁く現地のメーカーを訪ね歩いた。また中国で特に多かったのは、腕のいい縫製、裁断、加工などの工場を探す任務だ。菅原は現地法人スタッフや国内同業者らの情報を頼りに中国の沿岸部を北へ南へと歩き回り、推薦された工場の仕事ぶりや各種条件を自分の目で確かめていった。

こうした多忙な日々を送りながら、入社一四年目を迎えた二〇〇七年。すでに百戦錬磨の中堅営業パーソンとなった菅原は、ドバイという、ＣＢＣにとってもまったくの未知の世界で腕試しに挑むことになったわけだ。

◆約束の結果も〝神のみぞ知る〟

インド人、パキスタン人、フィリピン人、レバノン人、イラン人、そして日本人――。宗教も、仏教、キリスト教、イスラム教、ヒンズー教、そして無宗教とみんなバラバラだ。菅原が立ち上げたCBCのドバイ事務所は、こうした文字通り多様なスタッフとともに出帆した。イスラム教の断食月ラマダン、ヒンズー教の祭典ディワリ、あるいはキリスト教のクリスマスなど有名な宗教行事、そして国同士の仲が悪いインドとパキスタンの国民感情など、それぞれのバックグラウンドは、マネジメントする菅原にとって神経を使うデリケートな部分。彼はスタッフの信仰や価値観にまで配慮しながら、ドバイの仮事務所を足がかりに中東でのビジネスに乗り出していった。

それが困難の連続に見舞われたことは、いうまでもない。本事務所の確保は想定外に時間を要し、フリーゾーンに二〇〇平方メートルほどのオフィスを構えるまで三か所も仮事務所を転々とした。

またドバイは海沿いの市街地を出ると、陸地は全て砂漠。商談で隣国のオマーンへ行くにも、車で何時間も砂漠や岩山の間を走り続けることになる。沿道は砂と岩だけだが、野生のラクダと衝突すれば死亡事故に直結するので無闇に飛ばすわけにもいかない。

だがそんな苦労をして足を運んでも、アポイントメントをすっぽかされるのが日常茶飯事。ビジネスの場でも常に聞かれる〝インシャラー〟(Inch'Allah: 神の意志次第)という言葉通り、ここでは約束をしても結果は〝神のみぞ知る〟だからだ。あるいは面談に漕ぎ着けても、乗り気でなければ〝ハラス〟(Khalaas: 終わりだ)の一言で話を打ち切られる。こうした異文化の洗礼を受けながら、粘り強くビジネスの駒を進めていくしかなかった。

主な攻略のターゲットに定めていたのは、イランだ。菅原はテヘランにもスタッフ一人を常駐させた。現地企業に売り込んでいった商材は、化学品、セキュリティカメラ、研磨関係の機械や部材、塗料や床材などの建築資材、そして食品など多岐にわたる。

商談の糸口を掴むにも苦労する菅原を支えてくれたのが、現社長の玉井正太郎だ。ドバイ事務所の責任者というポストを買って出て後方支援を務めたばかりか、たびたび現地に足を運んでＶＩＰとの商談の先頭に立ってくれた。

こうして菅原たちの努力は少しずつ成果を見せ、売上は次第に伸びていった。だがすでに一〇人近くにまで人員を増やした事務所の経営を安定させるには、もっと売上が必要だ。いっそうの奮起を誓う彼らだったが、一方で二〇〇七年から拡大していった世界金融危機が市場に暗い影を落とし始めていた。

そして二〇〇八年九月、リーマンショックが発生。その影響でドバイ経済も減速へ向かう。ドバイの急速な発展を支えていたのは、政府系企業のドバイ・ワールドなどによる大規模開発だ。だが金融危機にともない、建築需要が後退。そして同社が抱える巨額の債務に、投資家の不安が高まった。

◆絶望のドバイショック

「菅原さん、またキャンセルの連絡が入っています。ホテルの建設計画そのものが白紙になったので、床材の契約は全て無効だと言ってきました」

受話器を置いたスタッフが、菅原にこう英語で報告した。

二〇〇九年一一月、ドバイ政府はドバイ・ワールドの債務返済の延期を要請することを発表。これによりドバイ政府が債務不履行に陥る懸念が世界の金融市場に広まり、株価の大暴落発生へとつながった。これがドバイショックだ。

建設業界に納める予定だった塗料や床材などの資材は、次々とキャンセルの連絡が届いた。かつてあれほど旺盛だったドバイの建設プロジェクトが、一斉にストップしてしまったからだ。

ドバイショックにより、菅原たちが開拓してきた客や仕入先のいくつかは連絡すらつかない状態に。菅原と同様に海外からドバイに進出していた取引先の一つは、オフィスはおろか、駐在員の住宅や車をそっくり残したまま母国へ撤退してしまっていた。テレビを点ければ、ドバイを脱出する人たちがドバイ空港に乗り捨てていった何台もの高級車が映し出されている。オフィス街には索漠とした風景が広がっていた。

「日本でこんな光景は見たことがありません。一体これからどうなるんだ。正直なところ不安しかなかったですね」

菅原はそれでも事態が好転するまで何とか事務所を守り抜こうと、商材にも工夫を凝らすなどして必死に営業を続けた。中東の日本領事館が日本食を紹介するといえば、それとコラボする形で食品を売り込んだこともある。だが市場の指標は二〇〇七年時点と比較しても、ジェットコースターのように急下降したまま。とても結果を出せるような状況ではなかった。

◆スタッフ解雇の結末

スタッフたちと苦闘していた菅原が東京の本社に呼び出されたのは、二〇一〇年一一月のこと。そこで告げられたのは、予想通りドバイからの撤退だった。彼は抵抗したものの、会社の方針が変わらないことも分かっていた。

撤退が決まったからといって、空港に車を乗り捨てて自分だけ逃げ帰るようなことはできない。いずれドバイがショックから立ち直った時、自分が築いたビジネスの足がかりやネットワーク、そして人材が役に立つはずだ――。そう確信していた菅原は、まず事務所存続のために奔走する。

菅原は現地で総合的な取引が可能なライセンスを取得していた。これを返上してしまうと、再取得が難しくなる。負担が少ない形でライセンスを維持するには、事務所をできるだけ低コストで存続させなくてはいけない。そこでいったん小さな事務所へ移転し、ドバイの当局に営業の実態がないと見なされないよう現地のコンサルタントに維持管理を依頼。さらに菅原が数か月に一度訪問して、状況を直接確認する手はずを整えた。

何よりも神経をすり減らしたのは、菅原が自ら採用したスタッフたちの処遇だ。法的な手続きを事務的に処理して解雇を通告することもできたが、それはしたくなかった。

東京からドバイへ戻った菅原は苦渋の末、スタッフ全員を集めて撤退の決定を報告。次の就職口についても善処することを伝えた。その上でまた個別に面談を行い、詳しく経緯を説明した上で対応を話し合った。それぞれ環境も事情も違うスタッフ一人ひとりに解雇について理解を求めるのは、菅原にとってもかつてなくメンタル的にきついプロセスだった。

続いて菅原は、まずドバイに残る日系企業関係者に連絡してスタッフの雇用について打診。日本の事情に明るい人材がいると紹介し、一人ずつ再就職を取り持った。こうして本事務所を引き払うまでには、ほとんどのスタッフが新たな仕事を見つけていた。退職に際しての給与も、規定以上になるべく多く支払えるよう取り計らっている。

こうした菅原の姿勢に対して、スタッフの反応はやはりさまざまだ。彼の思いに共感する人もいれば、事務的に金銭の交渉だけして立ち去った人もいた。

「彼らはドバイへ出稼ぎに来ているのだから、お金が最優先なのは当然でしょう。でも一方で三年をともに過ごし、日本企業や日本人について理解を深めたことで、その後も繋がりを持ってくれる人たちもいます。ずっと連絡を取り合っている人、久しぶりに連絡をくれて近況を教えてくれる人など、当時のスタッフたちとの人脈はいまも生きているんですよ」

「国によって価値観は日本と大きく異なりますが、彼らの世界にも必ず彼らなりの義理人情があるんです。同じ人間なのだから、痛いのは痛い、嬉しいのは嬉しい、嫌なことは嫌。多様な人たちと働いたからこそそうしたことを学べたのも、ドバイでの収穫の一つでした」

成果は出せなかったが、菅原の心は大きな充足感で満たされていた。

◆「菅原、カレーは好きか?」

二〇一〇年一一月に撤退の辞令を受けた後、それにともなう一連の任務を終えて帰国したのが翌年四月。菅原は東京でアパレル事業に復帰し、メンズの既製服などでかつての手腕を振るった。

そんな彼が新たな海外赴任の辞令を受けたのは、それから四年後の二〇一五年。上司の打診は、前回よりは単刀直入だった。

「菅原、カレーは好きか?」

インドは二〇一五年当時、中国に次ぐ新たな巨大経済圏として浮上して久しかった。菅原にとっては、赴任時のドバイと同じく未知の世界。だが「迷ったら困難な道を選べ」が信条の彼に躊躇はない。すでに幼い二児がいたが、海外赴任は必ず家族帯同というのも彼のポリシーだ。そのため夫人の説得も大きなミッションとなったが、最終的に理解を示してくれた。

ＣＢＣがインドに駐在員事務所を設けたのは、二〇〇五年。二〇〇八年には現地法人のＣＢＣインドが設立され、インド人社長の下でいっそうの拡大を見せていた。菅原は、帰国する日本人社員と交代する形で着任。日本人社員は彼一人であり、社長と二人三脚での営業活動が始まった。

インドでは化学品、合成樹脂、セキュリティカメラ、医薬品・農薬など、同社の主力となる多様なビジネスを展開。さらに新規ビジネスの開拓も期待されていた。菅原のミッションは営業としてそうしたプロジェクトを一手に引き継ぎつつ、現地法人のマネジメント業務もこなしていくことだ。

インドの国土面積は日本の約九倍。商談で各地を飛び回る菅原は、片道が飛行機二時間＋車で六時間といった肉体的にもハードな強行軍も頻繁にこなした。

またインド式ビジネスの洗礼にも、頭からどっぷり浸かっている。大手銀行にセキュリティカメラを納めるビジネスでは、軍隊出身の重役に振り回された。周囲の裏切りを恐れて盗聴まで気にする彼を、安全な日本までエスコートして本音を聞き出したこともある。だが最後はその重役に一杯食わされる結果となり、改めて文化や習慣の違い、そしてアウェーでのビジネスの難しさを実感した。

マネジメントで手を焼いたのは、朝令暮改のように何度も改定される税制、コンプライアンス、会計などさまざまなレギュレーションだ。それに加えて業容の拡大にともない人員が増えてますます企業規模が大きくなり、継続的な経営システムの刷新が常に菅原の課題となった。

◆インドビジネスで学んだこと

二〇二一年十月に東京へ戻るまでの六年半で、CBCインドは売上が二・五倍、利益が三・三倍に拡大。特にケミカルズアンドマテリアルズ部門は、利益が一三倍という急成長を見せている。人員は着任時の一三人から三〇人余りにまで増員。日本人社員の数は、菅原の在任中に一人、そして離任時にもう一人増やした。着任時の一人から三人体制に拡大して、後任に引き継いだ形だ。

この間に菅原が作り出したビジネスの一つが、自動車業界向けのめっき薬販売だった。インドは、自動車生産台数が世界第四位の自動車大国。CBCは大阪で自動車の製造工程で使われるめっき薬を扱っており、インドでその展開を狙っていた。売り込み先は、自動車メーカーにめっきを施した部品を納入する一次サプライヤーだ。

そこでまずメーカーと客先への訪問を重ねて、価格、競合、需要、商習慣などをリサーチ。さらにめっき薬の仕入先にどのような機能が求められているかまで、入念に調べ上げた。その結果分かったのは、ただ仕入れためっき薬を在庫して供給するだけではインド、アメリカ、ドイツなどの競合に勝てないということ。そしてもう一つ、インドの一次サプライヤーはトラブルが発生した時に大至急対応してくれる技術サポートを必要としていたが、競合はそこが手薄になっていたことがわかった。

「日本では管理されたクローズドな施設でめっき処理を行いますが、インドはそのあたりの事情が違います。トラブルがよく発生し、気がついたら自動の生産ラインに不良品の山ができているということも日常茶飯事でした。そこで専門のエンジニアと分析機器を手配してインドにR&Dセンターを立ち上げ、トラ

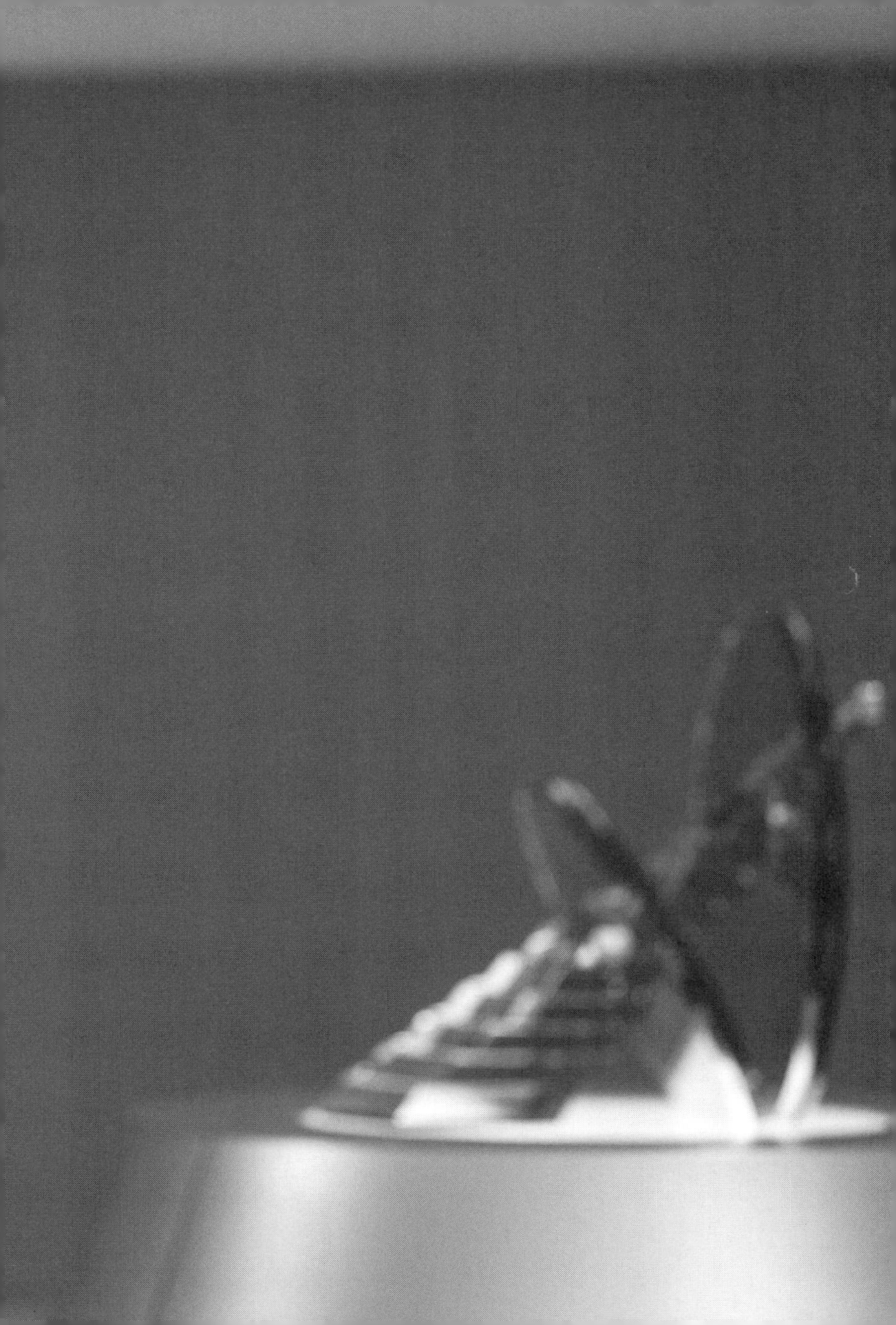

ブルにすぐ対応できる組織をつくったんです」

菅原の目論見は見事にあたり、ＣＢＣインドは一次サプライヤーとの代理店契約を勝ち取った。

さらに彼はこれを土台に、新たなビジネスも獲得している。それはスマートホンの外装に施すめっき処理の案件だ。スマートホンは中国が最大の生産国だが、インドへシフトする動きもかねてから加速していた。客先や仕入先など各方面でその情報にアンテナを張っていた菅原は、最大手スマホメーカーの一つがアルミで外装に皮膜を作るアルマイト処理をインドで始めるという情報をキャッチ。そこで菅原はいち早く代理店として部品メーカーにアプローチし、商権を獲得したのだ。

◆若い人材が躍動するインド

さらにインドでは、スタートアップ企業を中心に、ＣＢＣの本社からの投資を四件まとめている。ＣＢＣインドはベンチャーキャピタルなどから投資の提案を受けることが多く、そこから菅原が面白いと思ったスタートアップ企業を実際に訪問して面談を重ねていたのだ。

「医療、物流、あるいはＥコマースなど、どれもＣＢＣの事業とはあまり関係のない分野ばかりです。しかしインドの最高学府を出た極めて優秀で若い人材が、非常にユニークで意欲的なビジネスに打ち込んでいる。彼らのプレゼン能力、先見性、交渉力などは、私にとっても学ぶことがたくさんありました」

「投資といっても上場してキャピタルゲインを狙うより、彼らのビジネスが成長することで生まれるシナジー効果やネットワークの獲得が主な目的です。会社は、私が提案した四つの案件全てをＯＫしてくれました。すでにいくつかのプロジェクトは走り出しています」

流動性の高い労働市場で、優秀な人材が夢に向かって貪欲かつ情熱的に挑戦を続けているインド。そうしたなかから、マイクロソフト、グーグル、マスターカードといった世界的大企業のCEOを務める人材も数多く登場している。菅原はそんな彼らと直に対面して語り合い、投資家としての信頼も得てきた。彼の目には、CBCが重点的に注力しているインドという市場がとても魅力的に映っているようだ。

二〇二一年一〇月からは、東京本社のケミカルズアンドマテリアルズ部門でシニア グループマネージャーを務めている菅原。現在は、自分がマネジメントを務める事業部の海外ビジネスを拡大させるミッションに取り組んでいるところだ。

「受け持っている事業部の海外比率を高めることで、後輩たちにどんどん海外へ出ていってもらいたいと思っています。中東からインドという経歴は当社のなかでもユニークなほうですが、その経験や情報が必要とされるところに伝えていくことができれば何よりですね」

冗談のような打診から未知の世界に飛び込み、そこでのビジネスに貪欲なまでに奔走してきた菅原。彼が得た一番大切なもの、それは、絶対的な信頼だ。

◆菅原成紀（すがはら・しげき）
一九七〇年、兵庫県生まれ。京都産業大学 外国語学部 ドイツ語学科卒業。一九九三年入社。

「ドバイとインドでは、現地のスタッフを育てたことが私にとって貴重な体験になりました。文化も価値観も違う彼らに言葉を尽くして説明し、彼らがそれを理解して実行に移してくれる。やがて成長した彼らから感謝の言葉を聞けたことは、何より嬉しい限りでした」

「ビジネスでの出会いでは、ＣＢＣインドのインド人社長とともに仕事ができたことも大きな収穫です。彼も私が投資を進めた起業家たちと同じく極めて優秀な人材であり、ビジネスに対して非常に高いプロフェッショナル意識を持っています。彼を通じてビジネスへの姿勢、そしてPassion、Commitment、Professionalismを学べたことは、大変有意義な経験でした」

「すでに入社から三〇年が経ちますが、就活の時に感じた当社の魅力はいまも変わっていません。風通しがよく、これがやりたいという提案が言える、そしてそれを前向きに考えてくれる環境があるということです。ドバイやインドで私がこうしたいと要望を伝えた時も、基本的にＮＯとは言われませんでした。そうした文化が受け継がれていることが、当社の大きな財産ではないかと思います」

ドキュメント仕事人❷

アフリカでの大型プロジェクトを糧に、自ら望んだ新たなミッションに挑む
＝伊藤忠商事・不藤　潤

◆苦い経験

不藤は一三年半の間アフリカでの自動車ビジネスに携わってきたが、そのなかでも最もインパクトがあるのはパートナーである自動車メーカーの現地代理店アポイントのプロジェクトだった。アフリカ数か国で新規に代理店を立ち上げるプロジェクトだったが、現地のカントリーリスクへの対応が不十分だったため、車両の転売を余儀なくされた。社内では、欧州及びアフリカの駐在員四名と組んで進めるプロジェクトだったが、皆フランス語は堪能で不藤よりも経験豊かな先輩ばかりであった。

「現地にはベテランがいて自分より詳しいからという甘えがどこかにありました。年齢や経験の多い少ないに関係なく、主担当である自分がプロジェクトに一番通じなければいけないのですが、リーダーシップを発揮できず、思い出すと恥ずかしさと苦さがつきまといます」

◆ご縁で出会った伊藤忠商事

不藤はもともと就職先として商社を考えていたわけではない。あるときまではジャーナリスト志望だった。

小学六年生のときに見たNHKの「映像の世紀」で、世界の政治や歴史に興味を持ったことがきっかけだ。さまざまな種類のドキュメンタリー番組を見漁った。歴史的なできごとの裏で、どのような意思決定がなされたか。政治家や企業のリーダーのもとで人や組織がいかに動いたか。あるいは勝負に挑むアスリートの心の動きはどのようなものか、興味は尽きない。将来の夢として、記者や海外特派員、ドキュメンタリーを制作することを考えるようになった。

京都大学では国際政治や政治哲学のゼミを選んだ。その京都大学に公共政策大学院ができると聞いた。研究者養成ではなく、実務家養成だという。そのコンセプトに引かれて二〇〇六年に第一期生として進学した。専攻は国際政治で、四〇名のうち一〇名は官庁や市庁勤務、新聞記者、ベンチャー経営者などの社会人だ。講師も半分近くを外部から招いていた。知らない世界で活躍する人々と触れ合うことができ、大きな刺激になった。

ある日指導教官と、自身の今後の進路について話し合った。

「海外に出て、報道関係の仕事につきたいと思っています」と不藤は希望を話した。

「では取材される側よりする側になりたいのですね？」

はい、と答えるはずが、気がついたときには「いえ、僕は取材される方がいいです」と答えていた。

〝あっ〟と思った。自分でも意外だった。が、もう一人の自分から本心を聞かされた気がした。

「そうか。海外に行きたいなら、君の性格だと商社がいいんじゃないか？」

どういう性格と見られたかは分からないが、そのときから商社を意識し始めた。

商社のなかで伊藤忠商事についてては、漠然とした印象しかなかった。

「就職活動を始めた当初は視野が狭かったこともあってか、伊藤忠商事に対する明確なイメージはありませんでした。それががらりと変わったのが、京都の椅子ががたつく屋台の居酒屋で。就活中の友人と飲みながら情報交換していたときです。隣の席に会社員の三人連れがいて、君たち商社に興味があるの、僕らは伊藤忠の社員だけど、と話しかけてきてくれました。一緒に話し込んで、内容はよく覚えていませんがすごく面白かった。しんどいこともネタにして楽しんでしまうという、説明会では聞けないことばかりで、こういう会社なら面白いかもしれないという気持ちになりました」

そして二〇〇八年に伊藤忠商事に入社すると、一五年間にわたって自動車関連の海外ビジネスに携わることになる。

◆プロジェクトでの失敗

入社三年目の二〇一〇年、伊藤忠フランス会社機械部に駐在することが決まった。一〇月にフランスに着任すると、最初の半年間は語学学校に通いながらフランス語を覚えた。その後はアフリカ諸国での営業活動を任された。フランスは地中海を挟んでアフリカとは地理的に近く、フランス語圏の国に毎月出張に行っていた。

その後二〇二二年まで不藤はアフリカと関わることになるが、最も印象が強かった国を挙げるとすれば二年半駐在したフランスだという。

「フランスというとおしゃれとか華麗なイメージがありますが、一般の人たちの生活は質素で、物質的な豊かさを追い求め過ぎず、人のつながりや自然に触れたりすることを大事にします。パリでも日本のように二四時間開いている店はなくて、デパートも閉店時間一五分前になると店員が『早く帰れ』というオーラ全開です。インフラも脆弱で東京と比べると不便なこともありましたが、私には居心地のいいところでした」

フランス駐在中に始まった前述のプロジェクトが、不藤が初めて経験するプロジェクトマネジメントだった。

まず新たな代理店の候補となる会社をリストアップし、そしてビジネスプランを立てる。不藤は東京に戻ってからも月のうち半分近くはアフリカの各地で過ごした。各国の政治や経済の状況、法規を調べ、競合や需要動向などの市場分析をする。その上で、車種のラインナップ、希望販売価格、店舗網やサービスサポート体制づくりなどを新代理店候補の各社と共に作成する。不藤にとっては初めての経験だったが、社内にいる経験者からの話を参考に進めていった。

商社のトレードビジネスにおいて、売り先から発注を受けてからメーカーに繋ぐのが基本的なセオリーだが、このときはまだ新代理店が立ち上がっていない段階でメーカーに先行発注をした。新代理店の立ち上げに時間を要しており、販売の機会損失を避けるためである。

ところが工場で車両の生産が完了した後、ある国の法律が急遽変わり、輸出できなくなってしまった。

「想定外のことです。でも準備はしておくべきでした。例えばもしもの場合に備えて現地と折半してリス

クを取るなど、先を見越して契約をしておけばよかったのです。それもまったくしていなかったので伊藤忠商事が在庫を抱えることとなり転売を余儀なくされました。私がやれることを全部しておけばよかったことです。詰めが甘かったのが原因です」

失敗だけではない。新代理店が無事立ちあがった別の国では、現地の一流ホテルで数百人が集う祝賀パーティーが開かれた。日本から自動車メーカーの副社長が駆けつけ、現地の新聞ではその様子が紹介された。不藤も東京から出席し、駐在員や自動車メーカーの担当者とこれまでの苦労話に花を咲かせた。この日ばかりは達成感があった。

これだけ盛りだくさんな仕事は、商社でもおそらくあまりないのではないかと不藤は回想する。仕事への向き合い方を一から考え直すプロジェクトとなった。大きな失敗もしたが、不藤はだが辞めたいとは思わなかった。この年齢でこんなことをさせてもらえた。自分は恵まれていると思った。

◆打ち込める仕事を求めて人事部へ

振り返れば、海外での仕事から多くの教訓を得た。失敗もしたが、楽しくもあった。しかし、その後駐在した南アフリカから帰任した二〇一八年頃から人事領域の仕事に取り組みたいという思いが生まれてきた。

「自分は何をしていくべきなのか。それを本気で考えるようになったのは、南アフリカに駐在する前のことです。同じ部署に少し年上の先輩がいて、すごく仕事ができてハートも熱く、心の底から自分のビジネスを大きくしたいと願っているのがよく分かりました。伊藤忠に勤めていて、印象に残っている社員の一人です。ただ一方で、そんな熱い思いを持って自分は仕事ができているのか。そこまで打ち込めるものがあるだろうかと、自問し続けていました」

帰国してから日本で気づき、問題意識を持ったことについては、小さいことでも新しくアクションを起こすことにした。誰に頼まれたわけでもないのに、当時の課にこれまで在籍した社員四〇人にアンケートを取った。当時の仕事で役立ったことはなにか。やりがいはなんだったかを尋ね、その結果をもとに課内で意見交換をした。エンゲージメント（仕事や所属する組織に対する前向きな気持ちや姿勢）がどうやったら上がるかを探るためである。

組織が抱えるこうした課題には、問題意識を持って心の底から取り組めると思った。これを課内だけでなく全社でやりたい。不藤はキャリアチェンジの決断をして、人事部門への異動願いを出し続け、三年目の二〇二三年四月に希望がかなった。

東京本社の人事・総務部採用・人材マネジメント室で不藤は、主担当としては主にキャリア採用とアルムナイ関連施策に取り組んでいる。アルムナイは退職者間のネットワークのことだ。不藤は伊藤忠商事を辞めていった元社員との関わりをいかに築いていくかというテーマに取り組んでいる。

「一度会社を出た人でも当社とのつながりや信頼関係を通じて、戻ってくる事例も最近はいくつかあります。このように戻ることができる仕組みを作れば、伊藤忠ではできないような経験を積んだ人が社内に増えることになります。また様々な業界にいる元伊藤忠の人たちと良好な関係を築いていれば、ビジネスチャンスを作ることにもつながります」

「経験者採用は現在拡充しています。ただしお人柄や仕事ぶりを良く知る人材を中心に運用しています。そのためのオペレーションの整備、面接のしかたから入社後のガイダンスや研修のコンテンツなどのノウハウを蓄積するために現在取り組んでいます。この二つのテーマで伊藤忠では何をやっているのかと取材等で誰から聞かれても、自分が語れるようにしたいというのが近々の目標です」

社会人になり、最初は海外とつながりが持てるだけでもよかった。その次には人を動かして案件を進めることを覚えた。今は人がパフォーマンスを最大化する仕組みを作りたいと考えているという。人の人生にポジティブな影響を与えたいという思いが根っこにあるかもしれないと不藤は自己分析する。

「もちろん会社にいる以上は、経営方針に沿って仕事をします。でも自分がしたいこと、できること、会社から求められること、この三つが重なるようにしていきたいですね」

商社はビジネスを創る仕事をしている。不藤はその商社の明日のあり方を模索し、新しい商社の姿を創ろうとしているのかもしれない。

不藤潤（ふどう・じゅん）
一九八四年京都府生まれ。京都大学法学部卒業、京都大学公共政策大学院修了。二〇〇八年伊藤忠商事入社。自動車関連ビジネス（トレードファイナンス、代理店アポイント、事業管理及び売却等）を一五年間担当。その間、二〇一〇年一〇月から二〇一二年一二月まで伊藤忠フランス会社機械部、二〇一六年二月から二〇一八年六月までITOCHU Auto Africa（南アフリカ）で海外駐在。二〇二三年四月から東京本社の人事・総務部採用・人材マネジメント室に所属する。
「海外の仕事をしていて感じたのは、大事なことはどこへ行っても同じということです。やると言ったことは絶対やる。相手の気持ちになって考える。言葉にすれば小学生の子供に教えるようなことですが、仕事がうまくいくのは相手の立場になって考えたり、諦めず一生懸命に最後までやりきることができたときでした。
学生のみなさんには、周りの人との縁を大事にしてほしいと思います。私自身について言えば、学生時代の友人や恩師、また仕事でお世話になった方とは場所が離れても継続的に連絡を取り合うようにしています。就職活動では様々な人と出会い、できるだけいろんな人の話を聞くようにしてください」

ドキュメント仕事人❸

「いばらの道」の向こうには、豊かな実りが待っている＝双日・芦川　葉子

◆入社四年目の〝新入社員〟

「これ、今日発注する案件だから、契約書を作って決裁までやっといて！」

上司から目の前にどんと積まれた資料の束。

〈契約、書類、決裁？　ええと……〉

入社四年目の夏、自動車本部に異動した芦川葉子は、その異動初日、出社早々に与えられたミッションに思わず目を丸くした。というのも、二〇一六年入社組の芦川は三年と三か月、人事部採用課に在籍したものの、営業部門は初めての経験。契約書や発注などについては、言うなれば〝新入社員〟同然だった。

だが、もちろん入社四年目の社員に教育係がついて、手取り足取り教えてくれるわけはない。それは芦川も重々承知していたのだが、任されたビジネスは、芦川自身にとって、そして双日にとっても、いささか規模の大きな取引だった。

そもそも芦川が異動した自動車本部は、四〇年を超える自動車販売実績を持ち、国内外に三〇社以上の事業展開を行い、約四〇〇〇人ものグループ社員を抱える、双日を代表する営業本部である。ビジネスの

中核は、自動車の卸売・組立事業と小売り事業で、成長著しいアジアやロシア、南米、成熟市場である日本やアメリカに広く展開している。芦川が異動するちょうど半年前、その自動車本部のディストリビューター事業として、フィリピンで中国の大手自動車メーカーの販売ビジネスが立ち上がった。立ち上げの中心人物だった社員は、現地会社の設立やオペレーションのため、芦川の着任前にフィリピンに派遣。日本側の実務担当となったのが芦川だった。芦川が行うのは、中国からフィリピンに輸出する完成車の船積みスケジュールと在庫の管理。だが、現地フィリピンでの販売開始は、一か月後の九月。フィリピン政財界のゲストと中国車メーカーからＶＩＰを招いてのオープニング・セレモニーが催されるローンチまでに、完成車をフィリピンに届けなければならない。完成車がずらりと並んでこそのセレモニー。遅延は許されない。その完成車を中国の自動車メーカーに発注する、いちばん最初の契約書の作成が、異動初日に芦川に課せられたミッションだった。

〈いくら考えても仕方がない。よし……〉

芦川は他の案件を手一杯抱える先輩社員のもとに行き、過去に結んだ異なる案件の契約書を借りたいと申し出た。そしてそれらを参考に、丸一日かけて契約書を作り上げたのである。

「みんなそれぞれの案件に忙しい中、私何も分かりません、なんて言える余裕もなくて（笑）。また、まったくの新規案件なので、既存の契約書類や業務工程もなく、とにかくやってみるしかない状態。あとから気づいたら、異動初日の契約は、完成車二四〇台で数億円規模という大きな取引で、その契約書を異動後いきなり担当したなんて驚きですね（笑）」

こう語る芦川だが、さすがに双日入社後三年三か月の経験は、大卒ほやほやの新人とはわけが違う。人事部という異なる部署で働いてきたとはいえ、芦川は、たとえ右も左も分からない環境に置かれても、あらゆるオーダーに対して十二分に対応できる、双日パーソンとしての高い実務能力と冷静な判断力を鍛え上げられてきた。それゆえ、先輩社員も双日パーソン・クオリティを全面的に信頼し、着任早々の芦川に契約書の作成を任せたのである。

「少数精鋭が双日の強み。誰もが自由に発想してフレキシブルな事業構想が可能で、しかも〝GO〟が出てからの機動力は抜群です」

こう胸を張る芦川だが、その卓越した実務能力と何事にも動じない胆力の源泉は、双日と出会うまでの道のりで培われたものだった。

◆自分の〝選社軸〟を絞り込め！

一九九三年、東京に生まれた芦川は、西洋美術が好きな母親に連れられ、幼い頃から美術館を巡り、海外の名画に親しみながら育つ。そんな作家たちの生きざまに触発されたのか、芦川は成長とともに、いつしか決められたルートを歩むより、自分の力で道なき道を切り拓くことを好むようになり、小学校を卒業すると、新設されたばかりの都立の中高一貫校に第一期生として入学。高校一年の夏休みには学校のプログラムに応募し、初めての海外となるニュージーランドで二週間のホームステイを体験する。

「現地では日本語を専攻している高校生がバディとなり、現地校の授業にも参加しましたが、自分が机上で勉強してきた英語が、同年代らしい他愛のない会話でも使えると分かって、とても楽しかったです。ホストファミリーには私と同い年と十歳くらいの姉妹がいて、休日には家族皆で一緒に動物園に行ったりし

て、本当に濃厚な思い出ができました。日本へ帰国する日は、思わず号泣してしまいました（笑）」

少しずつ〝世界〟を意識し始めた芦川が高校三年の受験シーズン、進学先として選んだのは早稲田大学政治経済学部の国際政治経済学科。二〇〇四年に新設されたこの新しい学科を選んだのは、小学生の頃にテレビで見た「世界がもし一〇〇人の村だったら」という番組の影響が大きい。二〇〇三年から年一回、全六回シリーズで放送された番組では、毎回、過酷な状況の中でも懸命に生き抜こうとする途上国の子どもたちの姿が紹介され、学校や勉強が大好きだった芦川の脳裏に、強烈なインパクトを残した。

「学校に行きたくても行けない子どもたちが世界には大勢いる。この番組を見て以来、そんな子どもたちを取り巻く貧困や戦争についてずっとモヤモヤした気持ちを抱いていて、大学では貧富の差や紛争を解決できるような勉強をしたいと思ったんです」

将来の進路として報道関係を考えていた芦川は、学生時代、「早稲田スポーツ新聞会」の記者として体育会の選手たちを追いかけ、日本全国で開催される大会や試合を取材して回る日々を過ごす。実は芦川自身も中学からバドミントンに注力していたこともあり、大学の一流アスリートたちが躍動する瞬間を間近で見守りたいという気持ちもあった。

取材活動や遠征のための旅費、交通費はすべて自己負担。多いときには三つのアルバイトを掛け持ちし、すべてを取材につぎ込んだというほど熱を入れた芦川だったが、三年の夏、マスコミのインターンシップを経験して以来、新聞やテレビ局など報道関係への志望度は下降の一途を辿る。

「何か物足りなさを感じたんです。その理由は二つあって、一つは、活躍の場がほぼ国内に限定されてしまうということ。特派員としての海外駐在もありますが、報道は日本在住の方のためのもの。〝世界を変える〟というファクターが足りないと感じてしまったのです。二つ目はもっと根本的なことなのですが、報道は、あくまでも他者が言ったことを第三者に伝えるのがミッション。その重要性は認識しつつも、私はもっと自分が主体となって、物を作ったり、事業を起こしたりして、人々に直に役に立つことをしたいと思ったのです」

そう考えた芦川は、三年の秋から本腰を入れて自己分析をやり直す。

「モチベーショングラフとか人生曲線と言うのですが、生まれてから今までの人生を振り返って、自分のモチベーションが上がっていた時期とそうでない時期を書き出して、それぞれの共通点や人との出会い、環境などの理由を探るのです。幼少期から変わっていない部分や逆に変わったタイミングとか、いわゆるターニングポイントを振り返り、一つひとつ整理しました。初めて真剣に自分と向き合ってみたのです」

こうして三年の冬に、自らのモチベーションが最も高く、テンションが持続する「海外」というキーワードに辿り着いた芦川は、志望業界を洗い直し、「いいな」と思ったポイントを付箋に書き出し、惹かれる点を体系化して自分の「選社軸」を絞り込む。その過程で浮かび上がってきたのが、「地球儀を前提として物事を考える」と言われる商社だった。商社は、海運や航空などの人や物を繋ぐロジスティクス企業とは異なり、繋いだ先で新しい価値を創造したり、西洋美術のように自分の死後も永続し得る価値ある事業を立ち上げたり、人々の生活に根付いていく事業もあり、それが魅力だった。

また、商社ビジネスが個人ではなくチームで行う点も芦川には惹かれるものがあった。実は、新設校の第一期生だった高校時代、バドミントン部に所属していた芦川は、後輩の入部で女子部員が五人となり、初めて一つのチームを組んで出場できるという大会を、自己都合で欠場したことがある。しかも、最上級生のエースという立場でありながらだ。無論、勉強に力を入れていた英検の口頭試験を受けるためのやむを得ない欠場だったのだが、監督からは「逃げた歩兵は二度と使わない」と言われ、芦川はそれまでチームや組織への貢献ということを一切考えたことがなかった自分の存在に気づく。

「そのときはずいぶん落ち込みましたが、あれ以来、このチームに必要とされる存在になりたい、どうしたら貢献できるのかと考えるようになりました。監督に叱ってもらわなかったら、私は今でも自分本位でスタンドプレーをするだけの人間だったと思います」

休まず練習に参加し、コートの設営など裏方仕事にも汗を流し続けた芦川。その誠意が監督にも選手にも次第に認められ、芦川は再びチームの一員として、そして中心選手の一人として試合に復帰できたという。

◆とにかくバットを振れ!

そんな芦川の「選社軸」のど真ん中に、突如現れたのが双日だった。実は、就職活動の直前まで、芦川は南米ボリビアを旅していた。かの有名なウユニ塩湖を観光して驚いたのは、あの美しい景色から遠くないところにはゴミの山が広がり、ペットボトルやプラスチックゴミが捨てられ、それが環境汚染に繋がり、現地の人たちの生活を脅かしているという事実だった。しかもその近所では鉱山開発を進める日本企業もあり、現地の人には「環境汚染はお前ら日本人のせいだ」とまで言われた。芦川は小学校のとき以来のモヤモヤした気持ちを思い出した。

「途上国が環境と共存しながら持続的に発展するにはどうすればいいのか。それに対して自分ができることはないのか……」

そんなことを考えながら、日本に帰国。直後に合同説明会に参加した芦川が、偶然にも最初に足を止めたブースが双日だった。

「入社一年目の採用担当者と先輩の現場社員の方が、強烈なオーラを発しながらプレゼンをされていて、野球に譬えて、こうおっしゃったんです。〝双日はとにかくバッターボックスに立たせる会社。空振りでもいいから、バットを振れと言われる。ボールを見逃すのは絶対に許さない。来た球は全力で振れ。それが双日だ〟と。私もベンチの控え選手より、レギュラーになって経験を積みまくって成長していくのが自分らしいと思っていたので、直感的に〝ここだ、双日だ〟と思いました。実際、うちの打席に立つ回数は圧倒的のようですし（笑）」

双日にターゲットを絞りつつ、複数の商社の面接を受けた芦川は、「自由闊達で仕事に前向き。みんなが自分の考えを持っていてスマート、視座が高い」と感じた商社パーソンたちとの面接をいつも楽しんでいた。ただ、残念に感じたこともあった。志望度が高まりつつあったある商社で、女性の場合は総合職であっても〝女性向き〟とされるリテール系の営業部への配属が、事前に決められていると伝えられたのだ。

その点、双日は〝女性だから、院卒だから、理系だから〟という属性で固定化されてしまうようなキャリアパスはない。自らが主体的にキャリアを描くことを求められ、「私がロールモデルになっていく」という意識や社風が双日にはある。もちろん、必ず希望したとおりのキャリアを歩ける保証はないが、決められたキャリアよりも自由度は断然高い。

次々と面接に臨んでいた芦川だったが、双日の二次面接では冷や汗をかく。最後に面接官の女性課長から「あなたのいちばん大事にしている価値観を教えて」と問われ、「価値観とはいったい？」と考え込んでしまい、思わず質問を発した面接官に「課長が大事にしている価値観は何ですか？」と逆質問してしまったのだ。

「その課長は〝私が大事にしている価値観は人によって態度を変えないこと。自分の信念を曲げずに、これと決めたらそれをやること〟とおっしゃったんです。私はそれを聞いた上で〝私は信念も持ちつつも、どちらかと言えば相手を見て、相手によってやり方を変えるタイプです〟と面接官とは正反対の価値観を答えてしまいました。その方は〝ふ〜ん〟と反応されただけでしたが、その瞬間、〝私、落ちたな〟と覚悟しました。ところが結果は合格。反対の意見であっても、私という人間の個性を認め、受け入れていただいたようです。双日の懐の深さを感じましたね」

こうして双日からの内定を受諾した時点で、芦川は他社の選考をすべて辞退し、二〇一六年四月、はち切れんばかりのやる気と好奇心とともに双日に入社する。

◆双日のDNAを「採用」に吹き込め！

機械系の部署で社会インフラの発展に寄与する部署、またはそれをサポートする部署を希望します——。この芦川の配属希望は残念ながら叶うことはなかった。代わりに芦川に告げられたのは人事部採用課の新卒採用担当だった。

「双日に心底入りたくて入ったという、その熱意を学生たちに伝えてほしい」

当時の採用課長からのラブコールを受けての配属。しかし、入社一年目の芦川は採用担当という役割に思い悩んだという。

「人前に出て話すことに自信がなく、正直なところ、プレゼンも決して上手とは言えません。しかも商社の花形は営業の最前線ですが、その経験もまだなかったので、他の社員の方から伝え聞いた話がメイン。

熱心に耳を傾けてくれる学生の皆さんに対して、また会社の期待に対して、私は応えられているのだろうかと悩み続けました」

折しもこの年、「内定者研修」の管轄が人事部内の他の課から採用課へと移ったことから、新入社員の芦川には、通常の採用業務に加え、その研修の企画立ち上げが任された。実際のところ、課長からは「年間を通して一貫性のある研修を作ってほしい」というシンプルなオーダーだったため、従来の研修のマイナーチェンジでも良かった。だが、芦川は、翌年入社してくる後輩たちが自分たちよりもさらに高いモチベーションを持って入ってきてほしいとの願いから、採用課に配属された同期社員とともに内定者研修をゼロから考え直してみることにした。

「あえて〝いばらの道を選ぶ〟のが私らしさなのかもしれません（笑）」

芦川たちが内定者のときに経験した研修は、座学や概念的なテーマについての議論が中心。また東京と大阪で別々に二回ずつ行っていた研修だけではなく、同期との一体感を醸成できるコンテンツの必要性も痛感していた。そこで芦川は、東阪合同研修を追加し、同期全員が一堂に会して研修できる機会を提案。その研修では、より具体的なワークのほうが内定者のモチベーションも上がると考え、チームビルディングワークを取り入れることにした。

「アイスブレークには〝マシュマロゲーム〟も行うことにしました。マシュマロとパスタ数本を各チームに与え、いちばん高い塔を作るゲームです。他の研修などで経験した人もいたでしょうが、一度も経験したことがない人もいます。経験者が未経験者をどう巻き込んで成功に近づけるのかということもコンセプトの一つでした」

採用課の同期社員は、イギリスの大学院で修士を取得した人物。年上でもあり、仕事が早く頼もしさもある。しかし、従来と異なる内容を盛り込みたい芦川とは意見がぶつかることも少なくはなく、議論も絶えなかったという。

「同じ方向を向いているのは二人とも分かっていたので、侃々諤々、時にどんなに言い合いをしても大丈夫、という安心感はお互いありましたね」

こうして芦川たちは、新人ながらも先輩社員や上司に新しい内定者研修の重要性を説き、追加予算を得て、採用課全体を巻き込む形で新たな内定者研修を立ち上げることに成功する。

入社二年目に芦川が取り組んだのは、双日のホームページ内にある採用サイトのリニューアルだった。芦川は、それまでの「採用ツール制作」を「採用ブランディング」の観点から見直し、「双日らしさ」や「双日のＤＮＡ」が採用サイトや採用パンフレット、スローガンから遺憾なく伝わるものにしたかったのだ。また、インタビュー記事を掲載する２Ｄ（平面）構成だけでなく、動画からリアルに感じてもらえる３Ｄ（立体）も組み入れたウェブサイトを提案した。

「商社と言えば〝世界〟なのに、写真とインタビュー原稿だけでは物足りない、もっと海外の現場感が伝わるものが作りたいと思ったのです。予算が厳しく当初は難航しましたが、航空券やビザの手配、取材日程、取材人員など、とにかく削れるところはすべて削って、最終的には上司に首を縦に振ってもらいました」

取材先となる現地駐在員は、発展途上国のミャンマーと先進国ドイツという対照的な二か国から選んだ。芦川は上司や先輩からのダメ出しを受け、プロットを何度も練り直しつつ、プロデューサー、カメラマンの三人で、わずか一週間の弾丸取材を敢行。無事に編集を終えて採用サイトにアップする。

「初めての海外出張ですから、同行者含め事故のないように気を配りましたし、初めての訪問地でのロケや撮影は想像以上に大変でした。でも、学生時代の取材経験が役に立ち、どうにか形にできました。先輩や上司からは、思ったよりよくできたという言葉もいただきましたし（笑）」

今までにないものを作る、これまでにないことをやる、そして、双日らしいことをやる――。

入社以来三年と三か月、人事部採用課で自らを燃焼し尽くした芦川は、二〇一九年八月、いよいよ営業の現場へと向かう。

◆いざ、バッターボックスへ！

「双日に入ったからには、やりたいことがあるんです」

芦川は人事部在籍中ずっと、この言葉を口にし続けてきた。

「振り返ると、入社一年目で現場のエース社員、役員、社長ら経営陣から直接お話を聞く機会が多かったことは大変貴重な経験ですし、とても刺激を受けました。学びの濃い人事部での新人時代だったと思います。双日を選んで間違いなかった、この会社のこの人たちと仲間になれて良かったとつくづく感じました」

人事部内ではこのまま人事のプロとしてのキャリアを積んでほしいとの慰留もあった。だが、芦川の意志が固いことを知ると、最後は快く背中を押してくれたという。

こうして入社四年目の夏、芦川が異動した先は自動車本部だった。それは芦川が長く希望していた部署でもあった。

「商社ビジネスの本質である、トレーディングで商流を勉強してから、事業投資にも関わられると理想的

...duce nuevas fuentes
...medio de la conexión de
...uras y personas de todo
...n **espíritu de**

...ojitz crea nuove fonti di ben...
...lture e i popoli **del mon...**

だなと思っていたのですが、自動車本部はその両方をバランス良く推進している部署という印象を持っていました」

営業社員としてゼロからのスタートとなった芦川は、冒頭で紹介した通り異動初日から契約書の作成や発注など、〝初めての現場〟の洗礼を受けた。だが、それは芦川が勉強したいと考えていたトレーディングビジネスのほんの序章でしかなかった。

芦川の業務は中国からの船積みと事業投資先の現地会社の在庫管理のオペレーションサポートだったが、やりとりの相手は中国の自動車メーカーの営業担当者やロジスティクスの担当者。とりわけ営業担当者との折衝は、国も国民性も違う上、相手も双日も互いに初めての取引相手なので最初は勘どころがつかめず話がかみ合わないことも日常茶飯事だった。

「中国車メーカーと細かい条件を詰めるための折衝が難航し、当初に取り決めた船積みスケジュールからどんどんずれたりしましたし、反対にフィリピンのディーラーからは人気モデルの在庫を早く卸してくれと要求されたり。また、コロナ禍や昨今の半導体不足などの外部環境を鑑みると、適切な在庫月数を予測するのが非常に難しく、リスクとの兼ね合いを踏まえた調整がいちばんしんどいところです」

異動当初はすべての日本側の実務を芦川が行っていたが、五か月後の年明けから新入社員が加わり、その四月にはさらにもう一人新人が配属されるとともに入社十年目のベテラン社員が加わり、ようやくチーム体制が整っていく。貿易実務について当初はほとんど知識のなかった芦川だったが、手探り状態ながらも続けていくことで、業務内容の勘どころは一通りつかむことができるようになったという。そして二年が経ち、ついに芦川に独り立ちの季節が訪れる。

◆豊かな実りを目指して……

二〇二一年四月、入社六年目を迎えた芦川は、隣の自動車第三部第二課へと異動する。

この部署での芦川のミッションは二つある。一つは、新興国でのディストリビューター事業の新規立ち上げである。フィリピンでの事業はあくまでも先輩社員が立ち上げた案件であり、それに芦川が途中参加したに過ぎない。今度はゼロからの立ち上げだ。しかも、完成車を輸出入するのではなく、部品を輸入し、現地国で組み立てるという、現地生産も絡んだ新たな取り組みだ。現地国での雇用を創出し、製品の安定供給も可能となるのだ。この新規案件においても、双日の機動力の高さが証明されたと芦川は言う。

「新規案件のチーム組成からメーカーへの提案に至るまで、わずか一か月半。このスピード感は、双日が最強だと思います」

この新規ディストリビューター事業の立ち上げと別に、芦川に課せられた二つ目のミッションは、これまでとはまったく毛色の異なる新分野ＭａａＳ（マース）事業への参入である。

自動車産業界は現在、大変革の時代を迎え、ＣＡＳＥ（ケース）やＭａａＳに注目が集まっている。ＣＡＳＥとは、「Connected（コネクテッドカー）、Autonomous（自動運転）、Shared（カーシェアリング）、Electric（電気自動車）」の頭文字を取ったもの。二〇一六年にメルセデス・ベンツが発表した中長期戦略の中で用いたのが始まりとされ、この四つのキーワードを最適な形に組み合わせることによって、単なる自動車メーカーからモビリティ・サービスのプロバイダーに業態を進化させるというのだ。一方、ＭａａＳは「Mobility as a Service（サービスとしての移動）」から作られた言葉で、ＩＣＴ（情報通信技術）を活用して、バスや電車、タクシー、飛行機など、すべての交通手段による移動を、一つのサービスとして完結させることを意味する。つまり、スマートフォンなどのデジタルデバイスでMaaSを適用したデジタルプラットフォームやアプリなどにアクセスすれば、目的地までの最短ルートや乗り換え情報、チケットの予約と決済などをワンストップで可能とするのだ。この最大のメリットは使いやすさ、便利さ、移動の快適さなのだが、その根底には空気を汚さない、自然環境を破壊しないというカーボンニュートラルな思想が横たわっている。つまり今後、商社が積極的に取り組んでいくテーマなのだ。

「双日ではMaaSの普及・進展を先取りする形でシェアサイクリングの会社に出資していて、現在、シェアサイクリング事業の国内でのバリューアップや海外への事業拡大などを模索しています」

芦川は、ディストリビューター事業では自動車生産に詳しい双日のベテラン社員とチームを組み、市場調査や事業計画の策定などを行い、また、MaaS関連のシェアサイクリング事業ではチームリーダーとして、入社二年目、三年目の若手社員とともに新たな展開を検討している。

「双日は、常に新たなビジネスを創造し、自分のキャパシティを上回る成果を求めてきます。そのすべてが、いばらの道なのですが(笑)、では、そんな道を歩くのは嫌だから既存の案件や引き継がれた案件だけをやりたいかと言えば、そんなことはありません。どんなプロジェクトでも自分一人では何もできませんし、だからこそ仲間の助けを借りて前に進むのですが、できなくてもできないなりにアドバイスをもらったりして最後までやり抜いて形にする。それを繰り返すことで成長していくことができるわけです」

芦川は、幼い頃テレビで見た、過酷な環境で生き抜く途上国の子どもたちの姿を、ボリビアで知った環境汚染の実態を今も忘れてはいない。そして、世界が直面する課題に産業的側面からソリューションを提供する仕事だからこそ商社を選び、スピード感を持って課題に向き合う環境があるからこそ双日への入社を決めた。時に、いばらの道に、へこんだり、落ち込んでしまったりするという芦川だが、へこんでいるとよりパフォーマンスが落ちるからあえて元気を出して乗り切るのだと、あくまでも明るく前を向く。そんな芦川の瞳の先には、世界のみんなが享受できる、持続可能で豊かな実りをもたらす社会が見えている。

「正直なところ、世界の課題解決に私が貢献するには、まだまだスキルと経験が足りません。事業投資などの経験も必要ですし、いくつもいばらの道を通らないと（笑）」

こう語る芦川は、ポストコロナのキャリアプランについて、自らのライフイベントやライフプランも考慮し海外赴任も希望しているという。

「フィリピンに一度だけ出張したことはあるのですが、コロナ禍によってそれ以降はまったく海外に行けていません。事業現場や経営に直に触れ、より成長するためにも海外駐在は是非実現させたいです。将来子どもが生まれたら、子連れ駐在もしたいと考えています。私は海外生活の経験がないまま育ったので、子どもには海外暮らしを体験させて、現地のいい面も悪い面も見てグローバルな感覚を持ちながら育ってほしいのです。もっとも、それにはまず家庭内で、子連れ駐在の決裁を取る必要があるのですけどね（笑）」

自ら双日パーソンのロールモデルの一つとなるべく、常に新たな道を模索する芦川。彼女は、いばらの道でさえ、その屈託のない笑顔とともに軽やかに駆け抜けていくことだろう。

芦川葉子（あしかわ・ようこ）
一九九三年、東京生まれ。早稲田大学政治経済学部国際政治経済学科卒。二〇一六年入社。

「インターネットで手軽に情報が集められ、いわゆる〝就活攻略Ｔｉｐｓ〟を簡単に拾える時代ですが、皆さん、ついつい、そのような表面的な情報を鵜呑みにして活動し、安易に会社を選びがちだと思います。しかし、就職活動の本質はそうではないと思います。社会人の先輩たちに会って、その人たちから感じられるもの、あるいは各企業で育まれたＤＮＡを感じ取り、比較研究し、会社選びの判断基準としていくべきなのだと思います。企業との接点は各社とも数多く用意していますので、皆さん、もっともっと生の情報にこだわってください。企業とのフィーリングって、皆さんが思っている以上に大事だと思いますよ。

私たち双日について言えば、若手から活躍できるのは事実ですし、否定するつもりはありませんが、この社風、この環境はなぜ、どのようにして育まれたのかを是非知ってほしいと思います。かつてニチメンと日商岩井が一つになった頃、苦境の時代を乗り越えてきた先人たちがいたからこそ、〝この会社を支えていくぞ、成長させるぞ〟という強い信念があり、粘り強く、現状を変え、状況を克服してきたからこそ、いまの双日という豊かな土壌が生まれたのです。この会社の〈克服力〉は、私たちのような若手社員一人ひとりの中にＤＮＡとして受け継がれていると私自身、実感しています。皆さんもその先輩たちが築き上げてきた、今日の成長環境のありがたみを享受しながら、〝やり抜いてやる〟という強い気概をもって、この恵まれた環境の中でどんどんチャレンジしてほしいと思います」

ドキュメント仕事人❹

新たな挑戦のために、やり切るまで力を尽くす＝阪和興業・鈴木　佳奈

◆海辺からホーチミン市へと戻る道で

「それで、この仕事をしてどれぐらいになるの？」

年上の女性が尋ねた。

「六年ちょっとです。大学を卒業して商社の食品部に入社して、それからずっと」

もう一人の女性が答えた。二人の年齢は離れているが、親子というほどではない。

「ずっと、エビ？」

「最初はそうでした。今の担当は海産物をいろいろ。加工品も輸入しているんですよ」

「そう」

少しの間、沈黙が訪れた。走らせる車のエンジン音だけが響く。海に近い水産会社の養殖池を後にして、ホーチミン市へと向かうにつれて道は平らになり、上下動の揺れは収まったが、車内にはまだ潮の匂いが残っている。

今度は半ばひとりごとのように、年長の彼女が口を開いた。

「私、エビだけでなくコーカク類は全般的に好きなの」

「甲殻類。エビ、カニ、シャコ……」

「それに白ワインも。そうだ、日本に帰ったらワインと料理のおいしい店に案内するわ」

「えっ、ありがとうございます」

飲食店チェーン本部の購買という仕事柄、それに加えて人生経験も長く、料理にもワインにも私よりずっと詳しいのだろうと鈴木佳奈は思った。この人が自分からこんな話をしてくるのは初めてかもしれない、もちろん、よい兆候だ。二人の間の距離が縮まり、ものごとは確実によい方向に進んでいる。気分の高揚を覚えながら、鈴木佳奈はそれを表には出さずにいた。

ベトナムまで来て現場を見てもらえば、気に入ってもらえるという自信はあった。その飲食店チェーン店に何度通って食べてみたか分からないが、絶対自分が扱っているエビの方がおいしい。間違いなく、これまでのエビよりも品質のグレードは上がる。だから忙しい身と知りながらも、ホーチミン市から何時間も離れた田舎まで視察に来てくれるようお願いしたのだ。

実際に品質を確かめて、工場の経営者と会って話し、加工場の管理の状態を見て、ベテランの購買担当の彼女の顔には納得の表情が浮かんでいた。少なくとも鈴木にはそう見えた。

このチェーン本部に電話でアポイントを入れて、最初にこの女性に面会してから一年近くが経っていた。ここまで大変だった。商談が立ち消えになりそうだったときもある。

「最初はおとなしい人かなと思ったけど、その後、結構食らいついてきたわね」

「そうでした？」

「あのときは、あらっ、と思ったわよ」

二人は声を合わせて笑った。鈴木のゼロからの挑戦が、形になろうとしていた。

◆海外出張先で求婚される？

鈴木佳奈は二〇一〇年四月に阪和興業に入社すると、食品部に配属された。

食品部では、一年目の社員が取り扱う商品の現物に触れながら仕事の基本を叩き込まれるという伝統がある。配属三日目にカナダの港にある水産加工場に行った同期もいた。

最初に鈴木が任された商材はエビだった。輸入元の海外と連絡を取り、検品をする。阪和興業の事務所があるタイとベトナムでは、現地スタッフが検品してから冷凍して送り出している。日本に入ってきたら倉庫に取りに行き、改めて品質を評価する。インドのように現地事務所がない国は、契約しているエージエントと電話で状況を確認するという毎日だ。

最初に解凍したエビを目の前にしたとき、指導係の先輩から「自分なりの意見を持て」と言われた。

「人がどう評価するかに関係なく、自分はどうだったか考えることが大事だ。俺の評価も関係ない」

「でも、間違ったらまずいんじゃないですか？」

「いや、かまわない。どうせ一人立ちするんだから、自分で判断できるようにならないとな」

そう言われて自分の意見を持とうにも、何を基準にしていいか分からない。

「これ、めっちゃ悪いエビ」と先輩に言われても、どこが悪いのか。

「形や艶を見て、触感やぬめり、匂い、規格に合った大きさかどうか。まずはそんなところかな」

悪いエビが多いロットは、値引き交渉の対象となる。幸い食品は食べて味を確かめることができる商材だ。茹でてみておいしいかどうかは誰でも自分なりの評価できる。いつの間にか鈴木も〝自分の意見〟を持てるようになっていた。

三か月が過ぎた頃、タイの養殖場でエビの検品をしてくるように言われた。初めての海外出張だ。現地でどんな作業をしているかを自分の目で見て来る機会でもある。先輩からは、宿題を出された。

「帰ったらいろいろ質問するから、全部答えられるようにしておけよ」

どんな質問をされてもいいように、それまで座学で聞いたことを思い出しながら出発までに一生懸命勉強した。養殖場を運営する仕入れ先がどれぐらいの量を扱っているか、どの国に輸出しているか、阪和興業には全体のうちどれだけ売れる余裕があるか。初めて見る養殖池の大きさや水質、加工場の様子、物流等々。

現地に入り、スタッフのタイ人と英語でやりとりする。鈴木は高校生のときに英会話スクールに通ったぐらいだが、ボディランゲージも交えて仲良くなりながら情報を教えてもらうようにした。

それでも日本に戻ってからの先輩の口頭試問に、答えられなかったことがいくつかあった。

「なんで聞いてこなかった?」

「すみません。想定していませんでした」

あわててメールや電話で問い合わせて回答を得た。

それから月に一、二回は海外出張があった。タイやベトナム、中国が多い。言葉が分からなくても体当たりで意思疎通し、夜になると歓迎の酒席が連日のようにある。

「もっと、飲め飲め」今ならアルハラだが、鈴木も負けてはいない。

「飲むけど、もっと安くしとけよ」

酔っぱらっていた上にブロークンな英語だから、これぐらいのことは言ったかもしれない。どう伝わったのか分からないが、とにかく現地の人たちと仲良くして友達になる術を身につけた。

ベトナムでは、工場で働く青年に求婚されたこともある。適当に相手をしていると、そのうちに、振り向いてくれないから彼女を作ったよと言われた。いや、そんなん知らんけど。ともかくおめでとう。

日本よりも海外で人と仲良くなる方が得意かもしれない。だから商売が成り立っているところもあると、後になって鈴木は思った。

◆実った商談の敗者復活

鈴木は食品部では、先輩の客先を引き継いでの仕事が大半だった。食品を輸入して、卸問屋、食品加工会社、食品メーカーなどに販売するという流れは確立している。その商流を継続しながら、商売を太くするのが役目だ。もちろんそれも大事なことだが、会社や先輩が築いてきた商流に乗っているだけでなく、自分が作ったといえる仕事もしたい。何年か食品部にいるうちに、そう思うようになっていた。

食品部に納入している国内の会社の社員で、鈴木が情報源の一人にしている男性がいた。かなり年上だが、飲み友達になっている。そんな飲み会の席で、あるフランチャイズチェーンの話題が出た。鈴木が扱うエビなどの海産物を使うメニューもある。その飲食店チェーンの本部に販売している会社を紹介してもらった。だがその会社の人間に話を聞くと、深い付き合いではなく、たいして食い込んでもいないらしい。

このチェーン本部に直接、自分が扱っているエビを入れたい、と鈴木は思った。チェーン店に行って何度か試食してみたが、阪和興業食品部のエビならもっとおいしくなるはずだ。

とはいっても、商流の末端となる客先への売り込みは初めてだ。もちろん新規開拓になる。食品部では、もしかすると阪和興業全体でも珍しいケースかもしれない。既存の商社機能やノウハウを生かせる場面は少ないだろう。鈴木は飛び込みで営業をしようと決めて、上司に提案した。

「そうか。とにかくやってみろ」

許可を得てチェーン本部に電話をして、一度会って話をさせてほしいと購買部門にアポを取った。

本部を訪問すると、購買の権限を握っている人物が出てきた。あの年上の女性である。鈴木は訪問の理由と自社が納めることができるエビのよさを説明した。日本でもそれなりの数量の海産物を扱っている商社なので、さまざまな情報を入手しているし、小回りもきく。そんな話もした。

「お話は分かりました」

一通り聞き終えると、相手の女性はこう答えた。乗り気になったようには見えなかった。チェーン本部でエビを買いつけている既存の商流が当然ある。それを敢えて変えさせるのは、簡単なことではないと鈴木も承知していた。またうかがいますと告げて部屋を後にした。

それからも、きっかけを見つけてはチェーン本部を訪問した。何度か顔を合わせるうちに、相手がいい素材を届けたい、おいしいものを店に来たお客に食べてほしいという強い思いを持っていることが分かってきた。少なくとも、価格だけでものごとを決めるタイプではない。いいものを売りたいという思いは、鈴木にもある。会社としては利益を出すことも大事だが、それだけでは決まらない商売がしたかった。この人と一緒に仕事をしたいという思いが強くなった。

だがある日、いったんこの話はなかったことに、と言われた。納得できなかった。この商談には多くの時間を割き、準備も重ねてきている。向こうの立場になってみても、進めない理由はないはずだ。

「なんでですか。何がだめなのか教えてください」

引き下がるわけにいかなかった。鈴木の勢いに、相手はやや驚いたようだった。しばしの間考えていたが、やがてこう返事をした。

「わかりました。もう一回検討しましょう」

食らいついた、と思わせたのは、おそらくこの時のことだった。ベトナム行きを提案したのは、それから少し経った頃だ。水産物は相場もので価格が変化する。ちょうどエビの相場が底の時期だった。

「今安く買えば、阪和興業で在庫をして一年中同じ価格で販売できます。現地を一度一緒に見に行きましょう。それでどうするか決めてください」

このときも、返事は「検討します」だった。相手の社内で話が進んでいるのか、停滞しているのか、あるいは後戻りしているのか読めなかった。期待と不安が交錯する。待ってみるしかない。そして答えは「行きましょう」だった。

ベトナムでのことは、すでに書いた通りである。価格についても納得してもらい、正式に契約。輸入手続きや物流の手配をして、まずはそのチェーン本部で扱うエビの半分が阪和興業のものに入れ換った。

食品部全体からすれば、特に大きな額の商売ではない。だが前例のないビジネスを新規開拓できたことに、鈴木の中では大きな価値があった。

「よく諦めずに復活させたな。鈴木がここまでがんばるとは思わなかった。その姿勢がいいんだよ」

上司にこう褒められたのもうれしかった。

やがて鈴木は食品部から異動し、このビジネスから離れることになったが、今もこのチェーン店の前を通ると、前よりもエビのメニューは絶対おいしくなっていると、誇らしい気分になる。

◆「この担当、外してください」

ゼロからのエビの商談と前後して、一方ではつらい経験もした。

鈴木は残業をしないことを自分のルールにしていた。夕方五時を過ぎて社内にいることがあっても、電話は取らない。そのことが、取引先の担当者の逆鱗に触れたらしい。海外で買いつけた食材を販売している客先である。

朝、その担当者から鈴木に電話がかかってきた。

「あんた、客の電話を取らないとはどういうことだ？」

ビジネスの会話でこんな口調でものを言われたのは初めてだった。いや、プライベートも含めて、こんな電話を受けた記憶はなかなかない。

「昨日の夜ですか？　業務時間が終わっていましたから」

「だったら出ない、っていうことはないだろう。こっちは用事があるからかけてるんだよ、小娘が」

対面で顔を合わせたこともない相手から言われた。ことに最後の一言は引っかかった。

この日から切れ気味の電話が頻繁に鈴木にかかってくるようになった。あれどうなってる？　なんで連絡しない？　いえ、もう伝えましたけど。聞いてないよ。そんな類のやりとりが続いた。

鈴木の前にその取引先を担当していた先輩に相談すると、

「いや、そんなこと言われたことないけどなあ」という返事だ。

「どうやって対応していたんです？」

なかった。

「まあ、逆らわないようにしていたからね」

その先輩から担当が鈴木に替わり、これまでと違って思い通りにならないのが気に入らないのかもしれなかった。

鈴木は上司に、担当を替えてほしいと願い出た。

「こういう言い方はないと思います。この人の相手は私には無理です。外してください」

「いや、大丈夫だから。続けてくれ」

大丈夫じゃないから言っているのに、という言葉が出かかったのを飲み込んだ。

相手の会社の上司にもいきさつを話した。すると部下である彼をかばうわけでもなく、むしろ鈴木に同情する口ぶりである。鈴木は、自分の置かれた状況がようやく理解できた。向こうの社内でも、状況をなんとなく把握している。今、相手ができるのは鈴木しかいない。ある意味自分は頼りにされているともいえる。そして残念ながらこの状況からは抜け出せそうにない。

しかたがない。その人のことは、もう正面から相手にしないことにした。直接話をするのは最低限必要なことだけに限り、あとはこちらでできるだけの対応をする。それで商売がなくなってもいいというぐらいに腹をくくった。

相手の会社のほかの人たちは、二人の間に入って険悪な雰囲気にならないように配慮してくれた。おかげでかなり助かったところもある。この人たちが味方になってくれるならなんとかなりそうだと、希望の光が見えてきた。

それでも例の男性とは、担当同士なので、電話だけでなく何度も顔を合わせる。出張先でも一緒になるが、そこで様子を見ていると、なぜ彼が今の業務を任されているかが分かった。鈴木に対するときと、自分の取引先に話すときでは、まったく態度が違う。そして相手の心をうまくつかみ、売りまくって数字を残している。一言で言えば、優秀な営業なのだ。そちらに気を遣う分、こちらにストレスをぶつけてくるのかもしれなかった。

結果的には、鈴木自身も、その会社との取引を何倍にも増やすことになった。苦手な人がいても、やりようはあるものだと学んだ。とはいえ、もう同じような目に遭いたいとは思わない。

◆若い人たちから教わったECビジネス

食品部での仕事は、「まいど」「おおきに」の世界だ。鈴木に言わせれば「ザ・商社」の営業である。これまで取り扱ってきた商材はエビに始まり、イカ、タコ、その他海産物各種、それらの加工品など多種多様に及ぶ。海外の原材料を別の国に持って行って殻を剥くなどの加工をして、それを日本に持ってきたりさらに別の国に売ったりと、商流も複雑になっていった。この時期、阪和で自分が一番多くの商材を扱っていたのではないだろうかと鈴木は回想する。しかも月の半分が海外出張、残りの半分は国内出張で、体力的にもしんどくなっていた。

こうなると、商材がなんだろうが売るのは同じことの繰り返しに思えてくる。これまでとは違う新しいことをしたいと異動願いを出し、入社一〇年目となる二〇一九年四月、生活資材部に配属になった。

鈴木に託されたのは、インドネシアでのEC（電子商取引）事業を拡大するというミッションだった。阪和興業は鉄関連のほかの出資案件は当時少なかったが、例外的に二年前に立ち上がった、ECプラットフォーム運営を行うインドネシアのベンチャー企業に出資している。商社として海外のEC事業でマネタイズすることが可能かどうか、とにかくやってみるというスタートだった。

雑貨、化粧品、食品など、日本を訪れた観光客が買っていくものを、現地でも買えるようにする、というところから始まった事業だったが、思った以上に伸び悩んでいた。そんなタイミングで鈴木は「へいまいど」の営業から、ウェブミーティングが当たり前のITの世界に飛び込むことになった。

インドネシアでもECサイトが次々に立ち上がり利用者は増えていたが、出資先の運営会社は売上規模が小さく、そのなかでも日本の商品はインドネシアの一般消費者相手に売れているとはいえなかった。国の取引ルール変更によるサイト機能の制限や、法律上の問題など、不利な条件も重なっていた。

現地のECサイト運営会社には、阪和から駐在員が一人送り込まれていた。鈴木は日本側の担当として、この年上の男性とメールや電話で頻繁に打ち合わせをする。現地で販売する側と、日本でメーカーなどの仕入れ先と折衝する側という立場の違いから、言い合いになることもあったが、鈴木は毎月のように運営会社があるジャカルタに出張し対面ですり合わせをした。

「この事業、やばいんじゃないですか？　何から手を着けていいか……」

「うん。わかる。これまでもあれこれ商品を替えてみたんだけど、全然広がらない。でもなんとかしないとね」

日本側の社内で、ECをここまで深く経験した人が誰もいない。暗中模索の中結果が出ない日々が続き、なんのために会社に来ているのか分からなくなることもあった。

役員にも状況を説明した。ECについて知らなくても、ビジネスの先輩として話を聞いてもらった。そして自分だけでは先が見えないからと、社外からコンサルタントに入ってもらうように要望し認められた。若いメンバーが中心の小さな会社だ。

このように社外の助けを借りるのは鈴木は初めてだったが、この試みは「当たり」だった。彼らと打ち合わせをすると、もやもやしていた頭の中がきれいに整理されて、ものごとが落ち着くべきところに収まる。こうだからこうなると筋道を立てて説明されると腑に落ちる。困りごとをぶつければ、壁打ち相手にもなってくれるから先が見えてくる。やるべきことを洗い出し、やってみてうまくいけば次はこれをする。だめだったらこうしてみる。打ち合わせをするたびに、一歩ずつでも前に進んでいる感覚があった。

ＳＮＳやインフルエンサーを使ったり、オンライン、オフラインのイベントも開いた。ウェブマーケティングの世界では、むしろこなれた手法でもある。阪和興業にとってはゼロからの出発でも、世の中では珍しくない。

だが、それでもこのＥＣ事業は結果的に大きく拡大はできなかった。ただ、何も残らなかったわけではない。新たな資産として獲得したのがＳＮＳの自社アカウントで、インドネシアのフォロワーが十万人付いている。そのほとんどが日本に興味があり、そこから日本製品を広告するメディアのような機能を果たしている。

インドネシアではＥＣビジネスと並行してオフラインで小売もしていて、ＥＣを介してそれが伸び始めている。日本から輸出するＢ to Ｃの尖兵になった形だ。結局は普通にものを扱って売る従来の商社っぽい仕事になり、今は別の社員が担当している。

「私としては、もうこれ以上何もできないところまでやりました。やらなかったら悔いが残ったと思います。一〇〇パーセント力を出し切ったので、インドネシアのビジネスは自分の中で区切りをつけることができました」

こう語る鈴木だが、ゼロから始めるビジネスを成功させたわけではない。その意味では不完全燃焼とい

う思いがあり、再び異動願いを出した。

◆阪和興業の社員がより活躍できる新しいフィールドを開拓する

二〇二二年四月、鈴木は食品・エネルギー・生活資材新規事業推進室に異動した。その名の通り、食品、エネルギー、生活資材の三部門の新規事業を立ち上げることを目的とする役員直轄組織だ。将来の新事業部門の種を探し芽を出させるという難題を、いかに諦めずに突き詰めていく事ができるかが問われる。

社内でECに三年間携わったことと、食品部に長く在籍した経歴から、鈴木は食品部のEC事業にてこ入れをすることになった。ものを右から左に流して売れる時代ではなくなっている。商社も新たな売り方や販路を考え開拓しないといけない。ECはそんな課題に対する一つの武器となり得るのだ。

すでに消費者向け自社サイトがオープンしていたので、そのページリニューアルから始めた。EC業界には数多くのライバルおり、モノ売りだけに止まらない巨大なECプラットフォームもある。そこに割って入るために、どのようなポジションを取るべきか。掲載する商品のラインナップ、メインターゲットの想定などやることはいろいろある。食品部でも若手社員にEC担当になってもらい、レクチャーをしながら、自分も大企業の新規事業創出担当者、スタートアップ企業、ベンチャーキャピタルなどの人たちと会って、デジタルマーケティングに必要な思考回路を鍛える。

「ECはさまざまな要素が相まって売れることも多く、費用対効果が検証しにくい面があります。広告費の予算も十分でないのでサイトを知ってもらうための工夫が必要です。末端の消費者向けがいいのか、中間の問屋向けがいいのか。この新たな武器でこれからどう戦うか。阪和興業にとってB to Cが武器になるかどうかもやってみないことには分からない。だめならだめで、まずは手探りでもやってみるしかありません」

入社して一四年、中堅と呼ばれるようになった。これまで〝めちゃ仕事した〟というのが実感だ。強みは人と仲よくなれることだ。一年目から海外で知り合いをたくさん作った。

飲食店チェーンの年上の食品調達者からは、その後食事をしたときに「あのときは、実はまあまあ大変だったのよ」と打ち明けられた。先方の社内でもあまり例がないケースで、反対も多く、いろんな人を説得してくれたのだろう。今ではプライベートな人生相談もする。機会があればまた一緒に仕事がしたい。

インドネシアのECビジネスの仕事では、先行きが見えなかったときにコンサルタントとして入ってくれたメンバーたちが、パートナーとして同じ目線で仕事をしてくれた。今も親友といってもいいぐらいの間柄だ。会えば「一緒に走ったあの二年間、青春だったね」と言葉を交わす。彼らがいなかったら、インドネシアのSNSやオフラインの商売もなかったに違いない。

「阪和興業はフランクな社風で、やりたいと言ったことに対して、ノーと言われたことはありません。やってみようと言ってくれる上司ばかりで、仕事をきちんとこなせば認めてくれる会社です。いろんな経験もさせてもらい、海外とつながる仕事もできたし、友達も増えました。若い社員が新しいことをできる土壌は十分あります」

自分にとっても、若手にとっても、新しいことができる選択肢を増やしたいと鈴木は考えている。今はまさにそのために新規開拓の仕事をしているといえる。

「阪和興業は異動ともなればほぼ社内転職といっていいぐらい、やっている仕事が違います。幅広いフィールドがあります。年下の社員からいろいろ相談されることもあって、一度部署を異動してみたらと勧めることもあります。もっと言えば、働き方が多様化するなかで、会社に縛られなくてもいいのではと。別の企業でインターン的に数年間働いて、経験を積んでまた戻ってくることができないかなどと考えたりもします」

これまで以上に、あらゆることにチャレンジできる会社の環境を積極的に作る。鈴木は今、そのためにフィールドを切り開く場所に立っている。

鈴木佳奈（すずき・かな）

一九八七年福井県生まれ。横浜市立大学国際総合科学部卒。体育会のバドミントン部の活動で二年生のときにアキレス腱を切るが、リハビリ期間中に日商簿記二級を取得という頑張り屋さん。二〇一〇年に阪和興業入社。食品部から二〇一九年に生活資材部に移り、二〇二二年四月より食品・エネルギー・生活資材新規事業推進室に。

「入社してからは、社内外で人に恵まれました。叱ってくれる人がいて、上司には文句を言っても耳を傾けてくれて、ここぞというときには助けてもらいました。学生時代は世界とつながる仕事がしたいと漠然と思っていました。就職活動ではたくさんの会社を回りましたが、阪和興業を選択したのは、内定が出たなかで社会の荒波に一番揉まれそうだなと思ったからです。就職活動は社会に出る第一歩で、人生のすべてが決まるわけではありません。興味はないと思える業界にも行ってみて、やっぱり自分は違うなと確かめてもいいのです。やりきったと思えるまで、いろんな企業にぶつかっていってほしいです」

ドキュメント仕事人⑤

理系出身商社パーソンの大いなる目覚め＝守谷商会・神田 優基

商社パーソンたちは、どのようにして成長していくのだろうか。最初から順境はない。いや、ビギナーズラックでの成功などたかが知れている。商社の先達たちはそれをよく知っているから、逆境にあっても簡単には手を差しのべない。苦悩の中で自らの手法を学んでいくしかないのだ。神田優基は大学で昆虫生態学を学んでいた。そんな彼がなぜ有力な機械商社に入社し、多くの信頼を得てビジネスができるようになったのか、その軌跡を語りたい。

◆入社一年目、得意先から〝出禁〟を食らう

初めて一人で設備メーカーの調達部を訪れたとき、その初老の男は書類らしいものに目を落としていた。

「失礼します。守谷商会です」

神田が声をかけたが、男はこちらを一瞥して無言で再び顔を元に戻した。表情は堅い。不自然なほどに、自分の方を見ないようにしているようにも映る。この前に先輩社員と一緒に来たときは、にこやかに談笑していた。そのときとのギャップに神田は面食らい、次の言葉がすぐに出てこなかった。こころなしか、事務室のなかの空気もひんやりしている。

入社一年目の神田は、少し前にこのインフラ設備メーカーへの営業を任された。販売するのは重量物を持ち上げる特殊なモーターだ。以前から守谷商会が納めてきたもので、ほかにも各種の材料や部品の取引があり、両社の付き合いは長い。

モーター調達担当のこの男は、それからも、先輩と二人のときは歓迎するが、神田が一人で行くと怖い顔をして座っている。そして口を開けば、同じ不満をぶつけてくる。

「とにかく守谷は価格が高いんだよ」

怒られに行くようなものだ。先輩には文句を言っているのを聞いたことがなかった。なぜ自分だけなのか。それでもとにかく顔を出しに行った。人間関係なんて簡単に築けるものじゃない、なんとかなると自分に言い聞かせていた。

だが担当になって一年近く経ったころ、とうとう最後通告を受けた。

「あんたは、もう来ないでくれ」

守谷商会の営業担当を元の先輩に戻せというのだ。

面食らった。いきなりそう言われても、はい、分かりました、と返事をするわけにもいかない。

「いや、上司と相談しますので。今日はこれで失礼します」

ようやくこれだけを伝えて、調達部の事務室を後にした。このことをどう報告すればいいのか。帰路の足取りは重かった。

ことの次第を上司に告げると、当然のことながら「なんでそうなったんだ?」と聞かれた。

しかし神田にも思い当たることはない。

「……私に可愛げがないからでしょうか」

上司はそれには答えず、少し考えてからこう言い切った。

「神田、担当は替えないからな。このまま続けろ」

てっきり、お前はもう行かなくていいと言われるものだと思った。しかし、担当を続けろと言う。少しうれしかった。理由はともかく、取引先を怒らせてしまったのは間違いない。だからといって仕事を取り上げられることはなかった。さっきは客先で自分を否定されたようで落ち込んだが、いま上司は自分の存在を認めてくれる。そのことで神田は救われた気がした。

◆問題解決の糸口は意外なところにあった

しかしながら、担当は変わりませんから引き続きよろしく、と言いに行ったところで、状況が改善するとは思えない。神田はまず上司からのアドバイスで、このインフラ設備メーカーの社内の部門と業務内容を書き出した。その相互関係や業務の流れを図にして全体を可視化した。

一方で、きっかけを見つけては調達部以外の部署の人と親しくするようにした。少しすると、設備メーカーのあちこちで、守谷さん、また来ているね、と声をかけられるようになった。調達部の事務室の横を通るとき、あの担当者は神田に気づいているのかいないのか、声をかけてはこなかった。

出禁を告げられてから一か月ほどした頃だ。神田は設備メーカーの原価計算をする部署にいた。たまたまその部にあった設備の価格検討リストが目に入った。

「すみません、これ、うちの取引ですね。見せてもらってもいいですか？」

「え、なんで？」

「いや、なんだか金額が安いなと思って。この額はどうやって出したんですか？」

「システム全体をこう分けるだろ、それでそれぞれ過去の価格をもとに値上がり分を推計して乗せているんだ」

「なるほど。で、このモーターの価格は何を基準にしているんですか」

「ああ、それはこっちだよ」

渡された資料を見て、神田は「あっ」と思った。

「これ、何十年も前のうちの価格表じゃないですか！」

これで謎が解けた。調達部門では、原価計算の部署から回ってきた過去の数字を基準にしている。そこにこちらからは大きく値上がりした現行水準の見積を出すのだから、「守谷は高い」となる。社内で、調達部はなんでこんな高い買い物をしているんだと言われているとしたら、あの調達担当の人はフラストレーションが溜まり、とばっちりが神田に来る——。こう推測する根拠は十分にある。

すぐに神田は原価計算の部門に理由の説明をして、調達の基準となるモーターの価格を上げてもらった。インフラ設備全体が高額なもので、その中でモーターだけが高くなってもたいした影響はない。神田は、自分が調達部に行って知らせるまでもなく、このことが社内で伝わるはずだと考えた。それに下手に神田から話をして、お前の仕事でもないのに何をこそこそ動き回っているんだとまた怒られてはかなわない。

数日後、調達部のドアを開けた。モーターの調達担当者と目が合った。それまでのことがなかったかのように、にこにこしながら手招きされた。雑談でも話が弾み、たいした価格交渉もなしにモーターの見積はフリーパスで通るようになった。この人、社内の立場がきっとよくなったのだろうと神田は感じた。

「客先の社内に理由があり、そこに切り込むことで解決した例です。相手を深く知るほど仕事がやりやすくなることが分かり、非常に勉強になりました」と神田は振り返る。

「それまではずっと辛かったです。でも人が怒るのには何か理由があります。目の前にいる人だけでなく、その周りにいる人たちを巻き込んでいくと問題が見えてきます。おかげでいろんな人と会ってものごとを解決しようとする習慣がつきました。ただ、なぜ先輩ではなくて私が怒られたのかは今も疑問です。たぶん本当に可愛げがなかったんでしょう（笑）」

その後、東日本大震災の東北復興案件で、守谷商会にはより高額なモーターの注文が大量に来た。そのことは自分の手柄ではないが、入社して早い時期に辛い思いをしたのも無駄ではなかったと神田は考えている。

◆人生を変えた中国への留学

神田は理系出身だが、守谷商会の商材である機械分野との関連性はない。大学時代は昆虫生態学の研究室にいた。アシナガバチを使って害虫を駆除する無農薬栽培がテーマで、春に女王バチを採集して育て、昆虫の上下関係と脳内ホルモンの関わりを明らかにしようとしていた。しかし大学院まで進んだものの、何度も蜂に刺されるなかで、この方面の専門家になることに疑問を持つようになった。

そんなとき、知人から留学の話を紹介された。行き先は中国の上海復旦大学で、純粋な語学留学だ。アシナガバチとも脳内ホルモンとも無縁である。最初は「你好（ニーハオ）」と「謝謝（シェイシェイ）」しか言えず、午前中は中国語の初級クラスに通い、午後は現地で見つけた貿易商社のインターンシップを経験するという日々を送った。

機械に興味を持ったのは、インターンシップで金属加工の工場を訪問したのがきっかけだ。鉄を叩く巨大な鍛造装置や、マシニングセンターの金属切削加工を実際に見た。品質への要求が高い製造加工では、中国製ではなく日本製の機械を使うという。それを聞いて、これから日本製の機械の需要が高まるはずだと考えた。工作機械には詳しくないが、それを売り込む仕事ならできそうだ。

留学生活は楽しく、一年だった予定を半年延ばした。大学院で学び続けその道の専門家になるよりも早く社会に出たいとあらためて思うようになり、夏休みに一度日本に戻って就職活動をした。総合商社の採用選考は終わっていた。通年採用している商社やメーカーの面接を受けたなかで、入社を決めたのが守谷商会だった。

「社員面談で聞いた話は、ほかの会社よりも仕事が圧倒的に面白そうでした。さまざまな商材を探してきて、それぞれのお客さんに合わせてカスタマイズするということで、毎日飽きることがなさそうだと思ったのです。とはいえ、いったん就職した後で転職するのもありかなという考えもありましたが（笑）、守谷商会に入社すると何でもやらせてくれるし活気があって、ほかに移るのはやめました」

一年目はトレーナーとなった先輩社員に同行して、先輩が担当する会社を回って営業の現場を知る。先述のインフラ設備メーカーもそのうちの一社だった。そのほかに新人に担当させるのが慣例になっている案件があった。営業先は電鉄会社で、観光用ロープウェイのケーブルを販売する。

「これは守谷商会の創業時から続く、歴史ある商売だ。先輩たちが大切にしてきた仕事を、次の世代に引き継いでいく大事な役目だぞ」

こう言われたものの、実のところはケーブルメーカーとエンドユーザーの電鉄会社の間に立っているだけで、守谷商会は付加価値を与えられていない案件だった。しかもロープウェイやリフトのメンテナンスを請け負う管理会社が、このケーブルの販売にも触手を伸ばしている。電鉄会社にすれば、どちらから買っても価格に違いはなく、むしろ管理会社に一括して任せる方が手間が省ける。守谷商会のセールストークとしては「長年の付き合いだから」しかなかった。

昔は必要だっただろう商社機能が、時代の変化で今は不要になっていることもあるのだ。モリタニがここにいる意味は何か。神田は反問せざるを得なかった。それでも何度も電鉄会社に通って、いくつか機器・設備類を買ってもらった。しかし神田から後輩に担当を引き継いでから、ケーブルを販売する商流は完全になくなった。ただ電鉄会社とのつながりはあり、後輩は電線を吊るす架線を販売し、別の新たな商材も受注している。

◆新規開拓に挑むも失注の山

なくなる仕事もあれば、始まる仕事もある。モリタニの新しい価値を生み出さなければならないのは自分たちの世代だ――。こう考えた神田は、先輩から引き継いだ案件だけでなく、一年目からも新規開拓に挑んだ。

あるボイラーメーカーの調達担当から、新しい製品に使う部品の引き合いをあげるからやってみるかと勧められた。それまでのこの会社との取引に較べて部品点数がはるかに多く、受注すれば金額もかなりのものになる。神田は意気込んで、何十点もある部品ごとに仕入先のメーカー各社に見積を依頼した。そして出てきた見積をボイラーメーカーに出し続けたが、ことごとく返されてしまう。

「神田君、まただめだよ。うちとしても、この件で守谷さんから見積をもらうのは考え直した方がいいかもしれないね」

「いえ、頑張りますからお願いします。一体どこがだめなんでしょうか」

「それはうちの部署では分からないけど。ともかく設計の方で全然だめだって。値段も高いんだって」

結局、一つも部品を納めることができないまま、失注の山を築いた。仕入先のメーカーには手間をかけるだけで終わってしまった。申し訳ないことをしたと神田は反省した。

「また失注です。申し訳ありません……」

上司に報告する度に辛かった。

このときを振り返ると、仕事のしかたをろくに分かっていない新人でしかなかったと神田は思う。ボイラーメーカーからの発注書には概要しか書かれていない。そこからヒアリングをして仕様や要件を詰めてから見積を取る必要があった。そんな基本も知らずに、部品メーカーに発注書を丸投げしていたのだ。あれでよく見積の数字を出してきてくれたものだと、今となっては顔が赤らむ思いがする。

「それでもこの失注経験は、その後の営業の基礎になりました。思い通りにやらせてくれた上司には感謝しかありません。トレーナーや上司からは取引先との関係づくりなど基本的なことは教わりますが、担当した案件について、ああしなさいこうしなさいと言われた記憶はありません。周りの人のやり方を見て、いいなと思ったらどんどん吸収してやってみました。それが今の自分を作ったと思います」

神田は大企業のクライアントを担当することになり、この案件からは手を引くことになった。新人が新規受注を実現できなかったのは、当然だったのかもしれない。その難しさを自ら経験する機会でもあった。

◆「一番嫌いな商社」から「困ったときの守谷さん」へ

守谷商会の大阪支店機械五部一課では、既存の取引がある大手化学メーカーへの営業活動を拡大することになった。食品や医薬品、日用品から化成品、工業用中間材まで幅広く手がけるメーカーで、事業部門も多岐にわたる。神田は入社二年目からこの化学メーカーに先輩と二人で出入りするようになった。

先輩社員はこれまで研究室や開発部門によく顔を出し、顔なじみになっているエンジニアや研究員も多い。だが、資材部門に行くと対応は一変、何しに来たの、というよそよそしい雰囲気だった。若手から年配まで一〇人以上いる部署だが、一人の例外もなく態度が冷たい。

ここもまたか、と思った。出禁を食らった苦い経験が蘇る。だが入社一年目当時の神田とは違う。なんで避けるようにするのか、理由を知りたかった。先輩と役割を分担し、自分は資材部門に入り込むことに決めた。なにごともなかったかのように頻繁に顔を出し、声をかけた。

「こんにちは。なにかないですか？」

「また来たの。別になにもないよ」

「結構、いろんな案件が動いているみたいですが」

「まあね……」

まだ反応は薄いながらも、少しずつ会話はできるようになった。

そして馴染んできたかな、と思った頃、はっきりと言われた。

「うちに出入りしている商社はいくつもあるけど、一番嫌いなのが守谷商会」

「えー、どうしてですか？」

「特命案件ばかり作ってるじゃないか。どうせそっちで画策して自分だけ受注しているでしょ」

特命案件は、研究開発部門などからの、いわば〝ご指名〟による受注だ。資材部門としては、自分たちを通さずに頭越しに決まってしまうことになる。それが面白くないのかもしれなかった。

「まあ、うちらはほかの商社に頼めばいいんだけど」

「そう言わないでください。今まではたまたまそうなっていたかもしれませんが、なんでも言ってみてください。頑張りますから」

神田には、自分なりの秘策もあった。海外案件の開拓である。守谷商会の機械五部一課は国内取引が中心だが、神田は得意な中国語を生かして海外の現地企業とのビジネスを拡げたいという思いが強かった。この化学メーカーの研究部門では以前から継続的な取引がありそれを引き継いできたが、新たに海外メーカー製の装置を入れて性能実験をしたいという話を聞いて、輸入するために口座の開設や条件交渉を引き受けた。製造機器などで海外案件の扱いが増えると、資材部門を通すことも多くなった。

自動化が進んでいる中国製の太陽光発電関連の製造装置の輸入では、度々仲介をした。日本の安全基準に合わせた仕様にする必要があるので、直接中国に行って現地メーカーに図面を前にして要件を伝える。ところが翌日工場に行くと、話が伝わっていない。

「この方が効率がいいからと思って」

「いや、こうしないと日本に入れられないから」

改めて現場でもう一度説明する。昨日丸一日潰して詳細を詰めたのはなんだったのかと思った。もっとも中国側ばかりを責めるわけにもいかない。日本の基準は世界の中で〝ガラパゴス化〟していて、なぜこんなに厳しいのか理解できない面もあると神田は内心思っていたからだ。

日本に戻るとクライアントの化学メーカーに結果を報告する。海外案件にありがちなリスクについても、伝えておく必要があった。

「こういうわけで、海外案件は一筋縄ではいきません。リスクを回避しながら御社のためにできる限りのことはしますが、予測不能なこともあります。申し訳ないですが、守谷としては一〇〇パーセント貴社の仕様書に合わせて絶対問題なく納入できるとまでは確約できないのです」

「事情は分かった。それでいいから神田さんに任せるよ」

こうして頼られる機会が度重なると、資材部門のメンバーとも打ち解けるようになった。資材部門の飲み会に神田だけが社外から誘われたり、メンバーが自宅で開くギョーザパーティにも招待された。もちろん神田は喜んで参加した。いつしか「困ったときの守谷さん」と言われるようになっていた。

◆「イガイガのボール」を磨くのが仕事

商取引にリスクは付き物だ。少なくとも商社の人間はそう覚悟しなければならない。習慣や考え方が異なる海外案件だけに限らないことだ。

「リスクヘッジのために気をつけることはたくさんあります。輸入する機械が途中ですり替えられないように、名前を書き込んでもらったこともあります。商社が、専門家であるメーカーに、これって大丈夫ですかと確認することもあり、それが間に入って取引する商社の価値にもなります。そのためには知識も経験も必要です。ただ私が一番気をつけているリスクは、コミュニケーションの行き違いです」

そう痛感させられた案件が、二〇一八年から翌年にかけて担当したタイと中国にまたがる三国間取引で起きた。

大手化学メーカーがタイで染色工場を運営することになり、その建設が始まろうとしていた。そこに導入する機械のメーカーを守谷商会が紹介した。メーカーの工場が中国にある日系企業で、守谷商会とも関係の深い取引先である。

神田も含めて三社の担当はみな日本人で、言葉による行き違いはないはずだった。神田はタイの法制度を調べて、契約条件の調整などをした。途中で多少の行き違いはあったが、ともかく契約に至った。中国のメーカーも、客先の化学メーカーもその装置には通じているはずで、後は任せておいても大丈夫だと神田は考えていた。ところが中国の工場で製造がなかなか始まらない。仕様の打ち合わせを何度しても決まらないためだ。神田も不安を感じるようになった。

ある日、それまで我慢していた中国側の日系企業の社長が、ついにフラストレーションを爆発させた。

「俺はお前たちの教育係じゃない！」

化学メーカーの担当者の質問が的を射ていない、枝葉末節のことをいちいち説明しなければならず、時間ばかり経って肝心なことが決まらないというのだ。そのせいで中国の工場では手が遊んでしまっている。数億円規模の金額の機械で、機械運転のみならず、運転方案、安全対策など確認する必要がある項目が多い。化学メーカーの担当者は、気になったことを全部確かめておきたい。だから聞いているのになぜ怒るのか、となる。

神田は両者の間に入って、より深く関わることにした。まずメーカーの工場を訪問し、装置の構成や作動原理を勉強し、誰よりも自分が理解したと自信を持ったところで、クライアント側の担当者と会った。

その目の前で、設計図を始めとする図面に記入された疑問点について一つひとつ説明して消し込んでいった。最後に残った疑問点を持って、また装置メーカーの社長のところに行った。

三社が打ち合わせをする場では、言葉の足りないところを補った。

「守谷商会の仕事は、客先も仕入先もみんな忙しいので、コミュニケーションが雑になりがちです。私に言わせると、イガイガのボールの投げ合いです。そこから言った言わないとか、ボタンの掛け違いによる誤解が起きるので、私が間に入ってイガイガのボールを磨きます。どうしてそれを聞いているんですか、そういうことですねと、その都度ボールをきれいにして渡すことの繰り返しです。最初からちゃんとしたボールをやりとりできるなら、商社はいらないかもしれません。イガイガのボールをきれいにして渡すことに価値があるから、お金をいただけています」

イガイガのボールを神田が磨き始めてからは、化学メーカーと中国工場の間のコミュニケーションがスムーズに回り出し、新型コロナ感染症の流行が始まる少し前に機械が完成して納入した。最後は双方とも満足し、特に中国側の社長は「神田は使えるやつだ」と言っていたと人づてに聞いた。

このときは目に見える形で不満が爆発したので、イガイガをなくすことが重要な仕事だと気づくことができた。イガイガのボールを投げ合うのは、国内取引も海外取引も同じだ。それからは違和感があったり、ここは大事だなというときには、その場で確認して議論が円滑に進むようにした。客先、仕入先の両方を理解して、お互いに理解しているかどうかに注意を払うようになった。理解の不一致を事前になくすために、プレゼン資料などで見える化しておくことも大事だ。

◆機械商社がマスクを受注

大手化学メーカーの資材部門で「困ったときの守谷商会」と言われていることは前に述べたが、それを改めて実証したのが新型コロナ感染症への対応だ。二〇二〇年に世界中でマスクが不足し、日本国内でも手に入りにくくなった。このメーカーの食品、医薬品、医療機器などの工場でも、作業をするときにマスクを付けなければならない。現場へのマスクが供給不足になると、生産が止まってしまうおそれがある。

「神田君、困ったよ。なんとかマスクが手に入らないかな」

守谷商会が機械商社であることは承知の上での話だ。本気で当てにしているわけではない。まさにお門違いのこの要求を、神田は正面から受け止めた。

守谷商会は商材としてマスクを扱っていない。だが世界的にはマスクの大量製造が始まっている。神田はなんとかなるかもしれないと直感し、親しい海外の知人に問い合わせると、手伝ってもいいという返事をもらえた。しかし神田が自分一人で海外から輸入して売りさばくわけにはいかない。会社として取り扱うかどうか、上司に話してみることにした。

「今、お客さんがマスクがなくて困っていて、マスク自体は手に入りそうなんですが」

「本当か？　どこからだ？」

「海外の知り合いを通してです」

「すごい知り合いがいるな。だがうちにリスクはないのか？」

「大丈夫です。そしてお客さんにすごく喜ばれるのは間違いありません」

「それならいいじゃないか。やろう！」

即決である。輸送方法や価格折衝、商流の調整をした後にマスクを発注し、最初のロットが届くのを一日千秋の思いで待った。マスクが一番不足していた二〇二〇年五月、関西国際空港から守谷商会の大阪支店にマスクを詰めた大量の段ボールが到着した。すぐクルマに乗せて化学メーカーに届けた。

「おーい、マスクが届いたぞ!!」。箱を開くと現場で歓声が上がった。神田は別名「マスクの人」になった。感謝されただけでなく、守谷商会の名がこの化学メーカーで広く知られるきっかけにもなった。余談めくが、守谷商会の社内にもマスクは行き渡った。

◆米国の大学で研修留学、そしてドイツ現地法人に赴任

守谷商会の営業担当者は、一つの案件を一括して対応し、メーカーや価格の決定、契約から納品へと至るストーリーを作り、入金まで責任を持つ。マスクを緊急輸入した一件は、まさに神田が発案し、一人で作り、成功させた例だ。その間の流れは次のようになると神田は説明する。
①引合入手　②現場調査と仕様確認　③メーカー選定　④メーカーから見積入手、見積提出価格を決定　⑤競合価格調査　⑥受注活動から契約　⑦仕様の詰め、納期管理、製造等の進捗管理　⑧売上支払の管理と確認　⑨入金管理と確認
これを見ると商社の仕事の概略が分かる。

「最初はへたくそでも、場数を踏むとそれなりになってくるものです。基本的なことは、守谷商会が研修などを通して教えてくれます。たとえばバルブの分解組立の講習もありました。それに加えて私は現場で

ものを見て機械やシステムについて学びました。お客さんが可愛がってくれたので、詳しく教えてもらうことができました」

新型コロナのパンデミックがひとまず終息した二〇二三年五月、神田はアメリカのアイオワ州にいた。守谷商会の海外研修、ESS（Experience Summer School）の一員に選ばれて、ノーザンアイオワ大学で英語を学びながら、他国からの留学生たちと交流する。修士課程向けのプログラムで、プレゼンや論文を書くことも多く、毎日の予習や復習は欠かせない。

留学生として、様々な国から国費留学で非常に優秀な人材が送り込まれていることが行ってみて分かった。アフリカのシエラレオネから来た物理学の教授と同室になり、身振り手振りで意思疎通をした。あるインドネシア人からは、自分が大学で教えている学生に日本を紹介してほしいと言われて、神田がオンラインで授業をした。ノーザンアイオワ大学の人類学の教授には日本語を教えながら、家族ぐるみでの交流もあった。

研修の間は、営業の仕事はまったくしなかった。付き合いのある会社の工場を見学したぐらいである。守谷商会では毎年、三〇歳前後の社員三、四名を、こうしてアメリカの大学に三か月間派遣している。日本に戻ると、神田は休む間もなく九月初旬にドイツに旅立った。フランクフルトにある現地法人に家族同伴で赴任することが、ESSの前に決まっていた。

MORITANI GmbHの事務所は日本人三名、ドイツ人二名の小所帯で、欧州で機械製品を調達して日本に輸出するほかに、フランスやイタリアなどにある欧州の大手日系企業にも販売をする。

「ドイツは以前、お客さんに連れて行ってもらって巨大な展示会を見てきたことがあります。今度はどうなるかと不安もありますが、それよりも期待の方が大きいですね。日本で培った知識や経験が、モリタニしかできない仕事を作り上げる原動力になるはずです」

〝出禁〟を経験してから早くも一〇年が過ぎていた。あれからどれだけ成長できているのか。初の海外駐在先で何ができるのか。一番楽しみにしているのは、神田本人かもしれない。神田の物語は、これから本編に入る。

神田優基（かんだ・ゆうき）

一九八七年愛知県生まれ。岐阜大学応用生物科学部生産環境科学課程（昆虫生態学研究室）卒。二〇一三年四月守谷商会に入社。大阪支店機械五部一課に所属、主に化学業界向けの営業を担当。二〇二三年五月から八月まで、米国ノーザンアイオワ大学で海外研修。同年九月よりドイツ現地法人に駐在中。

大学在学時は京都大学霊長類研究所でチンパンジー研究支援のボランティア、大学祭の餅つきイベントを企画して近くの大型ショッピングモールの支配人の目に留まり、年始初売りで餅つきをするなど、さまざまな経験をした。

「私は一般的な大卒新人よりも三年遅れて就職しましたが、それまでに経験したすべてのことが今に役立っています。顧客に入り込んでいく方法を自分で考えて、やってみろと挑戦させてくれるのが守谷商会の仕事の楽しいところです。特に大型案件が取れたり、客先や仕入れ先から感謝された時の喜びはひとしおです。学生のみなさんも、好き嫌いせずに、足踏みしないで、新しいことにどんどん挑戦してください。今しかできないことはたくさんあります。それに失敗してかまわないのも学生の特権です」

ドキュメント仕事人❻

〝良質な危機感〟を胸に、信頼と評価を勝ち取る＝三洋貿易・茶木 恭輔

◆自社の全シェアを賭けて、一割の勝算から逆転を狙う

二〇一六年春、名古屋。午前二時を過ぎて人通りがまばらになった栄町の居酒屋で、二人の男性ビジネスパーソンが盃を交わしていた。

「今回のビジネスを落としても、ゼロからまたスタートすればいい。取れなかったとしても、やり直せる。またイチから商売を作ればいいんだ」

二人のうち年長のほうが、励ますような口調でこう告げた。それを聞いていたのは、三洋貿易名古屋支店・産業資材第二事業部に所属する茶木恭輔。当時二八歳、入社七年目の彼は、所属部署の命運を握る開発案件に全力で打ち込んでいる最中だった。

商材は、乗用車の〝ランバーサポート〟。これは車のシートに座った人の腰をサポートするため、背もたれに内蔵されているパーツだ。一定のグレード以上の車種は、ボタン操作で位置や形状を変えることができ、マッサージ機能を備えたハイグレード製品も普及している。

産業資材第二事業部はこのランバーサポートを開発し、大手自動車メーカーの一次サプライヤーである

シートメーカーに供給するビジネスを育ててきた。そして、茶木は入社二年目からその担当となり、自身のビジネスとしてシェア拡大に取り組んできていた。

設計・製造にあたるのは、米国で売上五〇〇位に入る規模の工業製品メーカーA社。茶木はその時、A社の米国本社及び日本法人と密に連携しながら、新車種に導入される新しいランバーサポートの開発を進めていた。

A社のランバーサポートが採用されれば、三洋貿易のシェアが一気に跳ね上がる。だが、そのためにはA社と全く異なる機構で開発を進めているもう一社との競合に勝たなくてはならない。反対に採用を相手に奪われると、すでに六〇%近くにまで高めてきた自社のシェアは、ほぼゼロになるまで相手に持っていかれてしまう。

しかし、茶木はその時、勝算は一割ほどという極めて厳しい状況にあった。居酒屋でのその口調にも、自然と熱がこもる。

「A社が設計した今回の機構は、競合よりも信頼性で優っているのは間違いないんです。しかし価格と重量の面で、競合に後れを取るのはどうしても避けられない。これを逆転するには何としても、現状からもうワンランク上のスペックを実現するしかないんです！」

苦境のなかでも、ひるまず奮闘を続けていた茶木。そんな彼を深夜の居酒屋へ誘った上司が投げかけた言葉が、「今回のビジネスを落としても、ゼロからまたスタートすればいい」だった。

もちろん上司も、シェアを全て明け渡すことは断じて許されないという考えに変わりはない。だが、彼は茶木のそれまでの仕事のプロセスを見て、遂行能力に信頼を寄せていた。「ここまでやってもダメなら、誰がやっても結果は変わらない」。そんな本音を、忌憚のない言葉で伝えたのだった。

しかし、一方で茶木の脳裏には、その二年前の体験がよぎっていた。

◆〝失注〟と忘れられない人事評価

「残念ながら今回のご提案は、見送りとさせていただくことになりました」

二〇一四年、茶木は新しい自動車シート用マッサージ機構を開発して大手自動車メーカーのコンペに参加するミッションを任された。モノは、やはりランバーサポート。大手自動車メーカーのエンジニアと密にコミュニケーションを図りながら、入社三年目の時から二年近くにわたって先行開発を進めてきた案件だ。

ただし、コンペを勝ち抜く勝算は、多めに見積もっても五分五分。まず第一に、求められている機構はA社があまり実績がなかった分野であり、競合をしのぐには解決すべき課題が多い。加えて価格競争力などの点で極めて条件が厳しいことは、部署内でもよく知られていた。

それでも、茶木はすでに培った人間関係を土台に、客先での綿密なヒアリング、そして米国のA社に対するディレクションに全力を投入。開発プロジェクトをスムーズかつ効率よく推し進めていった。また、その過程を通じて大手自動車メーカーのエンジニアを始め、同社の複数の設計担当者との信頼関係をいっそう強化してもいる。

だが、でき上がった試作品のスペック以外に、如何ともしがたい事情が重なったこともあり、大手自動車メーカーからの回答は〝採用見送り〟。すでに数千万円の開発費用が投じられていたが、プロジェクトは〝失注〟、つまり受注を逃す結果に終わった。

「できることはやり切った手応えはあったが、やはり壁は乗り越えられなかったか……。だが失注は、営業担当として大きな失点になったのは間違いない。人事評価でのマイナスは避けられないだろうな」

仕事を落とした営業担当の烙印を押される──。だが、そんな茶木の危惧に反して、人事評価の結果はプラス。ビジネスを逃す形になったものの、客先対応、ヒアリング、プロジェクト全体の取り回し、そして、人間関係の構築というプロセスを、上司がよく見ていてくれたからだ。茶木はこの上司の対応に、ビジネスパーソンとしての生涯で忘れられない感謝の念を抱くことになった。

◆〝意見が通りやすい会社〟

設計・製造を行うA社とのコミュニケーションも、上司が注目した部分だ。ビジネスや労働に関する文化の異なる米国企業との共同作業は、ただ日本語を訳して意図を伝えるだけでは務まらない。相手の事情や価値観、時には感情を忖度してハンドリングしないと、プロジェクトの進行がすぐに滞ってしまう。

そうした業務で茶木の大きな武器となったのが、長い海外体験だ。商社出身の父親と共に生まれた時から各国を転々とした彼は、出生地の香港、米国、そしてニュージーランドで、大学入学時点までに計一二年を過ごしている。現地校でスポーツに勤しみ、各地のコミュニティにもよく馴染んだ。

茶木自身はそうした少年時代を、次のように振り返る。

「環境に馴染む能力は身についたと思いますね。それはつまり、自分がいる環境がどういうところかを知ることです。特にスポーツは、上手ならそれだけで一目置かれるところがあるでしょう。現地校でサッカーやゴルフなどに熱中していたことも、そうした環境への適応に大きく役立ったようです」

一八歳で日本へ帰国し、青山学院大学文学部の英米文学部へ進学。学生時代はスポーツや音楽を楽しみながら、将来については〝海外〟という漠然としたイメージを抱いていた。当初はメーカーも考えたが、父親と同じ商社に進路を絞るまでさほど時間はかからなかった。

就職活動にあたって〝海外〟と共にテーマとなったのが、〝自分の意見が通りやすい〟ということだった。そんな彼が三洋貿易に感じたのは、現役社員たちとの対話などから感じたアットホームで自由闊達な社風だ。

「ここは、本当に若手の意見を上司や周りの人がちゃんと聞いてくれる会社なんだ」

そんな確信を抱いた茶木は、海外ビジネスへの夢を抱いて三洋貿易の門をくぐる。いったん東京に配属された後、入社五か月で名古屋支店へ。そこでA社担当のチーム三人の一人として、ランバーサポートを供給するビジネスに飛び込んでいった。

◆不具合に学んだ三洋貿易のビジネス

三洋貿易は〝一商材一仕入先〟がモットー。つまり一つの商材を複数の仕入先から仕入れるのでなく、一つの仕入先に絞って取引するということだ。したがって、茶木が任されたランバーサポートは、米国のA社が唯一の仕入先。それゆえA社と三洋貿易と非常に強い契約関係で結ばれていることが、茶木たちのビジネスにとって大きなアドバンテージとなる。

もう一つ同社を際立たせているのが、〝一気通貫〟のビジネス。商社のビジネスといえば、例えば客先の需要に応じて製品を仕入れて納めるトレーディングをイメージするのが一般的だろう。だが三洋貿易は客先に提案を行ってビジネスを作り出すところから始まり、開発、量産、物流まで、一貫した体制で製品を供給する。納品後にも品質責任を負い、問題があればリアルタイムで対応していくところまでが担当営業の仕事だ。

茶木はそうした三洋貿易のビジネスに取り組む心構えを、身をもって学んだ苦い体験がある。入社三年目だった二〇一二年、新しいランバーサポートの試作品に不具合が発生した時だ。これはA社が初めて扱う複雑な機構を組み込んだ製品だったが、設計上の問題から正常に動作しないことが分かった。茶木はA社の日本法人のエンジニアと早急に話し合い、設計を見直して問題を解消した試作品を納めるスケジュールを策定。そしてすぐ客先に出向き、担当者に新たな試作品の納入日程を報告した。

これで失地回復できたはず――。そう思う茶木だったが、相手の反応は予想と違っていた。

「それより茶木さん、原因は何だったんですか。不具合が発生したメカニズムを、きちんとチャートなどを使って視覚的に説明していただかないと、次に繋がらないでしょう」

「えっ、それは……」

言葉を詰まらせる茶木、脂汗が浮かんできた。

大まかな経緯はもちろん聞いていたが、相手を納得させられるレベルではない。そこはA社のエンジニアに任せて、自分はトレーディングをやっていればいいという意識があったからだ。茶木は答えられない自分に痛烈な悔しさを感じながら、徹底的に不具合を調べて原因と対策を報告した。

モノを流せば、商社のビジネスは終わり――。三洋貿易では、そんな仕事は通用しない。メーカーの担当者のレベルで製品を熟知し、それを伝えることができないと、客先と仕入先の両方にとって営業としての存在意義がなくなってしまう。それを客先から突きつけられたこの不具合の一件は、入社間もない茶木にとって忘れがたい教訓となった。

以後はこの反省に立って、設計などに関する専門的な説明もしっかり自分の言葉で行うよう肝に銘じているという茶木。幸いにも客先の担当者はそんな茶木の対応を評価し、不具合の一件の後も順調に関係を築き上げている。

◆不利な勝負を一気に覆す

「今回のビジネスを落としても、ゼロからまたスタートすればいい」

二〇一六年春、そんな掟破りともいえる言葉で励ましてくれた上司。彼はその二年前、コンペを落として失注した茶木にプラスの人事評価をしてくれたのと同じ人物だ。

六〇％近いシェアを一気に伸ばすか、あるいは競合に負けてゼロになるか――。勝算が一割ほどという厳しいチャレンジだったが、もちろん茶木はこの上司の言葉に甘えるつもりは毛頭ない。上司もそんな茶木の闘志を知っているからこそ、かけた言葉だったのだろう。茶木は翌朝も早々に出社し、A社の現地スタッフと密に連絡を取り合いながら開発プロジェクトの進行業務をこなしていった。

一割の勝算とは、A社が取り組んでいる軽量化だ。A社のランバーサポートは、新たに設計した機構が信頼性の面で優位に立っている。それに対して競合に後れを取っているのは、価格、そして重量。価格を現状より下げることは不可能だが、軽量化は具体化のメドが立っている。これが実現できれば、価格よりも性能での優位性で採用が決まると睨んでいたのだ。

そんな茶木のもとへ、朗報が届くまでさほど日にちはかからなかった。軽量化を図ったA社の新しい試作品が、シートメーカーのテストに合格したとの知らせだ。軽量化によって価格のハンデを埋め合わせたことで、競合との勝負は性能の比べ合いという新たなステージへ一気にシフトした。

「性能優位性での勝負は、うちにアドバンテージがある。客先の会社レベルの最終判断が性能優先でまとまれば、一気にひっくり返せるぞ！」

茶木のそんな確信が現実になったのは、翌二〇一七年になってからのことだ。開発プロジェクトは既に茶木の手を離れ、彼はこれまで取引のなかった大手自動車メーカーに製品を供給する新しいミッションに勤しんでいた。そこへシートメーカーでの長く入念な評価プロセスがようやく終わり、採用を知らせる一通のメールが届いたのだ。その夜遅く、名古屋駅近くの居酒屋ではまたテーブルを挟んで祝杯を挙げる茶木と上司の姿があった——。

翌二〇一八年、茶木の入社当時と比べ、名古屋支店はこの成果が大きく貢献して事業が拡大していた。これに伴い、三洋貿易が占めるランバーサポートの国内シェアは、三〇％ほどから現在は約九〇％という大幅な伸びを示している。

◆重要なミッションを携えて米国へ

その成長に大きく貢献した茶木は二〇一九年、真冬のデトロイトに降り立った。A社の自動車部品部門に常駐する日本人スタッフとして、単身派遣されたのだ。

茶木がA社に送り込まれた背景には、日米間のビジネスがしばしば直面するコミュニケーションの行き違いが頻発していた事情がある。

例えば日本のビジネスでは、上流のメーカーと下流のメーカーが主従関係にあることが一般的。しかし米国では対等なパートナー同士なので、米国企業にその関係を求めると大きな揉め事に発展するケースが少なくない。

「日本はまた、アメリカだと考えられないレベルの詳細な書類を提出しなくてはいけないことも多いんです。これもアメリカの企業には理解されないので、『なんでそんなものまで出さなきゃいけないんだ』となる。見積り依頼の際にも、アメリカに比べて膨大な数の見積書を求められます。だから私のような営業が間に立って、調整を図る必要があるわけです。一例を挙げれば、アメリカ側の立場に立って日本企業と書類や見積りの簡素化について交渉したり、あるいは逆にアメリカ側にお願いしていることの重要性を理解してもらうよう説得したりする、といったことですね。そのほか短期的な取引で押していこうとするアメリカの企業に対して、日本は長期的な信頼関係の構築が重視されることを理解してもらう必要もあります」

A社にとって日本は、一層のシェア拡大を狙う大きな市場の一つ。だがこうした文化や商習慣の違いから、対日ビジネスが円滑に進まないことが多かった。そこで日本市場攻略の最重要パートナーである三洋貿易から、現地に常駐する担当者を派遣する案が持ち上がったわけだ。

また、三洋貿易にとっても、このミッションは重大な意味を持つ。米国有数の工業製品メーカーであるA社とのパートナー関係をさらに強化し、ビジネスを広げるチャンスだからだ。

これまでA社を担当し、ランバーサポートの国内シェアを大きく高めた茶木。その仕事ぶりをよく見ていた一人が、ほかでもないA社自動車部門の代表だった。上司を通じて、その高い評価が茶木の耳まで届いたこともある。こうした社内外の評価から、茶木に白羽の矢が立ったのは必然だった。

とはいえ、三洋貿易にとってもA社にとっても初の試みであり、どんな結果をもたらすかは未知数。茶木自身もA社常駐というミッションに具体的なイメージは持てなかったが、「やるだけやってみるしかない」とデトロイトへ乗り込んだのだった。

◆米国企業で学んだ〝周りの人間を動かしていくこと〟

二〇一九年の赴任から、A社の営業スタッフの一人として日々ビジネスに取り組んだ茶木。主な担当は、日本の自動車メーカーの米国法人、日本国内の自動車メーカー向け製品の供給だ。また、しばらくするとほかの営業スタッフと同じように、米国自動車シートメーカーも担当している。

そうした業務と同時に、彼は三洋貿易社員として自分にミッションを課していた。それはプレゼンス(A社との関係)強化、そして業容拡大だ。

「ただ現地でA社の方針ややり方に従うだけでは、私が行く意味がありませんから。ただし、誰かを説得する時は三洋貿易の社員として会社を代弁するのでなく、自分の意見としてなぜそれが正しいかを伝えなくてはいけない。A社での駐在は、そうしたコミュニケーションを学ぶ機会にもなっています」

日本にいた頃から関わりのあったメンバーは、茶木の赴任を温かく迎えてくれた。だが、そうでないメンバーには、三洋貿易からの常駐に懐疑的な人たちもいる。外部から入っていくことの難しさ、仕事を進めるために周りの人間を動かしていくことの難しさ、そして、そうしたなかでも現地流のやり方で力強く突破していく力――。海外体験が長い茶木だが、A社でのビジネスを通じて、日々新たな学習を重ねていった。

「A社は三洋貿易と違ってメーカーですから、商社のように誰もが営業の求めに応じて協力してくれるわけではありません。各セクションごとに、できることできないことがはっきりしている。どう説得すればそんな彼らに動いてもらえるのか、といったことも考えて取り組んでいましたね」

そんな彼の努力は程なく周囲から認められるところとなり、同僚たちから頼られる仲間として受け入れられた。

◆〝積極的な提案、提案に基づく実際の行動〟

「知っての通り、アメリカほか各国の大手自動車メーカーは、一斉に工場の操業停止を発表している。我々もこれに合わせて、工場及び開発部門の人員を一時解雇することにした。茶木君、その間の営業は君にやってもらおうと思う」

二〇二〇年四月。茶木は、A社の自動車部門の管理職からこのように告げられた。

一時解雇はいうまでもなく、前年末から猛威を振るったコロナ禍のためだ。同年の三月一三日、米政府は国家非常事態宣言を発令。これを受けて米国のビッグスリーを始めトヨタ、ホンダ、日産など大手各社は、一〇日ほどの間にアメリカでの生産を中断。その工場へ部品を供給するA社の自動車部門も、製造及び関連業務を止めざるを得なくなった。

そこで利用されたのが、一時解雇の制度。休業を余儀なくされた会社が従業員を一時的に解雇し、政府が支給する失業手当でその間の生活を賄う仕組みだ。A社の自動車部門も翌月、数百人に及ぶ工場従業員を始め、開発に携わる全スタッフが職場を離脱。そして部長及び課長クラスとオフィスに残り、一切の業務を維持する役割が茶木を含むわずか二名の営業に委ねられたわけだ。

六月までの約二か月間に及んだこの間の業務は、多忙に多忙を重ねた。A社が業界のほかの企業に比べ、比較的長い一時解雇期間を設けていたからだ。

取引先の担当者は次々に職場へ復帰したが、A社のスタッフは不在のまま。そのため、茶木は、あちこちから次々と殺到する問い合わせに対応しなくてはいけない。だが、彼はこれも自分のプレゼンスを高める好機と捉え、三洋貿易の企業文化である「積極的な提案、提案に基づく実際の行動」を実践。膨大な案件に対して積極的なサポートを徹底し、担当者不在のビジネスを回し続けた。

「あの時は、かなり大変でした。休職していた人たちは五月から七月にかけて段階的に復帰したんですが、みんな揃った時はさすがにうれしかったですね（笑）」

◆生産ライン停止の危機

だが、そんな安堵もつかの間、コロナ禍に伴う新たな問題が茶木に降りかかった。自動車シート用サスペンションパーツを製造していたミズーリ州の工場で、金型の破損が発生したのだ。

液状にした樹脂を流し込んで製品を成形する金型は、パーツ生産の要。通常は一台の車種を生産する期間＝約六年間の使用を前提に、一つの金型が作られている。だがコロナ禍で生産が長引いたことで、経年劣化であちこちから樹脂が漏れ出す状況になってしまったのだ。

金型がなければパーツを作れず、自動車の生産ラインを止めてしまうことになる。これはパーツを供給する側にとって、絶対にあってはならない事態だ。

工場からの報告では、金型の修復に要する日数は三日。「これなら在庫をかき集めることで乗り切れる」

と安堵した茶木だったが、悪いニュースは終わらなかった。生産を再開した当日、工場からこんなメールが届いた。

「修復した金型で生産を始めたところ、また樹脂が漏れるようになりました。いま状況を確認中ですが、生産再開がいつになるか全く予想できません」

同じパーツの在庫を持っているのは、米国と中国の工場。中国からの空輸はA社にとって大きなコスト負担となるが、いまはラインを止めないことが先決だ。こうして修復の見通しが立たないなか、輸送コストも睨んだ在庫の調達が喫緊の急務となった。納入先のシートメーカーは、土日も三時間おきにウェブ会議を開いて経過報告を求めてくる。その都度、画面の向こうにずらりと並んだ一〇人近い面々に状況を説明するのは、並大抵のプレッシャーではなかった。

◆危機克服を経て米国企業の課長に昇進

打開の糸口となったのは、A社の中国工場。そこに同じ金型があり、同じパーツを生産できることは確認が取れていた。ただし調達している原料が少し異なるため、メーカーで品質検査の手順を踏まないと供給できない。検査をパスするのは間違いないが、問題はそれまでの時間稼ぎだ。

綱渡りのような状況で日々奔走する茶木。だが幸い、検査にパスした知らせが届くまでさほど時間を必要としなかった。後は中国からのパーツを供給しつつ、金型の修復を急ぐだけだ。ミズーリ州の工場でようやく修復済みの金型で安定した生産が始まったのは、問題発生からおよそ一か月後のことだった。

茶木のこうした一連の動きは、当然ながらA社の上層部でも高い評価を受けている。金型の一件からほどない二〇二〇年一一月、彼はA社のリモート会議で新しい自動車部門の組織表を見せられた。そこには日本向けOEM担当の課長として、茶木の名前が記されていた。

「この新しい組織表を上に提出して、了承をもらおうと思う。茶木くんは異存ないかな？」

ごくあっさりとした昇進の通知。茶木は万感の思いを込めて「はい！」と返事をした。

◆帰国後、チームリーダーとして次のビジネスを見据える

米国勤務を終えて日本へ帰ってきたのは課長昇進の翌々年、二〇二二年だ。五年の駐在員ビザが切れる前年、日本の上司からかかってきた国際電話がそのきっかけだった。

「東京でA社を担当する営業グループが新たな案件を手がけるようになり、人手が足りないんだ。そろそろ帰国して、チームリーダーを務めてくれないか」

東京の状況は茶木も耳にしており、茶木自身もそろそろ自分が帰国すべきかもしれないと考えていた矢先だった。

「ここでの経験を活かせる場であれば、どこでも喜んで行きます！」

こうして約四年ぶりの帰国が二つ返事で決まった。

「日本にいる事業部の営業担当が海外へ出向になり、若い社員と交代するなど、人の入れ替わりもあったんです。私の帰国は、入社間もないメンバーをサポートする意味もありました」

約四年ぶりの日本では、米国企業とはまた違う三洋貿易の自由闊達な社風を改めて噛み締めたという茶木。現在も引き続き、A社を仕入先として国内自動車メーカー向けのビジネスを取り仕切っている。チー

ムリーダーとしての業務は難しさも感じるが、それもまた彼にとっては喜びの一つだ。

当面はグループがそれまで手がけてきたビジネスを回していくが、今後は新たな展開も視野に入っている。「いまと同じことをやり続けていける保証はどこにもない」という、〝良質な危機感〟がその原動力だ。

次のステージへキャリアを進めた茶木のチャレンジが、始まろうとしている。

茶木恭輔（ちゃき・きょうすけ）
一九八七年、香港生まれ。青山学院大学文学部・英米文学科卒業。二〇一〇年入社。
「当社は〝一商材一仕入先〟の理念の下、〝一気通貫〟的に業務を行っています。そこで仕事をする上で私が意識しているのは、商社は仕入先と販売先で成り立っているということ。客先＝販売先という意識は持ちやすいと思いますが、仕入先も不可欠なパートナーであり、商社営業がサポートしながら対応していくことが大切です。仕入先と販売先のそれぞれが正しいことを言っていても、意見が合わないケースも日常茶飯事。それをうまくまとめるのも、私たち営業の仕事です」
「当社が求める人材として、次の三つを皆さんに伝えたいと思います。一　積極的に提案する：幅広い視野で物事をとらえ、一歩先んじ、かつ寄り添う行動・提案ができる人材。二　目標達成に向けて行動する：現状に満足せず目標を達成する意志を持ち、柔軟かつ迅速に行動できる人材。三　信頼関係を構築する：高いレベルで商品知識・実務遂行能力を持ち、お客様との信頼関係を長期に構築できる人材。人間それぞれ、向き不向きがあります。大局観があるけど細かな話が苦手な人、逆に細かな話がとても得意な人。当社には、それぞれが自分の長所を生かして活躍できる自由度があります。もちろんその両方をできるのが一番ですから、切磋琢磨しながら業務に励んでいます。既存商売の推進に加えて、新規商材の発掘も大きい仕事。当社にはこうしたいろいろな経験を通じて自己成長できる環境があります。ぜひ皆さんとお会いできることを楽しみにしています」

ドキュメント仕事人❼

ファッション・トレンドを逃さず、ヒットを放ち続ける
＝MNインターファッション・森濵　孝介

◆並み入る大手を抑えて大ヒットとなったカーディガン

「それでは今期の大健闘を祝して、乾杯！」

二〇一七年一二月ある日の夕方、東京・赤坂。華やかな繁華街の一角で、数人のビジネスパーソンたちが祝杯を挙げていた。乾杯の音頭を取ったのは、二八歳の森濵孝介。当時の日鉄住金物産、後の繊維商社MNインターファッションで、レディスのニットアイテムを手がけてきた商社パーソンだ。

担当する得意先は、著名なファッションブランドをいくつも傘下に収める国内有数のアパレル企業A社。森濵は前年にA社のニットアイテムを担当するチームを率いる〝口座長〟となり、与えられたフィールドでビジネスを取り仕切ってきた。そして森濵が企画と生産に携わったレディスのカーディガンが同年、A社最大のヒットアイテムの一つとなったのだ。

その年のレディス業界では、ワンピースにカーディガンを組み合わせたコーディネートが大きなブームとなっていた。森濵とA社はその波をいち早く捉え、次シーズン向けのアイテム開発に着手。市場では並み居る国内トップブランドが、価格競争力を武器に新アイテムを次々に投入してくる。森濵とA社はそん

なライバルに対抗し、後発ながら素材の糸選びからデザインまで練りに練ったカーディガンを開発。これが見事に消費者の絶大な支持を集め、飛ぶように売れていた。

A社の担当者は祝杯を飲み干すと、目を細めてその一年を振り返った。

「山のような追加オーダーで、こちらもうれしい悲鳴を上げっ放しでしたよ。それを全てうまく捌き切れたのは、いつものように森濵さんが中国での増産体制をきっちりと整えてくれたおかげですね」

トレンドが目まぐるしく移り変わるアパレル業界。そこでは市場のニーズを瞬時に捉え、リアルタイムでアイテムを供給していく先見性と機動力が勝敗を左右する。せっかく今需要があっても、納期が一週間先送りになれば気候が変わってトレンドが過ぎ去ってしまうというほど厳しい世界だ。

ニットのプロフェッショナルとして、素材の見極めや企画力に長けた森濵。同時に彼は、生産管理でも機敏で的確な手腕を発揮するアパレル営業のプロだ。A社のカーディガンの大成功も、そんな彼の営業としての抜け目ないハンドリングによって支えられた。

森濵はこの生産管理の決め手について、こう語る。

「商品が欲しいと思った時、いかに早く納品できるか。これがアパレル業界の一番重要なポイントです。それには、生産現場との信頼関係が何より不可欠。急な追加注文に納期厳守で応えてくれる工場とのパートナーシップが、その成否を決定するんです」

森濵がこの信念に行きつくまでには、長い年月を要した。

◆入社一年目で得意先ブランドの商売を担当する

森濵も、かつて生産現場の管理で苦い経験をしたことがある。入社二年目、初めて担当として任されたファッションブランドのビジネスに打ち込んでいた時のことだ。

森濵が住金物産、後のMNインターファッションへ入社したのは、二〇一二年。同社は鉄鋼、産機・インフラ、繊維、食糧の四分野をコア事業とする〝複合専業商社〟だ。

森濵は先決め採用、つまり配属部署をあらかじめ決めた形で同社の繊維事業本部に採用された。そこでアパレルのODM／OEM部隊に配属され、レディスのカットソーアイテムの企画提案・営業に携わるようになる。ODMは得意先ブランドの委託を受けて、アイテムの企画から生産までを担うビジネス。OEMはそれに対して生産のみの委託を受けるビジネスだ。

当初は所属部署で企画したカットソーのODMを担う一員として、先輩の商談に同行しながらスケジュールや品質など生産管理の業務を担当。そして二〇一三年、ようやく一年目の終わりに差しかかった頃、上司は森濵に声をかけた。

「森濵君、B社の商売はもう君一人で大丈夫だろう。今度から担当を頼むよ」

鉄鋼やインフラなど大手商社が扱うスケールの大きなプロジェクトは、チームで取り組むのが基本。それに対して繊維商社のアパレル事業は、営業一人ひとりが担当として得意先を任される。販売計画、売上目標、利益管理なども含め、担当が責任を持って采配を振るわけだ。

B社は、かねてから住金物産と付き合いがある中小のファッションブランド。森濵も先輩について足繁く訪問してビジネスをよく把握しており、先方の担当者ともすでに顔なじみだ。といっても同社の新人が得意先を担当として任されるのは、三年目あたりが通例。一年目の終わりで声がかかるのは森濵にとっても予想外だったが、プレッシャーよりもうれしさのほうが上回った。

「やった！ これで自分の考えで責任を持ってビジネスができるぞ！」

意気込む森濵が意気揚々とB社へ挨拶に行くと、先方の担当者も快く引き継ぎを祝ってくれた。出だし好調、森濱の心は躍っていた。

◆納品遅れを告げる突然のメール

長期にわたる重厚長大なプロジェクトと異なり、アパレルの営業はサイクルの短いアイテムを年間一〇〇点以上もこなさなくてはいけない。それだけ取り扱い件数が多いぶん、思いがけない事態に直面することが少なくないのもアパレルならではだ。

「次のシーズンに向けてこういうコートを作りたいんだが、生産のほうをよろしく頼むよ」

引き継いだ当初のB社とのビジネスは、先方の担当者から企画や仕様の提供を受けて生産管理を任されるOEMが中心。新人の営業はそこで経験値を高め、やがて自分からアイテムを提案していくODMへステップアップしていく流れだ。

新しいアイテムの生産を委ねられた営業は、その都度工場や生地の調達先などを探してスケジュールを組む。新規に委託先を見つけてくることもあるが、多くの場合はすでに取引実績のある会社のなかから選ぶのが普通。生産する工場はASEAN諸国も含まれるが、ほとんどは中国企業だ。

入社二年目を迎えた森濵がB社のコートを生産するために選んだのも、そうした中国の工場の一つ。だがこれが森濵にとって、思いがけない〝地雷〟となった。

アパレルの生産は、工場に材料、デザイン、仕様など詳細を伝えて納期通りの仕上がりを待つ。工場での工程は、アイテムが違っても大きな変わりはない。だがそれでも思いがけないトラブルに次々と見舞われるのが、アパレルの難しさだ。

例えば、指定した色の通りに仕上がってこないなどの色不良。これは工場との連絡ミス、あるいは現場での誤った判断などが原因だ。また染料が色落ちするなどの生地不良。これは予想しなかった化学反応、あるいは染料と素材のミスマッチなどで発生する。そしてもう一つ、何らかの事故や人為的な原因で起こる納期遅延も、営業にとって頭痛の種だ。

その工場には前年の研修出張で訪れており、現場の設備や体制に問題がないことは確認済み。B社のコート生産に関する打ち合わせは全て電話とメールだったが、ひと回り年上の担当者は日本語も堪能でコミュニケーションに不都合はなかった。

こうして生産の手はずを全て整え、中国工場の担当者からも順調に生産が進んでいる報告が届く。あとは納品の連絡を待つばかりだったが、ほどなく不穏な空気が漂い始めた。届くはずのサンプルが届かない。連絡すると「明日発送する」と言う。だが翌日に発送確認の連絡をしても返事がなく、その翌日になって発送されていなかったことが判明――。森濵の心に不安が広がった。こうしたちぐはぐなコミュニケーションに不安を募らせた矢先、工場の担当者からこんなメールが届いた。

「申し訳ございません、納品が予定より一か月遅れます」

予定されていた納期は、ちょうど一か月後。不安が的中したことに苛立つ間はなかった。課長に報告してすぐさま上司と二人で中国の工場へ飛んだ。到着した工場内を見て愕然とする。

「現場にスケジュールを含めた指示が伝わっておらず、生産は全く進んでいませんでした。工場長も担当者に任せっ放しで、事態を把握していなかったのです。現場を見て怒る気力も失せてしまいました」

◆信頼関係を構築することの大切さ

しかし、途方に暮れている暇はない。ここからどうやって、最短期間のうちに生産を取り返すか。困難な課題を突きつけられた森濵だった。幸いにして工場長、そして工場の経営者がすぐに非を認めて全面的な協力を約束してくれた。経営者は恐縮して事態を詫びた後、鶴の一声でほかの生産ラインを停止。森濵のコートを最優先する指示を下し、最速での生産スケジュールが提出された。工場が出した結論は、「一週間の遅延」だ。急いで帰国した森濵は課長のほか上席者を伴ってB社を訪問し、事態を報告した。

「内心これでもかとビクビクして胃の痛い思いをしましたが、幸いこちらの対処に理解を示されて『その程度で済んでよかった』と。大きな問題とならずに乗り切ることができました」

この一件は森濵にとって、現場との関係構築に関する大きな教訓となった。

「〝信頼関係〟を築くことの本当の意味を考えさせられましたね。私は『大丈夫です』『間に合います』という担当者の返事を鵜呑みにしてしまったわけですが、研修以外でまだ現場を訪れたこともないような程度の浅い関係で、そこまで任せてしまってはいけなかったのです。いまでは十二分に信頼のおける工場が何社かあり、そこでしたら口頭の報告だけで全て安心して任せることができます。先方も、私のオーダーだから裏切らないようやり抜こうという気持ちを持ってくれている。そうした関係があってこそ、初めてお互いに信頼し合うことができるんです。そんなパートナーシップを多くしっかり作っていかなくてはいけない、ということを痛感しました」

この一件では、社内の人間関係に対する信頼の念もいっそう厚くしている。普段から森濱とよく酒を酌み交わしている上司は、B社で一緒に頭を下げてくれた。会社に戻っても厳しく叱責することはなく、何が問題だったかを親身に諭してくれた。

「よく知らない担当者同士でやり取りしているだけだと、現場で本当に何が起きているか分からないものなんだよ。誰か第三者、例えばうちの現地法人をその工場との取引に交えてみるとか、そうした手も打っておくべきだったな」

森濱はそんな上司の言葉を一言ずつ噛みしめた。振り返りながら、「私は人に恵まれていますね」と笑顔で語る。

◆入社前と入社後のギャップは「むしろイメージ通り」

森濱はなぜ商社を目指したのか。

中学、高校とバスケットボールやテニスに打ち込んだ後、立命館大学の国際関係学部へ進んだ。

この学部を選んだのは、高校生の時に修学旅行で中国・北京を訪れたことがきっかけだ。当時の北京はいまと異なり、まだ混沌としたアジアの様相が色濃かった世界。万里の長城や故宮を回る定番のコースだったが、初の海外体験は一七歳の彼に大きなカルチャーショックを与えた。海外は面白い、そう感じた最初の体験だ。

大学では二年生から三年生にかけて、カナダ・バンクーバーへの九か月の留学を体験している。各国からの留学生たちと講義を受ける一方、授業のない日はスノーボードでカナダの自然を満喫した。知らない世界を見たい、世界のさまざまな国々と関わりたい――。カナダでさまざまな国籍、人種の友人たちと過ごすうち、森濵はこうした思いを強く募らせていった。ほどなく迎えた就職活動でも、海外が大きなテーマとなったのは必然だった。国内にとらわれることなく、海外でもどんどん仕事をしていきたい。そんな彼は自然と商社を目指していったが、一方でメーカー、金融、広告、物流など、幅広く業界を見ることも忘れなかった。

「就職活動を通じて、私は自分のなかで譲れない軸をいくつか選び出してみたんです。まず海外で仕事ができること。もう一つは給与水準が一定以上であること。加えて私がもう一つこだわったのが、ずっとスーツで仕事をするのは嫌ということでした（笑）」

高校が私服だったこともあり、ファッションに関心があったという森濵。最終的にメガバンクを含む計三社の内定を手にしたが、住金物産のコア事業の一つである繊維部門を将来の道に選んだ。繊維、アパレルを扱う商社は多いが、同社を選んだ決め手の一つは採用過程で感じた「のびやかで自由な社風」だ。また「自分は綿密に下準備をするタイプ」と自己評価する森濵は、繊維商社のなかでも取扱商材や海外業務の多さなどさまざまな軸を設定。その上でOB訪問も積極的に重ね、総合的なバランスのよさを十分に考慮した上で結論を下した。

「アパレルだからといってイメージするほど華やかではなく、縁の下の力持ち的な泥臭い仕事だという点も、就職活動の時点で承知していました。また最初からすごく忙しい、というのもそうですね（笑）。そうした点は事前にかなり調べていたので、入社前と入社後のギャップはありませんでした。むしろイメージ通りだった、という感じです」

住金物産は入社翌年の二〇一三年、日鐵商事と合併して日鉄住金物産に。さらに二〇一九年に日鉄物産と名称変更した後、森濵が所属する繊維事業本部と三井物産アイ・ファッションが事業統合してMNインターファッションとなった。各々の社風、企業文化は、いまもMNインターファッションのなかに息づいている。森濵が目指したグローバルなアパレルビジネスは、事業統合により繊維商社としていっそう追求しやすい環境が整えられた形だ。ダイナミックに企業形態が変わっていく様子を、森濱は身をもって体感した。

◆重要客先の担当としてニットの無限の選択肢と格闘

周到に志望先を絞り込み、高校生時代からの希望でもあったアパレルの商社営業を進路に定めた森濵。早々と担当を任された彼は、納期トラブルの後もB社とのビジネスで順調にキャリアを築いていった。だが意外に早く新たな転機がやってくる。入社二年目の終わり頃、同社が重要客先に位置づける国内有数のアパレル企業A社を担当するチームに異動となったのだ。

B社は小さなブランドとはいえ、自分の考えでビジネスを進めることができた。それに対して今度は、先輩が率いるチームの一員となりメンバーと協働してビジネスを進めることになる。

「B社の担当を離れることに一抹の寂しさがあったことは事実です。一方で新しい配属先は業績が伸び続けており、活気と勢いのあるチームでした」

森濵の意欲は、すぐ繊維部門の屋台骨を支える重要客先のA社に向けてかき立てられていった。

森濵のチームが手がける商材は、ニット。A社が扱う多様なアイテムのうち、ニット製品のODMを手がけるチームに配属されたわけだ。

これまで担当していたカットソーは、糸を編んで作った編み地＝ニット生地を裁断して縫製するアイテム。一方のニットは、各パーツの形に編み上げたニット生地などで作るセーターやカーディガンなどのアイテムを指す。素人にはどちらも似たように思えてしまうが、営業担当にとっては全く異なる世界だ。

「すでに編み上がった生地を裁断するカットソーと異なり、ニットはまず糸を選んで編んでいく工程から携わります。糸はもちろん無数に種類があり、それぞれ編み方でまた仕上がりが全く変わってくる。得意先に写真を見せられて『こんなアイテムを作りたい』と言われた時、我々営業はその無限の選択肢のなかから、素材や編み方を絞り込んで提案しなくてはいけません。そこが非常に難しい部分ですが、我々にとっては面白くやりがいがあることでもあるんです」

そうした商品知識は、ひたすら実地で身に着けていくしかない。どれくらいの太さの糸をどれくらいのゲージで編むと、どういう質感に仕上がるのか。森濵は業務の傍ら大量の糸と編み方のサンプルを見て、そうした特性を頭に叩き込んでいった。

「おかげで電車に乗る時も、つい周りの乗客のニット生地を見てどんな糸をどう編んだのか無意識に考えるようになりました。あの人は上質なニットを身につけているなとか、あれは見た目ほどいい生地じゃないなとか（笑）。もうすっかり職業病ですね。買いもしないのに店舗にもよく行きました」

A社を担当するチームでは、そのリーダーである口座長の先輩C氏からも多くを学んだ。

「いや、それは同意できませんね。私が提案したこのやり方のほうが合理的ですよ」

C氏は得意先の担当者に対しても全く対等な目線で、違うと思ったことは違うとはっきり告げる。そしてこの対等な目線で接するという姿勢は、自分たちが発注する側の工場などに対しても同じだった。

「商社の営業というのは、お客さんからすごく気に入られるけど現場に対しては高圧的な人、あるいは逆に現場からの評判はいいけれどお客さんからは不評を買う人もいます。しかしCさんは、そこが非常にフラット。どちらが上でどちらが下だとか、裏表や上下の意識がないんですね。得意先とも工場とも偏りなく信頼関係を築いていくには、バランス感覚が欠かせないんだということを学ばせてもらいました。仕事を通じてあの人のようになりたい、あの人を目指したいと思ったのは、私のなかでCさんが筆頭ですね」

商社のビジネスでよくいう〝三方よし〟。自社、顧客、仕入先の三者全てが繁栄するというこの商売の基本を森濵はC氏の〝フラット〟な姿勢から学び、自ら実践していった。

◆重要客先のビジネスを責任者として取り仕切る〝口座長〟に抜擢

前述の通り森濵は、入社一年目から二年目にかけて小さなブランドB社の担当としてそのビジネスを一人で全て取り仕切っていた。彼はそれから三年後にまた権限を与えられることになるが、担当する得意先とのビジネスの規模は以前と桁違いだった。

A社を担当するチームは、営業のほか生産管理、進捗管理、品質管理などのアシスタントからデザイナーまで、複数の職種のスタッフで構成される。そして森濵の先輩でそのチームを率いる口座長のC氏は、オーダーを取ってから売上を計上するまでの一切の流れに責任を持つ。月に一度の会議で数字を報告して社内の目線合わせをすることはあるが、それ以外は口座長として、商売を完結する仕組みだ。

そして二〇一六年、C氏は入社五年目の森濵にこう告げた。

「聞いていると思うが、私は来月から香港の拠点に駐在することになったんだ。だからいまのチームの口座長は、君が引き継いでほしい」

自身がロールモデルとする先輩のC氏から手渡された口座長のポスト。こうして二七歳の森濵に委ねられたA社の取引額は、当時で年間七億円に上る。すでに約二年の業務を通じてA社担当者との信頼関係は十分に築き上げており、後はC氏の後任としてその手腕を存分に発揮することだけが期待されていた。

「Cさんとともに A社に通いながら、自分も先方の担当者との間で信頼関係を作り上げる努力は欠かさず続けていました。業務を滞りなくこなしていくのは当然の大前提として、ほかに心がけていたのは『相手が求めることの一歩先を提案する』ということ。そしてもう一つ、純粋に人として相手の懐に入っていくことも大切です。これは個人的に気が合うかどうかにも左右されますが、プライベートでの付き合いを深めたり、夜は酒席をともにして語り合うといったことですね」

C氏は、そんな森濵の姿をしっかりと見ていたのだ。

一方で生産現場との関係も密に構築していた森濵は、ヒット商品の急な追加注文にも機敏に応えられる体制も確立。さらに苦心して磨き上げた商品知識も武器に、冒頭のカーディガンの大ヒットをモノにしたわけだ。だが彼はこうした成績に喜んではいられなかった。

「大きなプロジェクトを扱う商社と違って、アパレルは年間に一〇〇以上のアイテムをこなさなくてはいけません。そうなると一つの成功、あるいは一つの失敗で、一喜一憂しているわけにいかないんです。常にヒットを打ち続けるにはどうしたらいいか、追求していかなくてはいけないんです」

そんな姿勢で打ち込んできたA社とのビジネスは、二〇二三年ですでに一一年を迎えている。直近の数年間は、コロナ禍に伴う需要の急減に打撃を被ったりもした。だがそんな苦境のなかでも巣ごもり需要に

応えるルームウェア、またニット素材のマスクなど、たゆまないチャレンジを続けてきた。こうした姿勢がいっそうの信頼構築に寄与しているのは、言うまでもない。

◆〝サステナブル素材〟の自社ブランド化に取り組む

森濱は入社以来一貫してアパレルのODM/OEMを手がけてきたが、近年全く新しいビジネスへの挑戦にも意欲的に取り組んでいる。それがサステナブルな衣料の普及を掲げる〝サステナブルプラットフォームBRiCO〟だ。

これは、古着など〝ユーズド繊維廃棄物〟が原料の高品位なリサイクル糸で作ったプロダクトを提案するブランド。アパレル業界では大量廃棄される衣類=衣料廃棄物が資源・環境保全やSDGsなどの観点から国際的な問題となっており、大量生産・大量消費を見直す動きが広まっている。そうしたなかで森濱の先輩が海外の見本市でインドの紡績メーカーが作ったリサイクル素材を見つけ、そのブランディングから自社で手がけるビジネスを提案。森濵もそのチームの一員となり、繊維商社による新素材のブランドを確立するという新たなプロジェクトに乗り出していった。

「これは一般消費者向けでなく、アパレル業界をターゲットとしたB to Bの展開です。アパレル企業向けの市場で、どうすればこのサステナブル素材を最大限アピールできるのか。外部のPR会社や広告代理店とともに、ブランド名、ロゴデザインなどを決める作業に取り組みました。日鉄物産としてはほぼ前例のないプロジェクトであり、私にとっても非常に貴重な体験です」

こうして生み出されたブランドが、BRiCO。BRiCOとは、さまざまな素材を使った既成概念にとらわれない創造を意味するフランス語「ブリコラージュ（Ｂｒｉｃｏｌａｇｅ）」に由来する造語だ。一年近くかけてロゴやブランドイメージを構築し、二〇二〇年に素材として製品化してアパレルメーカー向けにリリースした。二〇二三年にはエシカル消費をテーマとしたプロジェクトを通じて、一般消費者向けのトートバッグの販売を始めている。

「こうした新しい素材は、いきなりドカンと売れるようなものでもありません。しかしＳＤＧｓにもマッチするサステナブルな素材は、アパレル業界でも大きな関心を持たれています。ＢＲｉＣＯは大ヒットというわけではありませんが、複数の引き合いがあり、結果としておおむねうまくいったと評価できるでしょう。今後もＢＲｉＣＯのトートバッグのようなＢｔｏＣの商売を含め、事業のポートフォリオを広げていくプロジェクトとしてチャレンジしていきたいと考えています」

◆海外拠点への進出に将来の夢を託す

すでに一〇年を超えて、安定的なチャレンジを続けているＡ社とのビジネス。またそれと並行して前例のなかった自社ブランド開発など、新しいプロジェクトも形にしている。こうして実績を積み上げてきた森濵が改めて見据えているのは、就職活動の時から意識し続けてきた海外だ。

これまでも自身が手がける商品の生産工場の視察、また新たな生産拠点を開拓するための視察など、出張では頻繁に海外へ出向いていた。付き合いのなかった海外の工場を訪問して商談をし、日本向けの生産を委託できるかどうか見極めるミッションも兼ねている。それらは自分が生産に携わる案件が中心だが、話の流れでほかの部隊に紹介する拠点の視察に足を伸ばすこともある。

一方でMNインターファッションは、欧州、東アジア、東南アジア、南アジア、そしてアメリカにグローバルネットワークを展開。各海外拠点では現地の生産工場を管理したり、香港やミラノのように欧米向けのODMに携わっている部隊もある。またそうしたODMの拠点を新たなエリアへ展開していくなど、ネットワークの拡充にも余念がない。

「これまでのような出張ではない駐在という形で、私もこのような海外拠点をフィールドに働きたいという思いを日々強くしています。すでに一〇年以上にわたってカットソーとニットを手がけてきましたが、異動に伴ってゼロから全く新しい商材を扱うことになるかもしれません。でも私は、それも全然いいかなと思っています（笑）」

プロとしての目利きと信頼関係を武器に、アパレル業界でヒットを放ち続けてきた森濵。そのフィールドが世界市場に拡大していく日は近そうだ。

森濵孝介（もりはま・こうすけ）

一九八九年、大阪府生まれ。立命館大学国際関係学部卒業。二〇一二年入社。

「内定をもらった後、入社前にバックパッカーとして各国を旅してきました。就職活動前に行き、面接でその話をしたらもっと選考が有利だったかも知れません（笑）。しかし社会人になったらそのような機会はもうないだろうと思い、学生時代の最後に家族から借金をして行きました。期間は一度の旅程で三か月半。この間に一三〜一四か国ほどを見てきました。旅をしてみた感想は、まだ知らない世界が多すぎていくら時間があっても足りないということですね」

「自分の就職活動を通じて学生さんにぜひ伝えたいのは、できるだけ多くの会社を見るということ。志望する業界に意識が集中するのは当然でしょうが、色々な会社の実情に触れられる機会は今しかありません。たくさんの会社を見ることで、自分が志望先を選ぶ基準となる〝軸〟もいっそう固まります。加えて、志望する会社に関してできるだけたくさんのことを調べておくことも大切。それは会社選びに役立つだけでなく、面接でみなさんの熱意を伝えることにも繋がるでしょう」

「当社は、二〇二二年一月に日鉄物産の繊維事業本部と三井物産アイ・ファッションが事業統合して生まれた会社です。私が在籍して思うのは、様々な社員や文化が混在している会社だということ。だからみんな違っていて構わないし、人と違う意見がすぐに否定されることもない。そうした点が魅力だと感じています」

ドキュメント仕事人❽

「顧客のため」を徹底的に追求するパートナーになる＝岡谷鋼機・窪田 駿平

◆入社七年目、マレーシアの大型案件のキーパーソンに

二〇二二年七月、マレーシアの工業団地で日系メーカーが特殊加工アルミ管の量産を開始した。その初日、首都クアラルンプールから車で三〇分あまり離れた町にある工場に、このプロジェクトに関わった人々が集まった。そこには、岡谷鋼機に入社して七年目の窪田駿平の顔もあった。

設備が順調に動き始めたのを見届けると、その輪の中から自然と拍手が起きた。メーカーの責任者の一人が、窪田に握手を求める。工場内の設計や設備の配置から試運転まで、立ち上げの苦楽を共にしてきた間柄である。

「窪田君、本当にありがとう。ここまで来られたのも岡谷さんのおかげだよ」

「おめでとうございます。いよいよこれからですね」

〝いよいよこれからですね〟の言葉には、新事業のスタートだけでなく、今後の生産能力や販売先の拡大を見据えた共通の思いも込められている。

「うん。引き続きよろしく頼むよ」握手には一段と力が込められた。

「今まで付き合ってきた商社は、設備メーカーとの間に入ってやりとりしてくれてはいたけれど、あなた達は私達の会社の歴史もこれからの方向性もきちんと理解してくれた。こちらが気づかなかったことまでいろいろ提案してくれる。こんな商社さんは初めてだよ」

ここまで言ってもらえるのも、決して社交辞令だけではないという自負が窪田にはあった。

銅管の製造で長い歴史を持つこのメーカーは、銅管製造で培った知見を活かし、新たな領域のビジネスに挑戦することにした。もともとアジア圏における銅管の生産拠点だったこの工場は操業を停止していた。そこをアルミ管の生産に切り換えて再稼働したのである。もちろん元の製造ラインは銅管のための仕様なのでそのままでは使えない。特に熱処理の工程は、銅とアルミの熱伝導率が違うこともあり、工業炉など設備の入れ換えや新規導入が必要になる。さらに困ったことに、アルミは銅に触れると金属反応で腐食してしまう。徹底的に清掃して銅のかけらも残さないようにしなければならない。

岡谷鋼機の名古屋メカトロ部は、現地法人のマレーシア岡谷鋼機と協力しながら、必要となる製造ラインの提案から設計、構内整備、設備の導入、現地での据付まで一貫してサポートした。この案件があることを最初に聞きつけて受注につなげ、岡谷鋼機側の中心となって動いてきたのが窪田だった。

「あなた達とは、もう普通の取引先との関係じゃない。ことに窪田君は一緒に汗を流してくれるパートナーと思っているよ」

「そう言っていただいて大変うれしいです。私もこの仕事ができてよかったです」

これは窪田の偽らざる思いである。

岡谷鋼機に入社すると、最初に配属された部署の上司から「客先とも、仕入先とも、対等な関係でいるようにしなさい」と言われた。当たり前のようだが、それは決して簡単なことではない。仕入先にとって商社は顧客になるので、こちらが不利な条件を求めたら嫌とは言いにくい。逆に客先に対しては商社が厳しい条件を提示される立場にもなる。無理を押しつけることなく、また変にこびることもせずに対等な関係でビジネスをしなさいと、その上司からは度々聞かされていた。

今、自分はまさに対等な関係で仕事をしている。〝パートナー〟は窪田にとって千鈞の重みがある言葉となっていたのだ。

◆エースと呼ばれた指導役の先輩に営業のツボを教わる

入社一年目、新入社員研修を終えた窪田は六月に名古屋のメカトロ部に配属された。完成車メーカーや鉄道車両メーカー、その部品や材料を製造するメーカーなどが主な客先である。メカトロ業界の設備営業は社内でも花形だとか、名古屋の本家本丸と言われることがある。新人の窪田にはそんな実感はない。ただ、今できることを最大限やるしかないという思いだった。

指導役についたのは、エースと呼ばれる優秀な先輩だ。入社六年目だが、あの人はすごいと周囲の評価も高く、航空機のビジネスを本格的に拡大して年間何百億円の規模に拡大した。ちょうどその過程を、窪田はそばにいてつぶさに目にすることができた。働き方の質の高さ、スピード感に驚いた。頭が切れて先へ先へと考えが及ぶ。かつ行動が早い。

その人が兼務している熱処理業界向けの仕事を引き継いだ。さまざまな設備やその部品の販売とメンテナンスをして、ラインやシステムをまとめて納めることもある。窪田がなにか相談すると、時間を置くことなくすぐ回答してもらえた。報告もしっかり聞いてくれる。感情的に怒られたことは一度もない。それ

でも怖かった。自分とは思考回路のレベルがはるかに違う。よく考えないで質問すると「ちゃんと理解した上で聞いているのか」と問い詰められた。その口調はきつくない。だが賢い人は怖いものだと知った。

ことに大事だと教わったのは、レスポンスの早さだ。

「クライアントから問い合わせがあれば、すぐ調べるなりしてレスポンスをするように。こちらが一〇〇点だと思って回答しても、求めている相手にとっては十分でないかもしれない。ある程度のレベルは必要だが、七〇点、八〇点の答えでもいいから早さが大切なんだ」

そのレスポンスに時間がかかっていると、「まだできてないのか」とピシッと指摘してくる。

求められたのはそれだけではない。

「早いうちに加速度的成長を遂げろ。負荷はかかり続けるが、その分大きく成長できる」

実際、早く成長しろという大きな無言のプレッシャーを感じ続けていた。叱られたくない。認めさせたい。窪田の負けず嫌いの性格に火がついた。熱処理に使う工業炉を始めとする機械設備の種類・性能はもちろん、そもそも熱処理とはどういうことか、金属にどのように熱を加えるとどのような性質になるかを徹底的に頭に叩き込んだ。朝、始業前に会社に来て資料を読み込み、休日には先輩から教えてもらった本などから知識を得る。客先や仕入先のメーカーからも、「いろいろ教えてください」と頼み込んで現場で教わったことはたくさんある。

入社一年目は、こうしてあっという間に過ぎた。生まれてこのかた、こんなに勉強したことはなかった。

その一年目の終わり近くには、一人立ちを促された。

「熱処理の仕事はお前に任せた。客先も仕入先も頼んだぞ。何かあったら連絡しろ。なにもなくても報告はしろ。問題があればこっちで協力してやる」

何十社のユーザーが一気に窪田の担当になった。それまで先輩と一緒に回っていたので初対面ではなかったが、緊張感が違う。

ちょうど熱処理を専業で行う会社から真空脱脂洗浄機を初受注したところだったが、その喜びを噛みしめる暇もない。ただ先輩が忙しいのは見てきていたので、覚悟はできていた。

◆現地、現物、現人の「三現主義」で案件を開拓

熱処理設備の営業は、最初の打ち合わせで最適な設備を把握しメーカーを選定する能力が求められる。熱処理を原理原則から理解し、工程がすべて頭に入っていなければできないことだ。岡谷鋼機が提案できるものを常に探し、ニーズをキャッチしたら最適の提案をして初めて受注できる。受注すると今度は仕入先のメーカーと打ち合わせて仕様の詳細を固めて納入時期を詰める。

求められるのは最適な機械を提供することのほか、納期や金銭面など多岐にわたる。確認すべきポイントはどこにあるか。職場の先輩や上司に、どんなことを質問すればいいか、しつこいほど尋ねた。そこで叩き込まれたのは、現地、現物、現人の「三現主義」だ。本当に大切な情報は、現場にしかない。そこで実際に現物の状況を見て勉強する。そして人と会って対面で話をする。ストレートに聞けるのは三年目までの特権で、がむしゃらにできるのは若いうちだけだとも言われた。

具体的には、聞き出すための術がどうこうということではなく、要点をズバッとつく。

「どんな工場や設備の計画がありますか？」

「いつごろ動き出すでしょうか？」

するとそこから会話が生まれる。それに対して新技術や新しい商材を勉強してアウトプットする。

「こんなのがあります。何かに使えませんか？」

「いやそうじゃなくて、こういうのが欲しいんだよ」と言われて、そのことについて調べる。こうしてアウトプットしては新たな知識をインプットしていくことを繰り返した。

相手によって、話の仕方も変わる。この人はこう言えばこう返すと分かってくると、今何に困っているか、これから何をしたいかについて聞きやすくなる。そうやってよい関係を構築することが、パートナーになれる第一歩ではないかと窪田は考えていた。

客先で設備の決定権を持つ相手と話をする機会も増えていった。完成車メーカーやティアワンクラスなら四十代から五十代のマネジメント層、中小企業が多い熱処理メーカーなら社長や役員クラスになる。そういう立場の人物とやりとりをすること自体が貴重な経験になった。打ち合わせの席ばかりでなく、その前後の雑談や、喫煙所、自販機の前で聞こえてくる会話からキャッチできる情報も逃すわけにいかない。

「え、それどういうことですか」と初対面で話しかけて商談につなげたことも多々ある。

海外の仕事も一年目から任された。アジアに拠点を持つ取引先のための設備調達と輸送代行で、こちらは熱処理の業界に限らない。タイ、ベトナム、中国には何度も出張した。国内外の仕事を通じて三割は新規営業だったので、テレアポ（電話による新規開拓）で多くの数の案件を獲得した。

メカトロ部の仕事に慣れてきた三年目に、岡谷鋼機とは何十年来の付き合いがある熱処理メーカーが新工場を建てようとしている情報をキャッチした。これが大きなビジネスに発展していく。

◆「この新工場は岡谷鋼機にかかっている」と言われて

その日、窪田は熱処理メーカーの工場に出かけていた。定期補修工事の現場立ち会いだ。そこに社長が近づいてきて、声を掛けられた。

「窪田君、ちょっといいかな」

「はい、なにか気になることがあったでしょうか？」

「いや、そうじゃなくて、新しい工場を建てようと思っているんだ。土地もなかなか見つからなくて苦労しているけどね。そういえば岡谷さん、建設部門もあったよね」

「あります。なにかお手伝いできますか。すぐに連絡します」

その場で建設室の先輩社員に電話をした。

「工場を新規で建てる予定のお客さんがいるんです。うちは設備だけでなく建物も建てられるとPRに行きませんか？」

「分かった。じゃさっそく明日一緒に行こうか」

岡谷鋼機は、部署を越えてもすぐに話が通じる風通しのよさがある。窪田にはそれが心強かった。

次の日、建設室の先輩を連れて社長室のドアを叩いた。社長は開口一番「早いな！」と出迎えた。

「本当にやる気なんだね。よし、すぐ資料を作って送るよ」

それから建設や設備に携わる先方の担当者と打ち合わせが始まった。土地はなかなか見つからなかった。

結局は先方が見つけて、すぐに土地に合わせた工場の図面を描いた。建設資材の部隊、電気やガスなどインフラ関係の部隊にも情報を展開した。たまたま窪田は、部門を越えた案件を獲得するための社内プロジェクトの一員だった。その場で報告すると、他部門から「うちではこんなこともできる」「こういう設備もあれば効率的だぞ」といろいろなアイディアや提案が続々と上がった。窪田が思いもよらない構想も多々あった。窪田が声をかけて社内が動き、上司の助けもあって、全社的な重要案件のひとつになってい く。窪田は、岡谷鋼機の組織力の迫力と団結力を改めて肌で感じていた。

競合相手はゼネコンも含めて四社あった。だが岡谷鋼機は情報を最初にキャッチしているので、その段階で一歩リードしている。しかも熱処理の業態をよく理解し、最適な設備のレイアウトや動線をどうすればいいかも分かっている。ここには電源が必要になる、この機械はあちらに設置するといいとディテールまで把握している。建屋の提案も緻密で不要なコストがかからない。ゼネコンはそこまで分からないから見積もりは余分な内容が増えて、提示金額が高くなりがちだ。

最終的に最初の社長との立ち話から半年後に、岡谷鋼機は競合他社を退けて契約を結んだ。この熱処理メーカーとは多くの取引をしてきているが、工場の建屋建設を含めて受注したのは何十年来の付き合いで初めてのことだ。ゼネコンに商社の建設室が勝つという奇跡が起きた。だがそれが起きるだけのことはしてきた。踏み込んだ提案ができたことが勝因だと窪田は分析する。

「この新工場は岡谷鋼機にかかっている。頼むぞ」と社長に肩を叩かれた。

もっとも「建屋は決して安くなかったよ。真に私たちのことを考えてくれたのが岡谷さんだった。レスポンスよく最適な提案をしてくれたから頼むことにしたんだ」と後になって聞かされた。

そういえば建屋建設の責任者となった先方のキーマンに呼ばれて、こう耳打ちされたことがあった。

「ここの費用だけど、ちょっと高すぎる。下げてくれないと話にならないと思うよ」

あわてて建設部門に相談し、調達手段を変えるなどして対応した。先方も岡谷鋼機ありきで工場建設が進んでいたと思えるエピソードだ。

ほかにグループ会社が設計をした無人搬送台車の制御システムを受注した。工場内を自動化して省人化したいというニーズをキャッチして窪田が提案したものだ。

受注の翌年には建屋が完成し、設備を導入して無事稼働を開始した。そこまでには機械が思い通り動かなかったり、建屋に不備が見つかったこともある。トラブルは必ず発生する。いかに解決するか迅速に考えて、関係各所にすぐさま連絡や調整をして、窪田自身も現場を動き回った。それ以前に工程管理を緻密にしていたので、影響を最小限に止めることができた。

この取引先は後輩に引き継いだが、それからもこの工場に入れる設備はすべて受注していると聞いた。

◆「熱処理には自信があります」と初回の営業で言い切った

マレーシアのアルミ管工場に関わる商談が最初に舞い込んだのは、入社五年目が終わろうとする二〇二一年三月のことだった。大阪の情報・電機部非鉄金属室が、ある大手銅管メーカーと取引をしている。その部長から、メカトロ関係で新しい大きな案件がありそうだ、海外かもしれない、一度行ってみてはどうかと紹介を受けた。本社は愛知県の豊川市にあるという。名古屋のメカトロ部としては新規の営業になる。

その初回の訪問で、窪田は「私が一番得意なことは熱処理です」と言い切った。

最初は型通りに「初めまして。岡谷鋼機の窪田です」から始まり、簡単に自社の紹介をした。事前にホームページなどで調べて、製造現場に熱処理の工程があることは分かっていた。

「東海地区ではどの商社にも負けないし、工業炉メーカーよりも広い知識はあります。いろんな現場も経験しています。お手伝いできることは必ずあります」

きょとんとしている相手の表情を見て、行けると思った。案の定こんな質問が飛んできた。

「実は困っていることがあるんです。こういうことなんですが」

大手金属メーカーから独立した会社で、古くて使いにくい設備が多く残っているという。その内容を聞くと、窪田はすぐに回答した。

「ああ、分かりました。それならこんなやり方もありますよ」

「へー、そんな解決法があるんですか。検討したいので、メーカーさんも連れてきてもらえますか」

そこからはトントン拍子で商談が進み、翌月、名古屋メカトロ部として初受注となった。小型で省エネ性能のいい機械を紹介し、コロナ禍のため部品の調達が滞りがちな中でも自動化ラインの垂直立ち上げを実現した。ほかの部門の担当者も次々に紹介されて、設備の入れ換えが続いている。金額の大きなビジネスとなり、それまで総合商社系の会社を経由して導入していた設備機器を岡谷鋼機がまとめて扱うことになった。

「熱処理については勉強してきたので、ほかに負けないという言葉に偽りはありませんでした。ただお客さんのほうが詳しかったらどうしようとはちょっと思いましたが」と窪田は振り返る。

「自社製品やその製造工程は、もちろんその会社の人が詳しいでしょう。商社の人間に必要なのは、どんな製造現場にも対応できる広い範囲の知識です。あとはしっかりした事前準備とスピード感、そして先方のことを考えた提案内容が評価されて、商流の切り換えまでしてもらえました。大手商社だと、そこまで細かくフォローできなかったのではないでしょうか」

◆誰も挑戦していない新たなフィールドへ

続いてマレーシアで始める新事業について提案してほしいと言われた。いつ話が出るかと窪田は待ち構えていた。アルミの熱処理についてもある程度の知見はあったが、さらに仕入先のメーカーにも詳しく聞いて回った。現地法人のマレーシア岡谷鋼機とはすぐに情報共有すべく、毎日ウェブ会議や電話で打ち合わせを重ねた。現地法人の社長も熱処理ビジネスを経験しており、業界に精通していたので、話が通じやすい。

「現地でも業者の手配から法的規制への対応まで、すべてできます。副資材も調達するので、高いグレードの製品が作れますよ」

このように熱処理設備の調達だけでなく、顧客にとってメリットがあることは言われる前に提案して受注につなげた。工場で据付がうまくいかず困っていた中国製の設備を、マレーシア岡谷鋼機の協力で設備の立ち上げに成功したこともある。これがきっかけで、その中国メーカーの設備の商流も岡谷鋼機が獲得した。

二〇二二年七月のマレーシア訪問は、新型コロナウィルス感染症の流行による渡航規制が緩和されたのを受け、久しぶりの海外出張となった。第二工場のプロジェクトも立ち上がり、生産したアルミ管製品をタイを中心とするアジア圏に販売するために、非鉄金属部門や海外の現地法人が動き始めている。

この展開は、パートナーとしてのビジネスができたからこそ可能になったと窪田は話す。

「どこに行ってもパートナーと思ってもらえる。これが理想です。そのためには客先のことをよく考えて動き、それは違いますよと言えるぐらいに付加価値を提供しないといけません」

ＡＩなどのテクノロジーの進化で、人間が間に入らなくてもモノの売り買いがされるようになるかもしれない。そのときに商社が右から左にものを流すだけだったら、いらないと言われてしまう。そんな危機感を窪田は持っている。

「これまでは国内の顧客や仕入先とともに仕事をする経験を主に積んできました。今はメカトロ部の中の電動化チームの一員なので、世界に目を向けて、ＩｏＴ、ＤＸ、ＥＶ等々、新しい技術やトレンドが日進月歩で出てくる流れに沿って、誰も挑戦していない新たなフィールドに携わりたいですね」

出身地の愛知県瀬戸市にスペイン語話者が多かったのがきっかけでスペイン語を学び始めた窪田は、学生時代にスペインとメキシコに留学した。その語学力を生かせる場も岡谷鋼機にはある。

「当たり前のことを当たり前にできる人間でありたい」が窪田のモットーだ。その「当たり前のこと」のレベルが、岡谷鋼機に入社してからの七年間でどんどん高まってきているのを窪田は実感している。

窪田駿平（くぼた・しゅんぺい）
一九九二年生まれ。愛知県出身。二〇一六年立命館大学文学部人文学科卒。同年四月岡谷鋼機に入社し、名古屋本店のメカトロ部に配属された。二〇二三年からはタイ岡谷鋼機に海外赴任中。大学時代は生協の学生委員会理事として、大学関係者や企業と折衝した。「社会人とビジネスの打ち合わせをする機会はよくありました」という。
「岡谷鋼機のインターンシップで様々な営業担当の方々と関わった中で、客先とも仕入先とも対等でフェアな関係で仕事をしていることが印象的でした。みなさんも就職活動で入社したいと思っている会社があれば、その社員とコミュニケーションが取れる機会を探してみてください。そして今持てるパフォーマンスを最大限出し切ることが大切です。エントリーシート一つ書くにしても誠実に向き合えば、悔いのない就職活動になるはずです」

ドキュメント仕事人❾

「One for All, All for One」。チーム力で勝ちに行く!

=三谷商事・持田 亨平

二〇一一年十二月初旬、東京都世田谷・八幡山にある明治大学のラグビー練習場は、いつにもまして殺気立っていた。

「何やってんだ、スクラムこらえろよ!!」「どこにパスしているんだ!!」

緊張感が支配する中、怒号さえも飛び交う。

それも無理はなかった。明日は、日本ラグビーの最大イベントとも言われる〝明早戦〟。秩父宮ラグビー場は満員になり、テレビ中継も入る。来年卒業する四年生のレギュラーにとっては、晴れの舞台なのだ。気持ちが昂るのも無理はない。

しかし、そのグラウンドにラグビー部員四年生、持田亨平の姿はなかった。

◆弱冠三三歳の支店長

「持田、いよいよ支店長だ。しっかりやれよ」

上司からそう激励されたのは二〇二一年、七月。持田が三三歳のときのことだ。

セメント・生コンクリートの販売では国内シェア一位の三谷商事において、埼玉・茨城をまとめる北関

東第一支店で約一〇年間、営業を担当してきた。

この業界は「五十代でも若手」と言われるほど、平均年齢が高い。仕入先である生コンクリート工場、販売先のゼネコンはもちろん、ライバル商社の担当者もベテラン揃いだ。そんな中、三十代での支店長抜擢。ほかの企業では考えられない、思い切った人選と言える。

先立つ二〇一九年に課長代理に、二〇二一年始めには課長に就任した上での、今回の昇進である。これからは自分で営業成績を挙げるだけではない。支店長として社員をマネジメントし、エリアでの業績を引き上げなければならない。その重責に、改めて身の引き締まる思いを噛みしめていた。

しかしなぜ持田のような若い人間が登用されているのだろうか。

一つには、どんどん経験を積ませ、実践の中で仕事を覚えさせるという、三谷商事の社風がある。また、たまたま四十代の社員が少ないという、会社としての事情もあった。

しかしもちろん、それだけでこの重要なポジションを任されたわけではない。新卒で北関東第一支店に配属されて以来一〇年強にわたる地道な仕事ぶり、そして着実に結果を出してきたことが評価されたのだ。

三谷商事はセメント・生コンクリート販売量は全国一位ではあるものの、すべての地域で上位にいるわけではない。持田の担当する北関東エリアは激戦区で、当時五～一〇位の間を上下している状況だったが、持田が配属されてから業績は少しずつ上昇、トップ五位以内も見えてきている。

人あたりがやわらかく、一見、「バリバリの商社パーソン」といった雰囲気は感じられない持田。歴戦の強者が鎬を削るセメント・生コンクリート業界において、どのように勝ち抜いてきたのだろうか。

◆〝前へ〟の明大ラグビー精神

持田の人生において大きな転機となったのは、高校時代の「ラグビー」との出会いだ。始めたきっかけを、持田は懐かしそうに振り返る。

「ちょっとやんちゃな学生だったんですね。私立高校で厳しい校風だったこともあり、退学寸前まで行ったんです。そのとき『ラグビー部に入れば退学は免除する』と先生に言われて、入部したのがきっかけです。厳しいスポーツをやればちょっとはビシッとするだろう、という担任教師の配慮だったんでしょうね」

退学を免れるため、仕方なく始めたラグビー。しかしもともと身体を動かすことが好きで、サッカーをやっていたこともある彼は、ラグビー特有の面白さにたちまち夢中になった。

「ラグビーは前方をカバーするフォワード八人、後方を守るバックス七人の一五名で行うスポーツです。ラグビーと言えばガタイの大きいメンバーがぶつかり合ったりするイメージが強いと思いますが、それはフォワードの人たちで、実は一六〇cm代の人もいる。例えば『スクラムハーフ』と呼ばれるポジションは俊敏さが命。コートを縦横無尽に走り回り、ボールを味方につなぎます。メンバーがそれぞれの体格や特性を生かして戦うところに、ゲームとしての面白さがあります」

持田のポジションはスタンドオフ。スクラムからのボールを最初に受け、試合の状況を見て瞬時に判断し、パス、キック、またはボールを持って走るなどの行動を起こす。バックスの指令塔のようなポジションだ。

サッカーではゴールキーパーを務めていた。コート全体を観察して状況判断できる視野の広さがあったことから、スタンドオフを任された。フォワードのリーダー的なポジションではあるが、持田は強いリーダーシップを発揮するというよりは、楽しい雰囲気をつくり、みんながモチベーション高く同じ方向を向けるように心がけていた。

「練習はそれなりにつらいのですが、とにかく顔を上げて、プレイを楽しもう、という気持ちをいつも伝えるようにしていました。作戦を立てるときも、みんなであしよう、こうしようとアイディアを出し合って決めていましたね」

ラグビーをもっと突き詰めたいと考えた持田は、明治大学に進むと、早速ラグビー部の門を叩く。しかし、大学ラグビーの壁は厚かった。明治大学と言えば、毎年のように全国大会でのトップを争う超名門である。選抜試験はクリアしたものの、全国大会に出場できる一軍や二軍へのメンバー入りは果たせなかったのだ。

それでも持田は腐ったり、落ち込んだりすることはなかった。先輩や同僚には、U18（アンダー18）の日本代表選手など、憧れの存在も多くいる。技術レベルを上げて、そんな人たちの背中に少しでも追いつきたいと考えていた。何よりも、明治大学ラグビー部には、故北島忠治監督の教え・理念が今でも貫かれていた。

「『前へ』。とにかく『前へ』。ためらわずに『前へ』進め。それはつらく長い道のりかもしれないが、ゴールへの最も近い道であると俺は確信している」

同じ思いを持つ仲間と誘い合って、通常の練習後にパスやキックをひたすら繰り返した。「どんなにつらくても、頭を上げてモチベーション高く。前へ」。その姿勢は、高校時代と変わることはなかった。

そんな持田の性格は、周囲にも自然に伝わっていった。上下関係の厳しい体育会系の例に漏れず、ラグビー部でも「先輩」は逆らうことの許されない、厳しい存在だったが、持田は不思議と先輩・後輩問わず好かれていた。

「怖い先輩が何人かいて、それぞれが違う指示をする。でも言うことをきかないと怒られるんですね。理不尽なのですが(笑)。でも今思えば、かわいがられていたのかな、と思いますね」

仲間と協力し合ってパフォーマンスを出すためのチーム形成力と、厳しい状況にもへこたれないしなやかな強さ。高校・大学時代は、持田の逞しさ、明るさ、分析力が大きく育まれた貴重な時期だった。

◆入社して初めて、商社の何たるかを知る

そんな持田が、商社、しかも専門商社である三谷商事の、建材事業部へ導かれたのはどんないきさつだったのだろうか。

「決め手になったのは『人』です。業種も職種も絞らず、メーカーや銀行などいろいろな説明会に行きました。OB訪問もいくつか行く中で、『この人は何かほかと違うな』と感じたのが三谷商事の先輩だったんです。建前ではなく本心から話してくれるので、僕も構えることなく話すことができる。こんな先輩が働いている会社っていい会社かもしれない。こんな人たちと一緒に働いてみたい、と」

その第一印象を信じて、志望を三谷商事に絞り込んだ。その思いが通じたのだろうか。最終的に、内定の連絡をもらうことになった。「どんな人が働いているか」に着目して三谷商事を選んだ持田。「実のところ、入社して研修を受けてみるまで商社の仕事がどんなものかよく分かっていなかった」と冗談めかして

語る。

「すごく格好いいことをやるんだろうな、と漠然と思っていました。入社してみて、『こんな感じなんだ』と（笑）。自分でもよく受かったと思いますね。配属希望は最初から建材事業部で提出していました。三谷商事はエネルギーや情報の部門もありますが、業界ナンバーワンの世界を見てみたかったんです」

自分の資質がどのようなところで輝くか、本能で感じ取っていたのかもしれない。

セメントや生コンクリートは建設資材として基盤になる素材だが、いろいろな種類があるわけではない。また大きく付加価値をつけることもできない。つまり、どこから仕入れても同じなのだ。ということはすなわち、営業担当者の人間力が商品価値となる。「人」に魅力を感じて三谷商事を選んだ持田は、自身も人となりで勝負しようと決めていたわけである。

また生コンクリートの販売は地域密着型の仕事でもあり、地元のお客をがっちりと掴んでいくことが重視される。これは生コンクリートという商品の特性と関係がある。というのは、生コンクリートはセメントや水などの材料を練り混ぜてつくられるが、練り混ぜから建設現場で流し込むまでの時間が九〇分（外気温が低いときは一二〇分）と定められている。それを超えてしまうと、品質が劣化し建設には使えなくなる。つまり、仕入先は販売先の建設現場からコンクリートミキサー車で運搬できる範囲内に限られるのだ。なお、製造された生コンクリートは固まらないようにかきまぜながら運搬し、工事過程でちょうど必要とされる時間に建設現場に到着する必要がある。現場では、各職場の〝連携〟が何よりも大切なのだ。

また他業界と比べて特殊なのが、建設工事ごとに取引を行う点だ。そのためいったん得意先になったとしても、ずっとそのまま購入してもらえるわけではなく、現場ごとに改めて営業を行い、販売価格もその都度変わる。場合によってはライバル社に割り込まれてしまうこともある。そうならないためには、こまめに得意先訪問を行い、次の建設工事の予定を掴んでおくことが重要だ。

生コンクリートの仕入れや販売価格の取り決め、資金回収まで基本的に営業担当者の裁量に任される。コスト面まで含めた柔軟な営業ができるわけだから、駆け引きに興味のある人にとってはやりがいのある、面白い仕事と言えるだろう。

「連携」「コミュニケーション」「発想・アイディア」「信頼」「結果」、ラグビーで培われた能力を発揮する土壌が十分与えられていた。

◆出社一日目から「勝手にしやがれ」の社風を実感

本社での二週間の研修が終わって、いよいよ配属先である北関東第一支店へ出社した持田。その日のうちから、営業担当者として扱われることになる。

「何か指示がもらえるんだろうな、と思って椅子に座っていたら、先輩に『何してるんだ、座ってても何も始まらないぞ』と言われてあわてました(笑)。三谷商事の人材採用のキャッチコピーは『勝手にしやがれ』なんです。就活時代にもパワーワードだな、と感じていたのですが、実際に身をもって体験しました」

三谷商事にはもちろん、ＯＪＴやフォローアップ研修などの各種制度が設けられている。基本的にはなるべく現場で経験させながら、育成担当者がフォローする。また、頑張ったらきちんと評価する。この方針を三谷商事では「出る杭は伸ばす」と名付けている。

持田もなるべく早く独り立ちができるよう、指示されずとも教わらずとも自分で考えて動いていたという。

まず行ったのは「御用聞き」だ。三谷商事では、セメントや生コンクリート以外にも、建設現場で必要になる掃除用具やチョークなどを扱っている。ゼネコンや地元の工務店を訪ねては、「何か足りないものはありませんか」「お困りのことはありませんか」と、聞いて回ることにした。

営業先はデータ会社を利用してリストを入手するだけでなく、自身でも図書館で「会社四季報」を閲覧し、リストアップした。そのほか、建設現場そのものも有望な情報収集源だった。建設現場には事前に、目的や期間、施行元などの情報を記載した看板が掲示されるからだ。そのような現場を自ら探し、文字通り足を使って営業先を開拓していった。

「新規のお客様で、まったくの飛び込みですが、三谷商事の社名があるから追い返されることはないだろうと思っていました。実際、現場での必需品を持って行ったので、イヤな顔をされることもありませんでした。できるだけ多くのお客様を訪ね、まずは対話のスキルを磨くことが先だと考えていましたね」

飛び込み営業は現在あまり行われることはなくなっているが、持田が新入社員だった当時も一般的ではなかったという。まして建設業界は年齢も自分よりかなり上で、気の荒い人も多い。普通だったら躊躇してしまうところだが、持田はあえて困難な状況に自分を置き、相手の心を掴む術を体得していったのだ。学生時代からの、目上の人に好かれる資質も大いに役立った。

◆ついにとれた、一件目の受注

御用聞きの経験を重ねる中で持田が学んだのは、「相手を見てやり方を変える」という手法だ。

「例えばコミュニケーションを重視するお客様なら、相手の好みなどを知り、喜んでもらえるような話のネタを提供します。コスト意識が高いお客様なら、できるだけコスト面で便宜を図ってあげられるよう工夫します。いろいろなお客様がいるので、同じやり方をしてもダメ。会話をしながら、『相手が何を求めているのか』をいつも見るようにしていましたね」

そうしたやり方を繰り返すうち、ついに本業の生コンクリートで、五千万円という大きな受注を掴むことができた。

「相手は地元の有力なゼネコン。入社した翌年の一月頃ですから、まだまだ右も左も分からない自分に、『じゃあ持田に発注するよ』と言っていただけた。本当にありがたかったです」

持田が初めて開拓した新規顧客だ。三〜四回訪問を重ねた上でやっと、購買担当者である建築部長に面会することができた。さらに発注を掴むまでには、旅行好きだという相手が懐を開いてくれるよう、自らも同じ旅行をしてみるなど、仕事以外の時間を使って工夫を凝らした。

この購買担当者は現在退社しているものの、取引自体は今に至るまで続いており、持田の大切な得意先となっている。

持田のユニークさは、こんなところにも表れている。

「入社二年目だったでしょうか、人生で初めて丸坊主にしました。ネタになるかなと思って。周囲にもお客様にも、めちゃくちゃびっくりされましたね。受注に直結したわけではないですが、話のネタになった。名前を覚えてもらうぐらいには役立ったんじゃないでしょうか（笑）」

まさに身体を張った営業である。同業他社を含め、周囲は五十代、六十代のベテランだ。二十代で新人の持田はどうしても軽くみられる。「負けないためにはどうしたらいいか」。さまざまな模索を行っていた必死な気持ちが、坊主頭のエピソードからは伝わってくる。

不思議なもので、一月に初めての受注を獲得した後すぐ、もう一件、新規顧客を開拓。誰に教えられるでもなく、経験の中で考え、編み出した営業法が確立した瞬間である。持田が思い描いていたように、営業担当者の人間力で勝負できるようになったのだ。この成功体験は、現在まで営業担当者としての持田を支えている。

◆まさかの発注ミス。あわや取引停止の事態に

自分なりの仕事のコツを掴み、順調に新規顧客を開拓できるようになった持田。ところが入社三年目を迎えた頃、とんでもない事件が起こった。生コンクリート工場への発注にミスがあったのだ。

「ある中堅のゼネコンとの三億円にも上る取引だったのですが、『生コンクリートが来ない』という電話が納品日の朝にかかってきた。仕入先に電話したら、そんな話は入ってないぞと。納品するにしても数日はかかるとの話で、一瞬、頭が真っ白になりました」

納品が遅れると当然、建設工事全体の工程に影響する。遅延すればコストがかさみ、数千万単位の損害賠償を三谷商事が負うことになる。何よりも大きなダメージになるのが、得意先の信用を失うことだ。これまで先輩社員が築いてきた信頼関係を壊し、取引停止にもなりかねない。手分けをしてあちこちの仕入先に連絡し、「どうにかならないでしょうか」と頭を下げ続けた。

「みんなが骨を折ってくれて、どうにかこうにか、翌日に納品できることになりました。工期遅延もせずに済んだのですが、それが分かるまではプレッシャーで潰れそうでした。また一度取引先の信用を失って

しまったというショックは大きかったです。その後も何度も足を運び、誠心誠意を尽くして信頼回復に努めました」

大きなミスではあったものの、幸いだったのが、納期の遅れを最小限で済ませられたことだ。

理由の一つには、ミスをしてもあきらめずに挽回に努めた持田の粘り強さがある。本件のように大きなミスはそうあることではないが、似たようなトラブルは業界では珍しくない。「途中であきらめなければミスもミスにならない」という信念で食い下がった。また業界では顧客に叱られたり、荒っぽい言葉を投げられることは日常茶飯事。謝るのも仕事のうちだ。そうした経験を通して培われたタフさも、トラブルに際して落ち着いて行動するのに役立った。

もう一つの理由が「仲間」の支援である。まずは後輩たちだ。生コンクリートを急いで手配できるよう、それぞれの仕事はいったん置いて、つきあいのある仕入先に片端から電話してくれた。次に、仕入先である生コンクリート工場。急な発注にもいやな顔をせず、できるだけ早く納品できるよう尽力してくれた。彼らのおかげで、危機は乗り越えることができたと言える。

彼らが精一杯持田を助けてくれたのも、後輩や仕入先に対するふだんからの姿勢が功を奏したのだろう。一般的に、先輩後輩、買う側と売る側という上下の関係になってしまいがちだが、持田は仲間として、同じ目線でものごとを考えていた。

さらにある人物との出会いも大きく影響している。持田が入社して六年目に転勤してきた上司だ。

◆一人はみんなのために、みんなは一人のために

「上司からはいろいろと影響を受けました。かなり歳は上ですが、決して上からでなく、同じ目線でものごとを考えてくれます。また、入社五～六年の自分に、『やりたいようにやればいい』と裁量権を持たせてくれ、何かあれば矢面に立って問題に対処してくれる。『かっこいい人』という表現が近いですね」

何度も一緒にお酒を飲みに行くなどして意見を交換し、上司の仕事に対する考え方を学んでいった。信頼感をさらに深めたのが、持田の仕事でのトラブルに際し、矢面に立って事を収めてくれた経験だ。

「何としてもとりたい受注のために、私の判断でちょっと無理な販売価格で契約をしてしまいました。そのときも上司が仕入先と話をつけ、赤字にならないよう調整してくれました。私は叱責を覚悟していたのですが、驚いたことにまったく叱られなかったのです。『解決したぞ』の一言に、背筋がピーンと伸びるような思いになりました。無言のプレッシャーと教訓ですね」

上司は、「仲間を大切にしろ」という言葉もよく使っていた。職場での経験を通して、この言葉には共感していった。ラグビーの精神「One for All, All for One」とも通じるものがあったからだ。「一人はみんなのために、みんなは一人のために」。チームで協力し合うという意味だ。さらに上司は自身の経験を交えて「目先の利益を追い、自分本位に振る舞えばあとあと信頼と利益を失うことになる。一方仲間を大切にすれば仲間が動いてくれ、結局は自分のためにもなる」と説明してくれた。

まさにそのことが実証されたのが、持田が発注ミスをしたものの、後輩や取引先の協力により大きな遅延を出さずに済んだ出来事だろう。また、支店が営業成績を着実に伸ばしているのも、後輩たちが頑張ってくれているからだ。

「一人あたり月に一件の新規開拓を目標にしており、きちんと目標達成できています。エリア内でのシェア率も上がってきている。これも後輩たちのおかげです」

持田は、嬉しそうにこう語る。

持田が今、とくに力を入れているのはその若手の育成だ。

かつて上司が自分にしてくれたように、一人ひとりを信頼するよう心がけている。

「いざ、自分がその立場になると、若手に任せるというのは怖いことなんですね。上司のありがたみを改めて感じるとともに、今度は自分がそうしてあげなければ、と身が引き締まります」

若手に対しては、自分の期待や理想を押しつけることはしない。それぞれ適性も成長スピードも異なる。相手の個性をよく見ておき、適材適所で仕事を采配するようにしている。例えば新規開拓は得意でないが、既存の顧客対応はとてもきめ細かな社員がいる。こうした社員に対しては「新規開拓を」と無理にせっつかず、既存顧客の対応を厚めに配分するなどの工夫をしている。

同期や世間一般の話を聞いても、「若手が言うことを聞いてくれない」「コミュニケーションがとりにくい」などの悩みはよくある。しかし持田の場合はそのような悩みとは無縁だ。仕事を頼めば積極的に引き受けてくれ、飲み会の誘いにも気軽に応じてくれる。

「ラグビーの経験を活かして、チームがモチベーション高く同じ方向を向いていられるように、環境を整えています。そういう仕事は自分に向いているんですね。とても楽しいと感じますし、営業成績として今以上の結果が出るとさらに嬉しいですね」

北関東第一支店に営業は七人おり、平均年齢は二七歳。ベテランが多いこの業界において、若手チームでシェアを伸ばせていることは快挙と言える。若手にとっては大きな励みになるだろう。

学生時代、秩父宮ラグビー場のピッチに立つことはできなかった持田だが、ラグビーで培った経験を活かして、三谷商事という有数の商社のフィールドで、立派にスタンドオフの役割を果たそうとしている。

持田亨平（もちだ・きょうへい）

一九八九年、東京生まれ。明治大学経営学部卒業。二〇一二年入社。

子ども時代はサッカーのゴールキーパー、学生時代はラグビーのスタンドオフなど、スポーツのチームにおいては戦略的なポジションを担当。仕事以外の趣味はキャンプやスノーボード、釣りなどのアウトドア活動を好む。ラグビーは今でも大好きで、顧客とのコミュニケーションも兼ねて市民ラグビーチームにも所属。二〇一九年に日本で開催されたワールドカップにおける対アイルランド戦は、その日に式を挙げたばかりの妻をよそに、夢中でテレビ観戦してしまったという。

「アドバイス、というと偉そうなのですが、皆さんにぜひ伝えたいのが、真剣に、かつ楽しく社会人をやりましょう、ということです。というのも僕自身が、学生時代の部活と同じぐらいの熱量で仕事に取り組んでいるという自負があるからです。仕事も、当然のことながら毎日が真剣勝負。スポーツと同じように、チーム力がものを言います。それぞれの個性を生かして素晴らしいチームを作り、業界内で力を発揮していったら楽しいと思います。三谷商事には、そんなチームを作れる仲間がたくさんいると思いますよ」

ドキュメント仕事人⑩

国内市場で鍛え上げた〝主体的な営業〟を武器に、ヨーロッパへ乗り込む

＝日本紙パルプ商事・猪坂　勇人

◆一枚の注文書の重み

二〇二三年七月、待ちに待った一枚の注文書がドイツから届いた。

日本紙パルプ商事・機能材営業本部の猪坂勇人は、急いでそれをプリントアウトし、部長のところに駆けつけた。

「部長、欧州のM社から注文書が届きました!!」

「そうか、やったな。第一歩は踏み出せたわけだ。これからが正念場だぞ」

「はい！」

今まで数千枚の注文書をこなしてきている。どれも自分とビジネスパートナーの努力の賜物だ。金額の多少は関係ない。その積み重ねで今の自分があると思う。しかし、入社三年目で、初めて注文書をもらった時のことはよく覚えている。当日部長がお祝いと称して居酒屋で祝杯を挙げてくれた。その注文書は、まさに商社パーソンとして猪坂のスタートの証だった。しかし、その日届いた一枚の注文書は、猪坂にとっても部署にとっても、将来を描く重要な意味合いを含んでいた――。

商品は、風力発電設備で用いられる電子部品用の原材料。一〇〇メートル近いタワー最上部のナセル、つまり巨大な羽根＝ブレードの回転軸となる部分に収められた発電機内で使用される電子部品に欠かせない材料だ。

ただし注文書といってもまだ正式に受注したわけでなく、本注文に向けたサンプル評価の段階。というのも海上や海岸など遠隔地で運用される風力発電設備は、メンテナンスにコストがかかる。したがってそこに用いられる電子部品は、メンテナンスフリーで何十年も使える性能を備えていなくてはいけない。そのため猪坂たちの提案する材料は、数か月にわたる試験を受けていた。それがようやく一つの山場を越え、次のステップへ進むサンプルの注文書が届いたわけだ。

決め手となったのは、ほかでもない〝紙〟。電子部品の絶縁体として用いられる素材の一つに紙があるが、高性能を維持するためには、高い耐久性や均一性が求められる。そのため、紙の原料を極めて細かくするなど、国内製紙メーカーの高度な技術が、海外市場で優位に立つ強みになるのだ。

「今回の注文を弾みにして、機能材営業本部が持つ商材のヨーロッパ進出がいっそう勢いづくのは間違いない。いよいよこれからが本番だ」

自分自身の夢にも向けた着実な一歩に、大きな手応えをつかんだ猪坂。そんな彼の脳裏に、一年前の慌ただしい日々の記憶が思い出された――。

◆ミュンヘンでスタートを切った新たなチャレンジ

二〇二二年一一月一五日、ドイツ・ミュンヘン――。その郊外に位置する広大なミュンヘン国際見本市

会場は、いつにない熱気に包まれていた。ヨーロッパ最大規模のエレクトロニクス技術の見本市「エレクトロニカ2022」が、コロナ禍をはさんで四年ぶりに開催されたのだ。二〇〇〇社以上、約七万人の業界人が集まるこの見本市は、自動車産業を中心とした世界の最新テクノロジーが一堂に会する一大イベント。日本からも大手電子部品・電子機器メーカーなど、多数のエレクトロニクスの最先端企業が参加する。

そしてその一角にブースを構えるのが、日本紙パルプ商事。その出展を企画・提案した猪坂は、ブースの前に立って各国のハイテク企業関係者に商材のセールスポイントを流暢に説明していた。

「これがEV（電気自動車）に使用される〝特殊材料〟です。高機能な材料を原料とすることで従来の素材にはない特性を持ち、優れた性能を発揮します。すでに各国で多くの採用実績があるんですよ」

入社一一年目の猪坂は、日本紙パルプ商事の機能材営業本部機能材二部機能材料一課に所属している。同本部はフィルムなどに加え、同社が主力とする紙を使用した最先端の高機能製品のビジネスを展開。「エレクトロニカ2022」でも、エレクトロニクス産業向け機能材や工程部材、梱包材としての紙やプラスチックから化学薬品を展示し、機能性の高い商材をアピールした。

機能材営業本部としてヨーロッパでのコンベンションに出展するのは、これが初めて。だが猪坂は予想を上回る現地の好反応に、力強い手応えを感じていた。計四日間の会期で、実施した商談は約六〇件。日本から乗り込んだ猪坂ともう一人の営業社員、日本紙パルプ商事のドイツ法人スタッフ五名、そして日本から猪坂らに同行した国内仕入先メーカーの技術者たちが、忙しくその応対に走り回った。

猪坂が二日目に接触したのは、かねてからコンタクトを取っていた欧州のエレクトロニクスメーカーM社。機能材営業本部が勝機を狙う高機能・高付加価値部品の売り込み先として、猪坂が有力視していた一社だ。

「早速ですが、御社の電子部品に使用する材料について話をしたい。御社製品の高性能化に寄与できると考えている」

狙いはあたり、M社の購買担当者は導入に前向きな姿勢を見せている。風力発電用に信頼性の高い材料を探しているというワードは予想外だったが、猪坂はここぞとばかり、入社以来培ったビジネスの経験を動員して商談に臨んだ――。

◆利益の重みを自問自答した新入社員時代

「この僅かに見える利益を稼ぐのが、どれだけ大変なことか分かっているんですか！　長年築いた会社の信用を土台に、営業担当が汗を流してようやく利益を手にすることができるんですよ！」

ドイツでの展示会から遡ること一一年前。東京都中央区に位置する日本紙パルプ商事本社の一角で、声が響いた。その前で驚いた表情をしているのが、二〇一一年四月に入社してすぐの猪坂だ。

研修を終えて配属されたばかりの彼は、新入社員教育の一環として営業部の売上を計上する端末の入力を任されていた。作業のかたわら内訳を見ると、それぞれの案件の利益率のなかで、ある案件だけは、見劣っているように見えた。

「さすがにこれは、何かの間違いに違いない」。そう思った猪坂は、つい軽い口調でベテラン社員に確かめてみた。ところがその返礼に、商社パーソンとしての姿勢を強くたしなめられる結果となったわけだ。入社後間もないこの体験は、彼にとってビジネスに対して自問自答する忘れがたいきっかけの一つとなった――。

猪坂は一九八九年、神奈川県逗子生まれ。メーカー勤務の父親は毎月のように出張で海外を飛び回り、猪坂も自ずと幼い頃から海の向こうへ思いを馳せるようになる。立教大学の経済学部で国際経済のゼミを選んだのも、海外への関心からだ。また、大学時代には英ケンブリッジへの短期留学で、英語力を磨く。さらに中南米・東南アジア諸国へのバックパッカー旅行で知見を広げると同時に、失敗を恐れないコミュニケーション力も養った。

就職活動にあたってテーマの一つとしたのも、海外というキーワードだ。当初は広告や金融など幅広い業界を受けていたという猪坂。だが就職活動の過程で自分がやりたいことを改めて見つめ直すにつれ、海外と関わる仕事をしたいという思いがますます高まっていった。

そうして次第に絞り込まれていった業界が、商社とメーカーの二つ。だがメーカーが常に自社の製品を売るのに比べ、商社は顧客のニーズに対してさまざまなビジネスを組み立てて実現することができる。猪坂の目は、自然と商社に絞り込まれていった。

同時に志望先を選ぶ基準としたのが、まず独立系であること。親会社の意向を気にせず動けるほうが、商社パーソンとしての自由度も高いと考えたからだ。そしてもう一つ、業界トップのリーディングカンパニーであること。そのほうが、同じく挑戦の幅が広がるというのがその理由だ。こうした条件から、日本紙パルプ商事が志望先の一つに浮上したのは必然だった。

◆ドメスティックな営業に全力で打ち込む

ＥＳＧ、あるいはＳＤＧｓにも関わるテーマとして、各国の企業や政府機関が取り組む脱プラスチック。その代替素材として脚光を浴びているのが、紙だ。

様々な産業で使われていて、エレクトロニクスなどの最先端産業でも注目されるこの素材を、日本紙パルプ商事は一七八年にわたりビジネスの核としてきた。紙流通業界のリーディングカンパニーとして、国内外の卸売事業だけでなく、古紙の再資源化と古紙を原料とした製紙事業、さらに再生可能エネルギーによる発電など、サステナブル社会の構築に貢献する事業にも早くから注力。近年は事業領域の拡大をいっそう積極的に推進している。

「紙という商材については、あらゆる産業のインフラとして機能していると就活を通じて知りました。出版物からプラスチックの代替品や電子部品まで、いたるところに紙が使われている。それも非常にチャレンジしがいがあると感じましたね」

ＯＢ訪問で出会ったのは、三歳年上の先輩。まだ入社間もない新人であるにもかかわらず、すでに紙の輸出業務で東南アジアを飛び回っている。選考を進んでいった猪坂は、早くもその姿に自分を重ね合わせて将来を思い描いていた――。

こうして日本紙パルプ商事の門をくぐった猪坂が配属されたのは、国内の紙流通を扱う印刷・情報用紙営業本部。つまり日本の顧客に国内製紙メーカーの紙を納めるドメスティックな部門だ。

「必ず海外に行けるとは限らないし、営業担当かどうかさえ入ってみないと分からないよ」

就活の時点で人事担当者からこのように説明されており、決して予想外の配属ではなかった。とはいえあれほど海外の夢に意気込んでいた猪坂だけに、最初は落胆して肩を落としたのも事実だ。

だが商社ビジネスの魅力にもとり憑かれていた彼は、すぐにメンタルを切り替えた。

「まずは与えられた部署、与えられた業務に、全力で取り組むしかない」

猪坂はデリバリー業務、つまり代理店として製紙メーカーから紙を仕入れ、印刷会社や二次卸である「卸商」などのユーザへ届ける業務を託される。猪坂は、商社の営業という新しい世界に勢いよく飛び込んでいった。

◆品質クレームを告げる一本の電話から始まった奮闘

やがて入社四年目を迎え、ようやく営業としてひとり立ちを始めた猪坂。そんな彼の下へ、品質クレームを知らせる電話が入った。電話の主は、猪坂が仕入れた紙を納めている卸商の担当者だ。

「さっき印刷所から連絡があった。エンドユーザの方から、型抜きした製品の角が割れていると苦情があったそうだ。エンドユーザは、これまでそんなことはなかったと話している。とにかく至急会議を開くので、製紙メーカーのAさんと一緒に来てほしい」

この案件はほかでもない、入社すぐの彼にとって洗礼となった「僅かに見える利益」のビジネス。最終製品は、最大手コンテンツ企業がIP（知的財産）ビジネスとして展開している人気キャラクターに関連する製品であり猪坂自身が担当を任されていたのだった。

印刷所はその印刷にあたって、複数の製紙メーカーの紙を使っている。猪坂が納めたのも、そのうちの一つだ。この製品は大きな厚紙に複数枚分を一度に印刷して表面を加工した後、一枚ずつ型抜きすることで製品になる。しかし紙の密度やクッション性が適切でないと、型抜きをする際に角が割れたりヒビが入ったりするなどの不良品が発生しかねない。卸商の担当者によれば、猪坂が納めた紙に限ってその数が許容限度を超えて多いとのことだった。

キャラクターが印刷されるだけに、印刷・加工のクオリティーには通常以上の神経を使わなくてはいけない。しかもコレクターズアイテムという性格上、印刷・加工上のミスは厳禁だ。

こうして卸商、印刷会社、そして猪坂と製紙メーカーの営業担当A氏が集まり、会議が始まる。そこで問題を指摘されたのは、紙の材質。加工の条件によっては密度が不適当であることが、原因に挙げられたのだ。

だが、A氏は首を縦に振らなかった。

「この紙は、もともとこういう性質なんです。大量生産している既存の紙を使っていただいている以上、印刷会社の加工のほうを改善してもらわなくてはいけませんね」

◆名うてのやり手営業パーソンを説得して紙の改良に取り組む

猪坂より八歳ほど年上のA氏は、当時三〇代半ば。勢いのある営業スタイルで製紙業界に名前を轟かせる、やり手の営業パーソンだ。猪坂はそんなA氏と親しくなり、よく一緒に飲みに行く間柄となっていた。結論が出ないまま会議を終えた猪坂は、A氏を説得して紙の材質を改善してもらうことを決意する。

「Aさん、ここで実績を作っておけば次のチャンスになるんですよ。でも今やらないと、ゼロになってしまう。ぜひ一緒にやりましょうよ!」

もともと製紙メーカーは大量に作って納めることを得意とする反面、新しいチャレンジに慎重なこともある。だが猪坂は足繁くA氏のオフィスに通い、新しい紙作りへの協力を懇願した。

カギとなったのは、ロットだ。製紙メーカーにとって、生産規模がマシンの能力に比べて著しく少ない一~二トンといった小さな取引のために材質を改良するのは割に合わないが、一〇トン単位になるとビジネスとして成り立つ。そこで猪坂は印刷会社へ通い、さまざまな条件を提示しながらA氏の会社から一社購買することを持ちかけた。

印刷会社の担当者は難色を示したが、やがて猪坂の根強い説得に打開の糸口を与える。

「分かりました。では本当にいい試作品を作ってくれたら、採用しましょう」

さすがのA氏も猪坂が引き出したこの条件を受け入れ、製紙工場の技術者をともなって協議に参加。工程の試行錯誤を重ねて原料となる紙パルプ繊維の配向性を調整し、試作品の第一号を作り上げる。しかし、材質の向上は評価されたものの、採用は惜しくも見送り。最初にトラブル報告の電話を受けてから、すでに半年が過ぎていた。だが代わりに顧客から新たな改善点が示され、猪坂、A氏、技術者たちは再び改良に取り組んだ。

こうしてまた半年が過ぎた頃、試作品の第二号が完成。型抜き加工に耐える高品質なスペックが確認され、ようやく一年がかりで一社購買の取引がまとまったのだった。

◆「思い入れを持って主体的に働きかけたから周囲を動かせた」

品質クレームに始まったトラブルを収拾しただけでなく、一社購買の取引をまとめて売上を大きく伸ばした猪坂。成約の報告を受けた上司はその日の夜、彼を馴染みの居酒屋に誘った。

「最後まで諦めずに頑張ったな。よくやってくれた」

普段は口数の少ない上司の言葉に、猪坂は商社パーソンとしての確かなステップアップを噛み締めた。またA氏との祝いの酒席で、新しく開発した紙の商品名を考えたのもいい思い出だ。

「入社すぐに〝僅かに見える利益〟の一件があって以来、収益を上げるとはどういうことかよく考えていました。どういう価値、サービスを提供すれば、お客さんにより買っていただけるのか。この案件で、ようやくその答えが見つかった気がしましたね」

現在の猪坂は当時の感慨、そして意気込みをこう語る。

「まず顧客満足度を短期的に上げ、それを土台に中長期的なビジネスを展開していけるのではないか。そう考えていたので、目先の収益を少し上げるというより、どうすれば周りがみんな満足できるかを優先していました。あのままではみんな困ったことになってしまいますから。ですから、自分も自然と思い入れを持って動くことができた。そうやってまず自分自身がやりたいと思って主体的に働きかけたからこそ、周りの人を動かすことができたんだと思います」

入社から三年は、くすぶった思いもしたという猪坂。それはやはり、当時はまだ仕事をやらされていたからだと振り返る。だが四年目からは主体性を持って周囲と一緒に新しい商品、ビジネスを作り上げる喜びを知り、それまで以上に社内で自分ができることを増やそうと奮闘を重ねていった。

「これは何よりも、自分にそうした仕事を任せてくれた上司に感謝ですね」

◆シビアさを極めた〝年間契約案件〟を死守する

一方で同時期に猪坂は、ずば抜けて金額の大きい〝年間契約案件〟のメイン担当にも任じられている。国内最大手企業が作る製品のビジネスだ。

ミッションは、とにかく売上を安定的に死守し続けること。毎年作るものは同じだが、求められる印刷クオリティーのハードルは極めて高い。そのためルーティンワークからはほど遠い緻密な業務が、常に求められる。僅かなミスや品質不良が許されないのはもちろん、年ごとに新たなトラブルや課題が持ち上がってその対応に追われた。

「紙は生き物なんです。湿度などその日ごとの環境条件によっても品質が大きく影響されるので、毎年同じものを作っても結果が微妙に異なる。またそこから、見逃せない品質不良などにつながっていくことも珍しくありません。さらに絶え間なく新たな改善を求められるので、毎年気が抜けないんです。トラブル対応が適切だったかどうか、過去に遡って監査されることさえあるんですよ」

印刷工場があるのは兵庫県。配布直前まで社外秘なので、サンプルを送ってもらうわけにもいかない。定期的に自分の目で品質を確かめに工場へ足を運び、何か起こればその都度すぐ駆けつけた。ようやくその年の印刷が終わって完成すると、今度は反省会議が開かれる。司会役を務めるのは、猪坂だ。会議の空気は重々しく、トラブルがあった年は些細な見解の違いを巡って紛糾することもしばしばだった。

ひたすらシビアで緊張が続く世界。だがこうしたミッションも、猪坂はメイン担当として五年間無事に務めを果たした。

◆猛勉強に打ち込んで英語力を飛躍的に高めた六か月の海外研修

こうして入社から八年間を駆け抜けてきた猪坂。営業として主体的にビジネスをまとめ上げる楽しみを知り、大きな案件を任されるまでに成長したのは、すでに触れた通りだ。だが一方で会社のサポートを受けつつ英語を学び続けるなど、決して海外の夢を忘れたわけではなかった。

その猪坂にようやくチャンスが巡ってきたのが、入社九年目の二〇一九年。かねてから希望していた半年間の海外研修生に、とうとう選ばれたのだ。

後押ししてくれたのは、当時の上司だった。元駐在員として中国にいた彼は、しばしば仕事帰りに猪坂と立ち飲み屋で酒を酌み交わしながら、海外ビジネスの話を聞かせた。

「海外での仕事はそんなに甘いもんじゃないぞ」

当時の日本紙パルプ商事では、海外研修から戻った社員はそれまでと別の部署に配属されるのが通例。つまり猪坂を海外研修へ送り出すということは、気心の知れた有能な部下を手放すことを意味する。だが上司は海外への夢を熱く語る猪坂の希望を汲み、送り出してくれたのだ。

こうして二〇一九年四月、猪坂は初めてアメリカの地を踏む。研修はウィスコンシン州マディソンで四か月、コロラド州デンバーで二か月。計六か月にわたり、朝も夜もハイレベルな英語のトレーニングにみっちりと打ち込んだ。通学したスクールには各国から意識の高い学生が集まり、連日膨大な量の宿題に取り組んでいる。そうしたなかで猪坂はめきめきと実力を上げ、同年一〇月に帰国する頃にはすでに会議での同時通訳までこなす実戦力を身につけていた。

◆ダイナミックな貿易の世界へ飛び込む

「スエズ運河での座礁事故？　まさかうちの船は巻き込まれていないよな。ちょっと調べてみてくれないか」

二〇二一年三月、世界中の耳目を集めたスエズ運河封鎖事故。一年半前に海外研修から帰国した猪坂は、新たな部署で海外ビジネスに日々全力で打ち込んでいた。事故の知らせがあったのは、ちょうどドイツの現地法人を通じてエレクトロニクス産業向け機能材を欧州のとある国へ輸送していた矢先。猪坂が業務スタッフに貨物船の現在位置を確認してもらったところ、まさに座礁で足止めを食らっている最中だった——。

海外研修からの帰国後の仕事として、貿易に関する業務を希望していた猪坂。そんな彼にとって、配属の可能性がある部署は大きく分けて二つだった。紙を日本から輸出する国際事業本部、そして同じく紙をはじめエレクトロニクス産業向け機能材などを輸出する機能材営業本部だ。

国際事業本部が手がける紙は、すでに八年の経験を通じて慣れ親しんだ世界。一方の機能材営業本部は未知の商材を扱うことに加え、社内では勢いがあって売上を伸ばしている部署だという評判があった。

最終的に、猪坂が配属されたのは機能材営業本部。海外ビジネスで全く新しい領域にチャレンジできることを考えれば、馴染みのない商材もむしろ望むところだ。

こうしてちょうど三〇歳で機能材営業本部の一員となった猪坂。それまでのように取引先との商談に駆けずり回りながら、貿易業務にともなう書類仕事にも目を通さなくてはいけない。初めて飛び込む世界は知らないことばかりだが、猪坂の年次で周囲の後輩に頼ることも難しい。何を勉強しなくてはいけないかを整理しながら、綿密なスケジュールを組んで知識の習得に取り組んでいった。

一方で日本紙パルプ商事グループが展開する海外拠点の現地スタッフとは、英語を駆使して毎日のように会議を行う。そんな相手の一人が、展示会で初めて顔合わせしたドイツ人の現地マネージャーB氏。この分野に精通しており、取引先からの信頼も厚いB氏と猪坂が、画面越しに親密な信頼関係を作るのにさほど時間は要しなかった。

そのB氏の力を借りて、スエズ運河座礁事故の対処に奔走した猪坂。B氏は顧客に生産スケジュールの変更ができないか連日交渉してくれ、それでもまだ足りない分は、猪坂が日本から航空便で発送。貨物船が座礁による運河の封鎖からようやく解放されたのは、事故から二週間経ってからのことだ。

「海外への荷物の発送はそれまでも台風に見舞われたことがありましたが、現在の部署はダイナミックな出来事の連続。蕎麦屋の出前かのように今日の今日で発送などの手配もあり、慌ただしいことこの上ありません（笑）。エネルギッシュな毎日を過ごしていますよ」

猪坂は、リスクを楽しんでいるような風さえある。

◆「エレクトロニカ2022」――紙の可能性を世界に伝える

新たな部署で仕事の手応えを感じていた猪坂に、大きな転機が訪れる。

「猪坂さん、コロナ禍で前回はオンラインだったミュンヘンの見本市が、今年オフラインで開催されることになりました。機能材営業本部の商材をヨーロッパ市場へ売り込むいいチャンスだと思います」

二〇二二年一一月一五日から四日間にかけて開かれた「エレクトロニカ2022」。そこへの出展を最初に持ちかけたのは、ドイツ人の現地マネージャーB氏だった。国内はコロナ禍で明るい兆しは見えなかったが、欧米はすでにウィズ・コロナで平常に戻りつつあった。社会・ビジネスが環境保全、脱炭素に大きく舵を切っているヨーロッパならば、自分が扱っている機能材はもっと認められるはずだ。この展示会はその大きなステップになる。そう確信した猪坂は、出展を一気に企画し、メーカーと社内を説得し、ゴーサインを獲得することができた。しかし準備期間は約三か月。猪坂は持ち前の機動力を発揮してその先頭に立った。現地法人ともコミュニケーションを図りながら、機能材営業本部が主力とするさまざまな最先端商材の出展を具体化させていった。

万全ではないかもしれないが、やるべきことはやった、そんな思いでブースの前に立った猪坂。四日間の会期を終えた後、いつもは厳格なB氏がそんな彼の努力をねぎらってくれた。

「エレクトロニカ2022への出展は成功でしたね。本当によかった。こちらも忙しくなるでしょう」

猪坂の部門全体で風力発電用の電子部品に使われる材料を含む多数の有望な商談がこの展示会で実を結び、評価テストなどが進められている。商材の多くは電子部品の内部で使われる材料で、国内メーカーの高い技術力が支える高機能製品が決め手となっている。

◆環境ビジネスを視野に世界へ羽ばたいていく〝紙〟の可能性

もちろん収穫はそれだけではない。

「会社が目指している環境配慮型の提案でも、予想外の手応えが得られました。プリンテッドエレクトロニクスという、導電性のインクで紙に電子回路を印刷する技術があります。従来はプラスチックが用いられる電子回路基材を紙で代替することで、脱プラスチックに大きく貢献できるんですよ。プリンテッドエレクトロニクスには紙の平滑性、つまり平らで滑らかなことが求められるのですが、日本の製紙メーカーの技術が大きな強みとなる。日本の高度な技術を世界市場に売り込むビジネスは非常に面白く、やりがいを感じますね」

また定性的な成果も大きかった。各国から集まったエレクトロニクスメーカーとの面談を通じて、座っているだけでは得られない業界のトレンドを実感できたことだ。「電子部品の小型化や高信頼性に寄与する高品質材料の需要が高い」など多くは日本でも予想できていたことだが、ナマの情報を通じてその答え合わせができたことが猪坂たちのビジネスに明確な方向性を示してくれた。

国内製紙メーカーなどサプライヤーとの関係強化も、「エレクトロニカ2022」の大きな収穫の一つだ。「欧州市場なら日本紙パルプ商事に任せておくと安心だ」という信頼感が高まり、猪坂たちを信頼して任せてくれることが多くなった。

こうした実りを踏まえて、猪坂は次回の「エレクトロニカ2024」も視野に入れた次の展開に突き進

んでいる。狙っているのは、ＥＶ用の特殊機能材料だ。

「電子部品はすでにある程度成熟した市場であり、今回扱っているようなハイエンド製品の取扱量を増やすのが我々の目標。それに対してＥＶ用の材料は、我々が組んでいるサプライヤーもまだ欧州市場に入り込む余地が多く残されています。しかも電子部品以上に、巨大な需要が見込まれている。印刷用紙だけではない、そうした高機能な電子部品やＥＶの分野でも、紙という素材が持つ可能性が世界に向けて大きく広がっているんです」

現在はこうした展望を、具体的なビジネスとして完成させるミッションに取り組む日々だ。また、海外駐在も視野に入れながら現地企業と密にコミュニケーションを重ねており、そのチャレンジはいっそう大きなスケールで加速し続けている。

猪坂勇人（いさか・はやと）
一九八九年、神奈川県生まれ。立教大学経済学部卒業。二〇一一年入社。
「自分自身の現状を考えてみると、就職活動の時に思い描いていた通りの仕事に打ち込むことができていると思います。海外との仕事ができていることもそうですし、新たな分野開拓も重ねながら、高品質でニッチな商材を求める顧客へ提案するビジネスにも携わっている。またサステナビリティという大きな流れにも、関わることができている。何よりもいまこうした仕事に取り組めているということが、自分にとって大きなモチベーションになっていますね」
「学生さんには、あまり深く考えすぎずに興味のあることをとことん追求してほしい。私は学生時代に予備校の講師のアルバイトをしていたのですが、自分自身の可能性に気づいていない生徒をたくさん見てきました。どんなことが自分の将来に役立つのか、自分自身ではなかなか気づけないんです。役に立たないと思っていたことが、実は自分を助ける大きな力になってくれることもある。そこであれこれ思い悩むより、いまはとにかく何かに打ち込むという体験が、いずれ生きてくるのではないか。私はそんな風に思います」

ドキュメント仕事人⑪

高い吸収力と謙虚な学びの姿勢、柔軟な人間力でIT業界をけん引する

＝ダイワボウ情報システム・岩崎 俊祐

ある晴れた日曜日、岩崎俊祐は大阪市内の野球グラウンドで白球を追っていた。今日はR社野球部の助っ人参戦を頼まれていたからだ。学生時代から野球やサッカーなどスポーツ漬けだった経験が今、ビジネスに大いに役立っている。

「岩崎さん！　今日はありがとう！　おかげで試合にも勝てたよ」

「とんでもない。社内ではなかなかお話できるタイミングがなくて、今日呼んでもらえて嬉しかったですよ」

「実は私も相談したい案件があったんだ。この後、時間があれば食事でもしながらどうですか？」

「ぜひ！」

打ち上げでのR社の輪の中、ビールをおいしそうに飲みながら社員と談笑する岩崎の姿があった。

事務機器の大手メーカーであるR社は、岩崎の所属する西日本営業本部　関西営業部　関西第一支店にとって最大のパートナーである。R社を中心としたパートナーを担当するRチームでは、支店の約四〇％、年間五〇億円近い売り上げを目指している。岩崎は二年前からRチームのリーダーを務め、一件当たり数千万円から数億円規模のビジネスを動かす毎日だ。

「R社の担当者は私の担当範囲だけでも一五〇人近くいて、案件を提案する前に顔を覚えてもらい関係構

築するだけでも大変です。担当になったばかりの頃は週に三日はR社に朝から出社し、私自身を知ってもらうために時間を費やしました。しかし、先方も業務中でなかなか挨拶もままならない場合があります。そんなときに役立ったのがスポーツです。R社は野球チームを持っており、私も小中高と野球を続けてきたため、腕には自信があります。スポーツの話をきっかけにして関係をつくり、休日の試合に助っ人参加することで社内ではできないコミュニケーションが図れ、関係構築にもつながっているんです」

現在担当するのは大企業への社内用ネットワークやPC、官公庁へのPC納入案件が多く、常に数字のプレッシャーと戦いながら過ごしている。しかし、規模感やスピード感共に桁違いである関西圏の中心都市・大阪でのビジネスは、常に未知の感動と充実感に溢れており、それがたまらなく楽しいと岩崎は言う。

趣味のスポーツもビジネスに生かし、人脈作りとビジネスの発掘に余念がない彼だが、最初からこれほどエネルギッシュだったわけではなかった。多くのビジネスパートナーに磨かれ、鍛えられ、ときには支店を巻き込むほどの大きな失敗を重ねながら、築き上げられてきた姿なのだ。

◆ITに対する情報の仕入れ方やアンテナの張り方を学ばせてくれた先輩

「この案件、最初から先輩がやった方が無駄がないんじゃないですか?」

入社二年目の岩崎は、教育係だったA先輩に憮然としながらこう言ってのけた。

入社してすぐ関西営業部の神戸支店に配属された岩崎は、一年目から何件ものパートナー企業を任されていた。従業員数は一〇名程度の規模も多かったが、数字が積みあがることに大きなやりがいを感じていた。

驚いたのは、与信をかけるため決算報告書を提出してもらったときのこと。自分が今進めている案件が通らなければパートナー社のその年の利益がゼロに近く、企業として致命傷を負うという状況が多々あることが分かったのだ。パートナー企業の命運、ひいては従業員の家族の将来まで左右しかねないのが自分の携わっているビジネスなのだと、その責任の重さをヒシヒシと感じる毎日だったと振り返る。

「ダイワボウ情報システム（DIS）という全国規模の大企業にいたのでは気づけなかったことがたくさんありました。また、小規模のパートナー企業の場合、社長や専務という立場の方々と直接ビジネスを作っていく機会がほとんどで、当時の自分の父親、あるいは祖父という年齢のベテランビジネスパーソンと接することができるのは、貴重な学びの機会でもありました。経営者、あるいは幹部たちの考えや気持ちを直接知ることができたからです」

自身の役割の重さを知った岩崎は、必死に提案書を練った。コンペではメーカー各社の製品や特長を見極め、パートナー企業の入札を成功させるべく、勝つための提案書を作成した。しかし、その提案書を直属のA先輩にチェックしてもらうと、ものの五分で訂正されることが何度もあった。それは、例えばPCのUSBポートを二個にするのか、三個に設定するのかというわずかな違いだったが、それこそが選ばれる提案書の鍵であった。岩崎は、自分が費やした時間が無駄に思えて、先輩が最初から提案書を作成し、その内容を岩崎に説明してくれれば、もっと効率よく案件が獲得できるのではと、率直に思いを伝えたのだ。

「今思い出すと恥ずかしいのですが、当時は心からそう思っていました。先輩は自分がやれば早いことを、なぜわざわざ時間をかけさせて私にやらせるのか、分からなかったんです。しかし、私の意見に対し先輩は、『気持ちは分かるけれど、もっと成長するために経験して欲しいんだ』と言うだけでした。納得いかないまま、提案書を練る日々が続きましたが、あの頃の経験は決して無駄ではなかったと分かります」

猛スピードで進化するIT機器の情報の仕入れ方、アンテナの張り方は、自分で経験を積まなければ身に付かない。岩崎の意見に耳を傾けつつ、根気よく経験を積ませてくれたA先輩には感謝してもしきれない。

パートナー企業の状況を見極め、それぞれの立場に寄り添い、最適な提案を追求する姿勢が磨かれ始めた岩崎。そんな彼をパートナー企業も頼りにするようになり、相談件数も増えていった。例えば、文具や日用品を扱うM社にはIT取り引きはなく、DISとの売り上げもごく小規模なものだった。一方でM社には、新規でITを取り扱いたいという思いはあったものの、ITの専門商社に対して何を相談すればよいかも分からない状態だった。

そんなM社の担当が岩崎だった。当時常に心がけていたことは、「パートナーに寄り添い、同じ目線で考える」ということ。パートナー自身が具現化しきれない潜在するニーズ引き出し、共にビジネスを作り上げていくことを大切にしていたのだ。

「私自身のIT知識がまだ未熟だったということもありますが、ITを主業としていないパートナーに対し、同じ目線で不安要素を明確にし、共に学びながら作り上げていくことが当時の私にできるビジネスの進め方でした。背伸びをすることなく、効率ばかり求めず、できることを誠心誠意やるという姿勢を貫くことで、私を頼りにしてくれるパートナーも増え、商社パーソンとしての醍醐味をようやく実感できるようになりました」

M社の案件はどうなったのか。何と岩崎は、M社と役所とのIT機器の新規取り引きをまとめることに成功した。もともとM社が役所のノベルティに関わっていたというつながりがあったものの、ITが主業ではない企業との機器の取り引きは稀なケースだった。痒いところに手が届く最適な提案により実現したビジネスは、M社の年商を前年比二倍に押し上げ、またDISにも大きな利益をもたらした。何しろ、IT機器の取り引き額がゼロの状態から、利益を生み出したのだから。

社内でも評価され、岩崎の商社パーソン人生は軌道に乗ったかに見えた。しかし、わずかな気の緩みが大きな失敗につながる。そんなビジネスの本当の恐ろしさを、岩崎は間もなく経験することになる。

◆「上司を連れて謝罪に来い！」

順調に成長し、コンペでの案件も獲得できることが増えていった三年目。ミスを犯しやすいのは仕事が慣れてきた頃と言われるが、岩崎も例に漏れず、支店を巻き込む大変なミスを犯してしまう。

パートナー企業のひとつに、医療機器の卸売りを主業とするK社があった。しかし当時、DISとはIT機器の取り引きがほとんどなく、岩崎自身も注力し切れていない状況だった。ある日、K社担当のH氏から電話が入る。それは、サーバーラックに用いる棚板の問い合わせだった。

「とある病院向けでラックの棚板のご注文でした。棚板は一枚数千円という小規模なビジネスだったために気が緩み、日々の業務に追われて取るべき確認を怠り、棚板の納期を遅延させてしまったのです」

経緯はこうだ。H氏からの電話があったのは問題が起きる一か月ほど前のこと。岩崎は〝○○という品番の棚板を△月×日に欲しいのだが、注文することは可能か〟という問い合わせを受ける。その時点で確認したところ、メーカーで在庫を確認できた。岩崎は可能であると答えた。しかし、問題はここからだった。見積もりと発注、そして納品のフェーズがずれることは多々あることで、それが二、三日の場合もあれば、一か月空く場合もある。そのため、発注後に納期を確認することは基本中の基本だ。しかし、岩崎をこのことを失念してしまっていた。

棚板の注文を受け付け、やってきた△月×日の前日、再びH氏から電話が入る。

「品番○○の棚板、明日の納品で大丈夫だよね？」

岩崎はドキリとした。そういえば、棚板の注文を受けてメーカーに発注していた。一か月前の問い合わせ時に在庫を確認したきりで、発注した後の納期確認をしていなかったのだ。

「冷や汗をかきながら、急いでメーカーに納期確認をしました。しかし、待っていたのは最悪の事態で、一か月前にあった在庫はすべてなくなり、納品は一か月先と言われてしまったのです」

顔面蒼白になった岩崎。何とか伝手を辿って棚板を探すも、どこも品切れ状態だった。覚悟を決めてH氏に電話をかけたが、事の重大さ改めて思い知らされる。棚板が届かなければ、サーバーを設置することができず納品業者に迷惑が掛かり、またサーバーを設定するために来る業者も無駄足を踏むことになることを初めて知った。〝たかが〟と思っていたわけではないが、棚板一枚の納期を守れないことが、どれだけ多くの関係者に迷惑をかけるのか、岩崎はようやく理解するに至ったのだ。H氏は激怒し、DISに対するK社からの大きなクレームとなった。

「君の会社の責任だろう。上司を連れて謝罪に来い！」

電話越しにそう叱責された岩崎は、ここでようやく上司に報告することとなる。すでに夕方も遅い時間となっていた。

「すべてが悪手でした。もう一九時を過ぎており、私の直属の上司は別の取り引き先に向かって直帰の状態で連絡がつきませんでした。困り果てて別のチームの上司であるTさんに相談し、謝罪に向かいました。

車で二〇分ほどの距離でしたが、その間の記憶はほとんどありません。茫然自失になっていました」

Ｋ社に到着したころには日が暮れていた。待ちかまえていたＨ氏からは、一日だけ納期を伸ばせたので必ず納品して欲しいと強く指示された。とはいえ、メーカーも販売店も、すでに岩崎が探し尽くしていたないものをどうやって納品したらよいのか、途方に暮れた。

しかし、結果を先に述べると翌日の納品は実現することになる。いったいどんな方法を使ったのか。

謝罪から帰社した上司のＴさんの行動は素早かった。支店内に一斉メールを送信。明日までに確保しなければならない棚板があるため、何とか手を尽くして欲しいと全社員に呼びかけたのだ。翌日の朝礼でも岩崎が状況を説明し、力を貸して欲しいと同僚たちに頭を下げた。そして、ついに棚板を確保することができた。何と、別のチームの営業マンがパートナー企業に納品し、まだ使用していなかった棚板を頼み込んで引き上げてくれたのだ。

前日の夜は一睡もできず棚板を探し続けていた岩崎。商品確保の報せを聞いて、思わず涙がこぼれそうになった。支店中の同僚が、自分の仕事を抱えながら岩崎のために奔走してくれた。〝たかが棚板一枚、されど棚板一枚〟。感謝してもし切れない思いでいっぱいだった。

「誰も私を責めることなく、〝見つかったのは奇跡だぞ〟と冗談交じりに言いながら励ましてくれる姿に、自分は素晴らしいチームで仕事をしているのだと改めて実感させられました」

◆少額でも疎かにしていいビジネスはひとつもない

支店を巻き込んだ大きな失敗を犯してしまった岩崎だが、会社を辞めようという気持ちにはならなかった。失敗したまま辞めることが一番の迷惑だと考え、同僚たちの恩に報いるためには結果を作らなければと強く心に決めていたのだ。その思いはすぐに行動に現れた。岩崎は棚板の納品完了から日を置かずにK社を訪ね、H氏との面会に漕ぎつけた。勇気がいることだったが、謝罪をした日の帰り道、上司のTさんからかけられた言葉が背中を押していた。

「IT機器の取り引きもなく、少額な棚板の納入でも、先方のニーズ以上の結果につなげることができれば、新たなサーバーのビジネスにつなげることも可能だったかもしれない。疎かにしていい取り引きはひとつもないんだよ」

岩崎は、雷に打たれたような衝撃を受けた。それまで、パートナー企業には目を向けていても、エンドユーザーが商品を使うシーンまでイメージできていなかったことに気づかされたからだ。そして、納期トラブルは起こり得ることであり、それを次につなげることができるか否かは、その後の対応次第であることに思い至った。

「その後K社には何度も足を運び、DISとしてはサーバー面でどんな提案ができるのかを、諦めずに伝え続けました。Hさんも、あの時は設置業者など関係各社に迷惑をかけたくない一心だったと話してくださり、改めて関係を構築することができました。結果として、K社とはサーバーのお取り引きも開始させていただけるようになり、少しでも迷惑をかけた皆さんに恩返しができたかと思っています」

◆なりたい未来像が社内にある幸せ

密度の濃い六年を神戸で過ごした岩崎は、現在事務機器の大手メーカーR社担当のチームリーダーとし

て、自部署の売り上げのみならず他部署の売り上げ拡大も視野に入れながら社内ＳＥとも連携した高度な提案に着手している。大手メーカーとの取り引きには様々な知識が不可欠であり、上下の関係なく後輩社員の意見をも聞き、それを参考にすることもある。

「これまで、Ｒ社とは接点を作れずに取り切れなかったビジネスもあるようです。私もまだまだＩＴの知識が十分というわけではないため、特定ビジネスに特化した経験を持っているなら後輩にも積極的に教えを乞うています。人と人とのコミュニケーションを大切にするのはもちろん、ハイレベルなＩＴの知識もプラスして新たなビジネスの開拓に挑戦しているところです」

岩崎の直近の目標はＲ社との取り引き額を伸ばすことだが、五年後、一〇年後の目標を尋ねると「社内の〝なりたい先輩や上司〟に追いつくこと」と話してくれた。例えば、入社当時からフォローしてくれた教育係のＡ先輩。現在は大阪におけるＣｌｏｕｄ系ビジネスの総指揮を取っており、その知識力は突出しているという。高いＩＴリテラシーで過去の営業マンが踏み込めなかった領域をどんどん開拓している姿は、岩崎が五年後に目指す姿だという。

また、四十代で部長に昇格したＳ氏も目標とする人物だという。とはいえ、目指したいのは出世のスピードではなく、上に行くほど目線が低くなるその姿勢だ。部長にもなると部下は一〇〇人以上を数えるが、一人ひとりをしっかりと見ており、誰の話にも真摯に耳を傾ける。その成果なのか、顧客のニーズを汲み取る分析力もずば抜けていると岩崎は感じている。

「なりたい将来像が社内にあることは幸せなことです。最年少部長を目指しつつ、なりたい先輩や上司の素晴らしい点を吸収し、ひいては自分が目標とされる上司になることができれば嬉しいですね」

売上一兆円が見えてきたＤＩＳは、こんな社員たちによって牽引されている。

岩崎俊祐（いわさき・しゅんすけ）
一九九二年福岡県福岡市出身。西南学院大学商学部卒。二〇一四年入社。
学生時代はスポーツ漬けの生活で、小中高は野球、大学ではサッカーに熱中した。現在も社内外のメンバーと草野球やゴルフ、フットサルなどを行い、スポーツを通したコミュニケーションを楽しんでいる。就職活動では、人間を武器として勝負できる商社ビジネスに魅力を感じたこと、その中でＤＩＳは採用担当者や社内報の雰囲気で働きやすそうな会社であると感じたことが選択の決め手となったという。

「ＤＩＳを選んでくれた方と共に働いていきたいので本当のことだけを言いますが、ますます市場が拡大し続けるＩＴを取り扱う当社の社員は皆非常に多忙です。そして、やればやるほど求められる結果も大きくなります。そのため、携わるビジネスのフィールドが拡大することを楽しめる方が当社に向いています。そして、結果を出すほど自分で仕事を生み出すという力も必要とされますが、これも楽しみながらチャレンジできる人ほど活躍できる会社だと思います。ＩＴ専門商社だからといって、入社前からＩＴの高い知識を持っている必要はありません。もちろん、持っていても困らないものですが、私自身もそうですし、今活躍している先輩や上司も、学生時代はＩＴの知識はほとんどなかったという人がほとんどです。それよりも、やるべきことに対するモチベーションを維持できることや、新しい挑戦を楽しめる力の方が、ずっと大切です。まだまだ伸びる業界、その業界をけん引する当社で、共に仕事を楽しみましょう」

ドキュメント仕事人⑫

EVに必須の部材、電磁鋼板の海外サプライチェーンを築く
＝日鉄物産・長谷川　隆哉

◆一〇〇億円の大型投資

日鉄物産は二〇二三年三月、メキシコでの子会社設立を発表した。目的は電磁鋼板用コイルセンターの開設というビッグプロジェクトだ。新会社の資本金は六六〇〇万ドル、円に換算すると約一〇〇億円になる。日鉄物産の鉄鋼事業本部としては過去最大規模の投資額で、日鉄物産本体の資本金の約一六四億円と較べてもいかに大型の案件であるかが分かる。

電磁鋼板は鉄鋼の中でも高品質な部材で、モーター用の無方向性電磁鋼板と、変圧器用の方向性電磁鋼板に大別される。これから需要が飛躍的に伸びると予想されているのが、ハイブリッドカーやEV（電気自動車）のモーターに使用されるハイグレード電磁鋼板だ。日本のほかに中国、韓国、台湾でも生産されているが、自動車向けに品質を満たすことができるメーカーは限られている。日本製鉄はその最有力企業だ。

鉄鋼事業本部の電磁鋼板営業部（当時、薄板・電磁鋼板営業部）で二〇二二年四月から電磁鋼板の事業投資に携わっている長谷川隆哉は、ある日上司である薄板・電磁鋼板営業部の部長に呼ばれ、二人で会議室に入った。

「長谷川君、ほかでもないが、電磁鋼板のメキシコのプロジェクトのことだ」

「北米市場向けのコイルセンターですね」

「それがいよいよ本格稼働することになった。このプロジェクト、やってくれるね」

長谷川は中国でコイルセンターの営業責任者として駐在した経験がある。そのこともあって、想定していなかった話ではない。しかし、この案件は会社の将来をも左右しかねない。重責を感じる。上司はさらに続けた。

「電磁鋼板市場で優位に立つには今が重要なタイミングだから、この案件は日本製鉄も重視している。うちとしても、海外は中国やアセアン地域では強いが、市場規模が大きい北米で電磁鋼板の加工拠点がまだない」

長谷川はうなずいた。

「EV需要の飛躍的な伸びに対応できるように、ハイグレード電磁鋼板のグローバルな供給体制がないといけませんね。北米のコイルセンターは、そのサプライチェーン構築のカギになります」

「そうだ。電磁鋼板のマザーコイルを日本から送り込んで現地で加工して、北米のスタンパーやモーターメーカーに供給する。ターゲットになるのは日系自動車メーカーのクルマだけでなく、現地の自動車メーカーやEVメーカーも含めたすべてだ」

自然と二人の話は熱を帯びてきた。今こうして話をしているのは、長谷川への内示だけでなく、二人は頭の中にすでに入っていることを確認するためでもあった。

日本製鉄は高品質の電磁鋼板を安定して製造供給できる。部材としての競争力はあり、グローバル市場での信頼感も高い。だが市場にスムーズに供給できる体制を構築しないとシェアの確保は難しい。

「今回の投資では、サプライチェーンの穴を埋める会社を一から作ることになる。君の中国での経験を存分に生かしてほしい。事業投資の判断から現地での建設、監督、運営も含めていろいろとやってもらうことになるが、頼んだよ」

メキシコに子会社を設立すると対外発表してから日を置かずに、日鉄物産の社内に電磁鋼板メキシコプロジェクト推進室が設置された。電磁鋼板営業部長が室長となり、企画課長と長谷川のほかに法務部、経営企画、財務のメンバーを入れて日本側から一〇名、アメリカ・メキシコの現地から八名、合わせて一八名になる国内外の横断組織である。全員が本業との兼業で、長谷川はこのプロジェクトをメインの業務とすることになった。まさに大海に向けての大いなる船出だ。

◆助けられ、鍛えられる

長谷川は大学時代、東京の三鷹にあるＪＡＸＡ（宇宙航空研究開発機構）調布航空宇宙センター飛行場分室に通い、飛行機の翼の空気抵抗を減らすための研究をしていた。同じ理学部から大学院に進む同級生は少なくない。だが実験室にこもるのが性に合わず、むしろ外に出る営業の仕事に興味があった。二〇〇七年に学部卒で当時の日鐵商事に入社した。同期で理系出身者はほかにいなかった。技術系の話ができることが自分の強みになるかもしれないと思った。

一年目に国内営業を担当する薄板部容器ブリキチームに配属された。指導役は歳の離れたチームリーダーで、営業職は二人だけという小さな部署だ。チームリーダーはほかのチームも兼業していて忙しく、声をかけるタイミングがなかなか見つからない。伝票処理など事務作業の手伝いをしながら仕事の基本を覚えていったが、ほかの同期が先輩から教えてもらっているのを見るとうらやましかった。もう営業同行もしたという話を聞くと焦りを覚えた。

「指導役が社内になかなかいなくて大変だね」

手持ち無沙汰にしていると、ほかの部署の社員が見かねて声をかけてくれた。

「実は、これをやっておいてと言われたんですが、どうするのか分からなくて。勝手にやって間違えてもいけないし……」

「どれどれ、ああ、それはこうするんだ。ほかにも分からないことがあったら聞いていいからね。遠慮するなよ」

そのうちに、助けられてばかりではいけないと気がつき、長谷川は自分から周囲に声をかけ始めた。近くにいるベテランの事務職に、チームリーダーがしている仕事の内容や、これまでどんな指示をしていたかを聞いた。手が空けば、何かすることはありませんかと同じフロアーで聞いて回った。そして頼まれたことをこなしていくと、「これもやっておいて」と任されることが増えていった。

チームリーダーが忙しかったことで、早くから成長できたのかもしれないと長谷川は振り返る。

「自分から動けば手を差し伸べてくれるし、動くと人との繋がりが増えていきます。経験豊富な先輩や専門家が社内にたくさんいるから、頼ってもいいんだと思うようになりました」

半年が過ぎた頃、鋼材価格が高騰していた。後からみれば、リーマンショック前のプチ鉄鋼バブルである。注文に生産が追いつかず、鉄鋼メーカーは大手ユーザーの引き合いですら断っていた。すると買い手側は品薄が続くのではという不安からさらに発注量を増やす。そのため需給ギャップが広がり、価格が高騰するという悪循環が続いた。

長谷川は一人で営業に出ることも多くなっていたが、どの顧客からも、うちに売ってほしいと言われていた。接待の誘いを逆に受けることも度々あった。そんな異例の事態のもとで、一年目の若い社員が業界の経験が長い客先の担当者を相手に「値上げしないと供給できません」「必要な数量だけにしてください」と切り口上で話をする。長谷川は、感覚が麻痺していた。

ある製缶メーカーの購買責任者と、長谷川は懇意にしてもらっていた。父親ほど年齢が離れているが、一緒に食事をしたり、仕事について教えてもらっていた。会社同士の付き合いも長く、大手ユーザーの部類に入る。そんな相手にも、長谷川はこんな台詞をよく口にしていた。

「すみません。この価格でないと今回は売ることができないんです」

それでもこの人は受け止めてくれていると思っていた。販売できる数量が限られている以上、値上げを呑んでもらわないと売ることができない。値上げ交渉が何度かあり、そのたびに相手はしかたがないという顔をしていた。だから反論らしいことを言われたときに、長谷川はむしろ意外に思った。

「いつも強気の価格交渉だね。そこまで言うなら、こちらとしては呑むしかないけれども」

そう長谷川に言いながらも、穏やかな物腰は変わらない。

「でもいい時ばかりではないから、ビジネスは長い目で見ないとね。どんな時も話はていねいにしないとだめだよ」

その言葉に含まれた意味を、このときは分からなかった。でもこの価格でないと売れないんです、という決まり文句を繰り返した。これでも、ほかよりはいい条件を提示しているのにという思いあがりがあった。

それから何か月かした二〇〇八年秋、リーマンショックで鉄鋼の需要は一気に冷え込み、価格は急落した。強気で営業していた長谷川は、今度は販売先に頭を下げて買ってもらう立場になった。もちろんその製缶メーカーのところにも回った。

「これまで、値上げばかりで申し訳ありませんでした」

購買責任者は苦笑した。

「だから言ったでしょう。人生の先輩の言葉は大切にしないとね」

「はい。あのとき、言っていただいてありがとうございます」

自分としては、ずっと変わらずていねいに対応しているつもりだった。だが供給がタイトな状況のなかでも売ってやっているという態度になっていたのだ。もっと厳しいことを言われてもおかしくなかった。温厚な人でよかったと思う。今も思い出すと長谷川は赤面せざるを得ない。それまで「信頼が営業の一丁目一番地」と聞かされてはいたが、この経験を通して初めて腑に落ちた。

◆海外駐在はスターバックスから

長谷川は入社六年目に国内営業から海外営業の部署に異動した。商材はブリキのままで変わらないが、商社に入ったからには海外の仕事がしたいと少し前から考えるようになっていた。だが正直、英語は得意ではなかった。留学の経験もない。海外旅行も大学生のときに友人と東南アジアに行ったことがあるぐらいだ。

海外営業の仕事に就いたのを機に、長谷川は自分なりに英語の勉強を始めた。毎朝出社する前に、職場の建物の一階にあるスターバックスにＴＯＥＩＣの問題集を抱えて入った。海外営業や駐在を担当する社員は、社内基準で七三〇点台以上が求められている。それには遠く及ばないスタートだった。

長谷川のスターバックス通いは休むことなく続いた。ある朝早く、ふと顔を上げて窓の外に目をやると、海外営業部門の役員がこちらを見ていた。目が合ったので会釈をした。

数日後、休憩スペースの自販機の前で、上司から「毎朝、英語、がんばっているらしいな」と話しかけられた。勉強しています、と自分から話したことはない。

「ええ、まあ。でもどうして知っているんです？」

「役員が褒めていたぞ。休まずにずっと続けている、なかなかできることじゃないと」

そんなふうに見られて、うれしくもあった。ＴＯＥＩＣの点数が上がれば海外に駐在できるのではないかと期待した。だがもし気を抜いているところを見られていたら、反対の評価をされてしまうところだった。常に人の目があるものだと考えると怖くもあった。

英語を勉強し始めてから二年後に受けた試験では、点数が飛躍的に上がった。そして海外駐在の内示を受けた。二十九歳のときだ。やった、と思った。だが赴任先は中国。英語圏ではない。それでも帰宅すると、結婚したばかりの妻とともにグーグルマップを見ながらわくわくする思いだった。

二〇一四年五月、長谷川は東莞鐵和金属製品有限公司に赴任した。日鉄物産の子会社のコイルセンターで、中国での重要な拠点の一つである。従業員は一〇〇名で、そのうち日本人は総経理（社長）と工場長、営業部長として来た長谷川の三人だけだ。日本語が話せるスタッフが多いのにはやや拍子抜けした。時々は英語を使う機会もあるが、街に出るとホテル以外はほぼ中国語しか通じない。ニイハオしか言えなかった長谷川は、タクシーでの移動もままならなかった。まずはよく使う言葉や地名、会社や自宅の住所を覚えた。新しく知った単語はノートに書き込み、ページを埋めていった。八か月後に妻が東莞に来るまでこんな一人暮らしが続いた。

東莞市は広東省内にあり、中国の経済発展を牽引する地域の一つである深圳にも近い。広東省は人口約一億二〇〇〇万人と日本と同じぐらいで、東莞市だけでも一〇〇〇万人を超える。最初はその規模の大きさに圧倒された。前任者から引き継いだ業務をこなすだけでも忙しい。ずっと一営業担当だったのが、ここでは上位管理職になる。五十歳を超えるベテランの部下もいる。立場上、営業についての問題は当然として、生産現場以外で発生した困りごとはほぼすべて長谷川のところに持ち込まれた。海外で仕事をしているという高揚感は全くなかった。

販売先は日系企業が多く、複写機やプリンター、テレビやパソコンのモニターのバックパネルに使う鉄板が主な商材だった。赴任した当初は、支払いを先延ばしにするのが当然とする習慣がまだ残っていた。なだめたりすかしたり、ときには法的な手段に出ることをほのめかしながら売掛金を回収する。営業担当者が手に負えなくなると、長谷川が出向いて解決していった。

駐在して早々に、二件の与信不安が立て続けに発生した。一件は日系の取引先で、支払いが滞り始めたと思ったら、事務所がもぬけの殻になっていた。金目のものは何も残っていない。最終的に回収不能となった。もう一件は中国系企業で、繰り返し交渉をしながら支払いの意思があることを文書に残していたので、裁判を起こして本社の法務や審査部門、弁護士と協力して満額を回収できた。営業は売上や利益を上げるのみならず、回収をしてようやく仕事が完結する。この当たり前のことを長谷川は再認識させられた。

「いいこともよくないことも含めて、日本ではとても経験できないようなことの連続で、最初は戸惑いましたが、最終目標を定めてそれに向かっていくという忍耐力は付きました」

笑ってそう語る。しかし、これも大きな流れのほんの入り口に過ぎなかった。

◆中国コイルセンターの吸収合併のドラマ

二〇一二年一〇月に新日本製鉄と住友金属工業が経営統合し、新日鐵住金となった。日本を代表する高炉会社の大型合併は、製造業の大きな転機として受け止められて、鉄鋼業界のみならず広く経済界で話題となった。その一年後には、両社の傘下の商社の日鐵商事と住金物産が日鉄住金物産に統合され、中国でもその事業会社の合併が進むのは自然な成り行きだった。

東莞鐵和金属製品有限公司に東莞住金物産金属制品有限公司を集約する話が進められた。長谷川が中国で携わった中で最も大きな出来事となった。

同じ東莞市にあり、車で一時間もかからない距離にある二社が別々に稼働し続けるメリットはあまりない。加えて中国政府が内需の促進を奨励し、日本からの輸入が中心となる両社は業績が伸び悩んでいた。それぞれの販売先や加工内容、経営状況の詳細を詰めた結果、東莞鐵和に販売窓口と加工拠点を集約して東莞住金を解散し、生産効率を高めるという結論に達した。

とはいえ、もともと違う企業文化を持つ会社の合併は一筋縄ではいかない。組織体制や現地スタッフの処遇など、配慮すべきことはいくつもある。駐在員だけでなく日本の本社間も打ち合わせを重ね、実施スケジュール、情報開示日に行う対外発表の内容を詰めた。統合の話が出てからの約一年間、作業はすべて極秘裏に進められた。

二〇一六年一一月、朝の同時刻に両社で全従業員に対して総経理から統合することが伝えられた。長谷川も営業部員を集めて、統合する側で会社がなくなるわけではないから、これまで通り業務を続けてほしいと話をした。その場ではみな冷静だった。だがいったん家に帰るとさまざまな疑問が湧いてきたのだろう。翌日から長谷川は質問攻めにあった。

「いつから東莞住金の社員が来るのか。自分たちの仕事はなくなるのか、それとも忙しくなるのか」

「給与は今まで通り大丈夫なのか」

「営業部の組織や役職はどうなるのか」

「これからどうなるか取引先から聞かれている。なんと答えればいいのか」

どれももっともな話である。想定問答も考えてあったので、ほとんどの場合は納得してもらった。

やがて元東莞住金のスタッフが入ってくると、なぜあいつより自分の役職が下なのかという不満をぶつけるスタッフが出てきた。中国では、日本以上に面子を保つことを気にかける場合が多い。そんな理由で辞めていくケースもあった。ある取引先からは、東莞住金のあの人との付き合いだから、東莞鐵和からは買わないと断られた。とはいえ主要な取引先はほぼ移管でき、社員は一〇〇名から一三〇名に増えた。

この間、長谷川の中でも心境の変化があった。

「一緒に働くメンバーの人生の決断に関わり、言い方一つで組織にも大きな影響を与えるような局面を何度も経験しました。その時、自分なりにぶれない判断の軸を持たなければと考えるようになりました。何かのヒントになればと、稲盛和夫、松下幸之助といった著名な経営者の本を繰り返し読むようになりました。この二人は中国でも尊敬されていて、今読んでいると言うとよく話が盛り上がります。またこうした経営者や日本の文化に影響を与えた論語を読むきっかけにもなりました。少なくとも中国では、共通の文化を見つけたり、相手の文化・慣習を認めようという姿勢を持たないと信頼はされません」

◆中国からメキシコへ

中国で春節を迎える一月に、長谷川は例年一時帰国していた。ところが二〇二〇年始めにコロナ感染症の流行が始まり、会社から中国に戻るのを見合わせるように指示された。だがテレワークだけでは現地の様子がつかめない。迷った末に、東莞鐵和の社長とも相談して単身で東莞に戻った。

中国に着くと、噂に聞いた都市封鎖は想像した以上の徹底ぶりだった。空港では白い防護服が目立ち、外に出るまでに何度もチェックを受けた。街には人一人歩いていない。それから一年半、日本には帰れなかった。中国を出て日本に戻っても、隔離期間が長くて身動きがとれなくなるからだった。家族と離れて暮らす間、子供の成長をリモート画面で見守った。似たような経験をした海外駐在員は少なくなかっただろう。商社であればなおさらだ。

ようやく帰任が決まった二〇二一年九月、東莞鐵和での最後の食事会で一同から記念のアルバムが贈られた。初めて中国の土を踏んでからすでに七年半が経っていた。

「仕事は厳しいけど、信頼できる」

「もう少し褒めてくれたらいいんだけどね」

一緒に働く営業部のメンバーたちからこんなことをよく言われたのをなつかしく思い出していた。

日本に帰任すると、半年間の国内営業を経て企画課の所属になった。そして今、メキシコ北部グアナファト州の工場団地に、コイルセンターを建設する準備が着々と進んでいる。新会社「NIPPON STEEL TRADING COIL CENTER MEXICO S.A. DE C.V.（日鉄物産コイルセンター

メキシコ）」の登記は予定より早く二〇二三年六月に済ませた。

海外の事業会社を立ち上げるのは、もちろん初めてだ。定款を日本語、英語、スペイン語で作り、コンサルタントとも相談しながら、どのようなステップで先に進むかを検討する。工場建屋の設計、ゼネコンの選定と価格の積算見積もり、必要な設備とその配置、港からの搬送ルート、顧客に届けるための物流の確認などが同時並行で進む。人の雇用も課題になる。初めてのことが目白押しだが、長谷川に気負いはない。中国での経験で、人間力は鍛えられたからだ。

六月には日鉄物産の電磁鋼板のプロジェクトが、経済産業省の「インド太平洋・中南米地域サプライチェーン参画支援事業」に採択された。

「社会的な反響も大きく、責任の重さを感じます。メキシコの現地にも行き、建設予定地の野原を見てきました。ここに、あんな大きな工場が建つのかと興奮しましたね。工場が完成するのは二〇二四年末の予定で、その翌年四月の稼働に向けて、日本と現地が一丸となりグローバルな脱炭素に貢献するプロジェクトの成功をめざしています」

長谷川は中国で事業会社の合併を経験し、今は日鉄物産にとって重要なプロジェクトを担っている。日本の鉄の産業がこれからも世界で存在感を示すことができるのか。メキシコのコイルセンター開設と北米のサプライチェーン構築の成否は、その試金石のひとつとなるはずだ。

長谷川隆哉（はせがわ・たかや）

一九八四年埼玉県生まれ。学習院大学理学部卒。二〇〇七年日鐵商事（現・日鉄物産）入社。薄板部容器ブリキチーム配属から五年間国内営業を経験。二年間の海外営業をはさんで入社八年目に中国の東莞鐵和金属製品有限公司に出向、約七年半営業責任者を務める。二〇二一年日本に帰任し、ブリキ営業部ブリキ課で国内営業。二〇二二年四月薄板・電磁鋼板営業部 薄板・電磁鋼板企画課に移り、二〇二三年四月から電磁鋼板営業部電磁鋼板戦略企画課、電磁鋼板メキシコプロジェクト推進室を兼務する。

「私は素材メーカーとそれに関連する専門商社に就活の対象を絞っていました。素材に関わる仕事は歴史もあり、自分が将来活躍できるフィールドが幅広いと考えたからです。日鐵商事を選んだのは、数量も金額も大きいダイナミックな仕事ができると思ったからです。同期入社の中では、海外や語学の経験値はたぶん一番少なかったと思います。それでも今は海外の案件を担当しています。入社前からこれができないと考える必要はありません。入ったらこれをしたい、こんなふうに成長したいという思いが大事です。日鉄物産は、そんな思いをくみとり、きちんと人を評価してくれる会社です」

第2章

商社の仕事と組織

商社の仕事

この世のすべてが商社のビジネス・フィールド

◆商社ってナンなんだ!?

その昔、洛陽、長安など中国の諸都市と、シリアやローマなど西方の諸地域を結んでいた絹の道・シルクロード。すでに廃墟となり、歴史の記憶としてのみ語り継がれることとなった、この東西物流の大動脈が、今日なお我々の心を強く揺さぶり、夢幻の世界へと誘い、限りない創造力をかき立てるのは、いったいなぜだろうか?

それは、シルクロードが単に商業の道であるばかりか、文化の道でもあったからである。

この道を行き交う物品、そして人々によって、東西別々に発達した文化がぶつかり合い、交わり合う。そのせめぎ合いの中から新しい文化が創造され、素晴らしい文明を生み出してきた。その壮大な営みと偉大な成果に我々は感動するのである。

今日、地球規模でその役割を果たしているのが、「商社」である。世界各地を結び、新たなビジネス、そしてカルチャーを日々、創造しているのだ。

営利企業としての「商社」について考えると、その規模の大小を問わず、経済原則に則った〝モノ〟の〝ディーラー業務〟や〝ブローカー業務〟を行っていると言える。リスクと背中合わせに、常に利潤追求を目指して経済活動を行う企業である。それゆえ、時には、売れるモノなら何でも世界中から買い漁り、それを少しでも高く売ろうと操作することもある。一時期、その一点にのみ焦点を当てた「商社批判」が特にアジアを中心になされたことがあった。だが、それが近視眼的な見方であることは、ほんの少しだけ歴史のスパンを広げてみれば分かる。商社ビジネスの基本は、決して搾取ではなく、互いの将来を見据え、良好な発展を考えたものだということが。

「世界はひとつ」

この表現が今日ほど真実味を持って語られる時代はない。調和の取れた、豊かな生活を求めて、世界中の人々は国境を越えた結びつきを強めている。ボーダーレスの有形・無形の資源を共有する世界となった今、最も必要とされ、大きな可能性を秘めているのが「商社」なのだ。

人の暮らしそのものが文化であり、我々の暮らしはあらゆる〝モノ〟によって支えられている。その〝モノ〟を扱うのが商社である。近年は商品だけでなく、ビジネスモデルそのものも〝モノ〟として捉えている。これらは限りなく多様であり、創造力によって新たに作り出され、グローバルに展開していく。

〝商社〟

それは、ひと言で括ることのできないほど大きなビジネス・フィールドを持った未来企業を指す言葉である。

商社の仕組み

独立カンパニーの集合体とプロフェッショナルの集合体

◆チーム力を発揮する総合商社の社内カンパニー制

かつて総合商社の営業部門は部門独立採算制が一般的だった。だが、間接費や過剰人員の増大が企業活力の低下を招いたため、一九六一年の伊藤忠商事を皮切りに事業本部が独立した企業体の機能を有する「事業本部制」を採用する。

しかし、その後の経済成長の鈍化、バブルの崩壊、世界経済の激変、さらにメーカー内での商社機能の強化を背景に、伝統的な取引仲介に限界を感じ始めた総合商社では、事業投資を軸とするハイリスク・ハイリターン経営へ転換を進め、その結果、「事業本部制」をさらに押し進めた「社内分社化」へと組織改革。これは「繊維カンパニー」「機械カンパニー」など従来の事業本部を連結対象の「会社」と位置づけ、社内資本金制度を取り入れ、人事権や新卒採用、ボーナス査定の権限も付与しようというものである。

このように総合商社は今、小さな総本社の下でのグループ経営を徹底するとともに、採算の合わないカンパニーの完全分社化も行っている。

◆伊藤忠・組織図

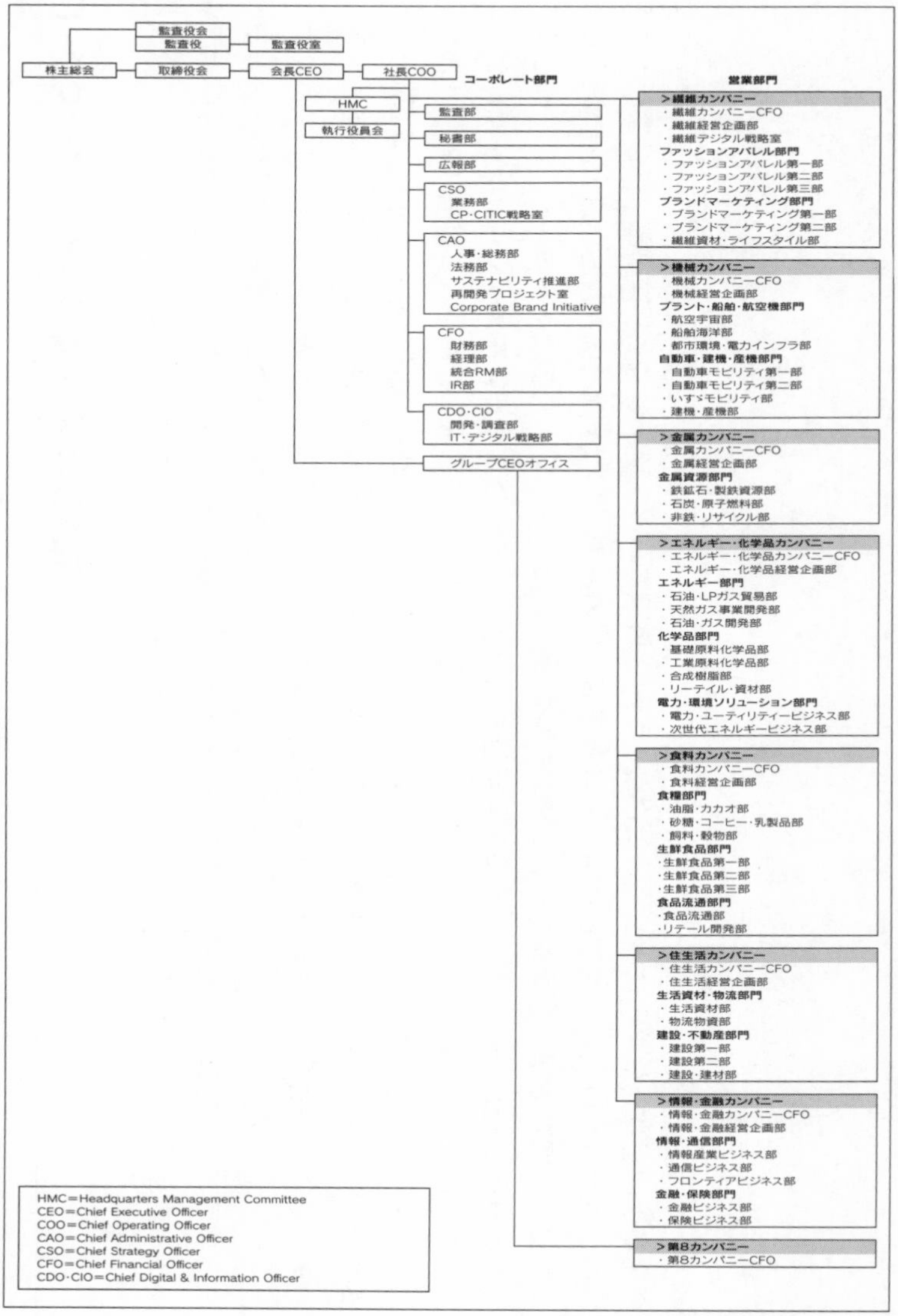
監査役会
監査役
監査役室
株主総会
取締役会
会長CEO
社長COO
コーポレート部門
営業部門
HMC
執行役員会
監査部
秘書部
広報部
CSO
業務部
CP・CITIC戦略室
CAO
人事・総務部
法務部
サステナビリティ推進部
再開発プロジェクト室
Corporate Brand Initiative
CFO
財務部
経理部
統合RM部
IR部
CDO・CIO
開発・調査部
IT・デジタル戦略部
グループCEOオフィス
＞繊維カンパニー
・繊維カンパニーCFO
・繊維経営企画部
・繊維デジタル戦略室
ファッションアパレル部門
・ファッションアパレル第一部
・ファッションアパレル第二部
・ファッションアパレル第三部
ブランドマーケティング部門
・ブランドマーケティング第一部
・ブランドマーケティング第二部
・繊維資材・ライフスタイル部
＞機械カンパニー
・機械カンパニーCFO
・機械経営企画部
プラント・船舶・航空機部門
・航空宇宙部
・船舶海洋部
・都市環境・電力インフラ部
自動車・建機・産機部門
・自動車モビリティ第一部
・自動車モビリティ第二部
・いすゞモビリティ部
・建機・産機部
＞金属カンパニー
・金属カンパニーCFO
・金属経営企画部
金属資源部門
・鉄鉱石・製鉄資源部
・石炭・原子燃料部
・非鉄・リサイクル部
＞エネルギー・化学品カンパニー
・エネルギー・化学品カンパニーCFO
・エネルギー・化学品経営企画部
エネルギー部門
・石油・LPガス貿易部
・天然ガス事業開発部
・石油・ガス開発部
化学品部門
・基礎原料化学品部
・工業原料化学品部
・合成樹脂部
・リーテイル・資材部
電力・環境ソリューション部門
・電力・ユーティリティービジネス部
・次世代エネルギービジネス部
＞食料カンパニー
・食料カンパニーCFO
・食料経営企画部
食糧部門
・油脂・カカオ部
・砂糖・コーヒー・乳製品部
・飼料・穀物部
生鮮食品部門
・生鮮食品第一部
・生鮮食品第二部
・生鮮食品第三部
食品流通部門
・食品流通部
・リテール開発部
＞住生活カンパニー
・住生活カンパニーCFO
・住生活経営企画部
生活資材・物流部門
・生活資材部
・物流物資部
建設・不動産部門
・建設第一部
・建設第二部
・建設・建材部
＞情報・金融カンパニー
・情報・金融カンパニーCFO
・情報・金融経営企画部
情報・通信部門
・情報産業ビジネス部
・通信ビジネス部
・フロンティアビジネス部
金融・保険部門
・金融ビジネス部
・保険ビジネス部
＞第8カンパニー
・第8カンパニーCFO
HMC＝Headquarters Management Committee
CEO＝Chief Executive Officer
COO＝Chief Operating Officer
CAO＝Chief Administrative Officer
CSO＝Chief Strategy Officer
CFO＝Chief Financial Officer
CDO・CIO＝Chief Digital & Information Officer

（出所　伊藤忠商事HP2023年）

◆一人ひとりを活かす専門商社の組織

専門商社というと、総合商社と比較していかにも規模が小さいイメージを持つが、鉄の専門商社である伊藤忠丸紅鉄鋼やメタルワンの売上は二兆円を超える。準大手と称される阪和興業、日鉄物産も同等の規模を誇る。そしてこれに続く商社も少なくない。

そんな準大手、専門商社の組織の特徴は、わかりやすい。商材の機能性によって部署が分かれていることである。例えば〝鉄〟と一言で言っても、自動車で使用する鉄と建設現場で使用する鉄では明らかに質が違う。〝繊維〟でも化学繊維と天然素材では全く別物だ。そして「鉄鋼商社」「繊維専門商社」と言っても、これらを全て網羅しているわけではなく、強みに特化し、さらに新商材開拓に邁進している。総合商社は、あまり小さなビジネスには力を注がない。しかし、専門商社は町の小さな工場とも取引があるし、国内外の名もないメーカーや農場、ベンチャー企業とも付き合いがある。これらの人脈や商脈は、商社パーソン一人ひとりの努力によって築かれることも多い。専門商社での仕事の醍醐味は、こんなところにあるのかもしれない。組織はシンプルだが、そこに所属している商社パーソンそれぞれが、たくさんの糸を操っている。

◆MNインターファッション・組織図

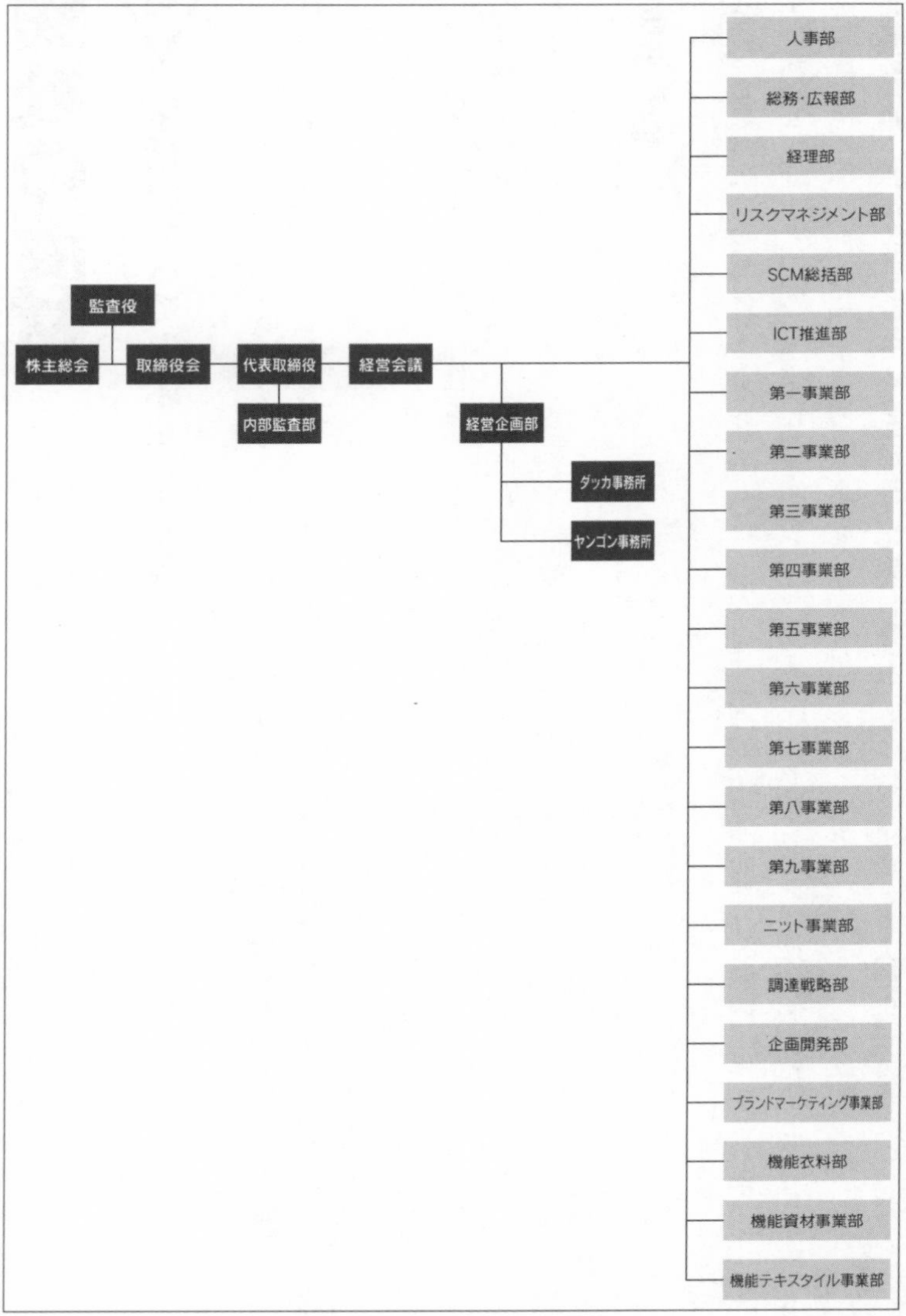

（出所　MNインターファッションHP2023年）

商社の商材

生活のすべてと未来を支える

〝インスタントラーメンからロケットまで〟。かつて商社が扱う商材はこう言われていた。これは商社の商材の広さを表現したものであるが、現在商社が扱う商材は、さらに裾野を広げ、私たちの生活により密接にかかわってきている。例えば、日々お世話になっているコンビニエンスストアの中には、総合商社の経営下にあるものが少なくない。またスマホに使われている半導体も多くは商社から供給されている。社会が細分化すればするほど、商社の商材も無限に増えていくと言える。以下は、代表的な商材だが、その専門商社の名前も列記しておく。どの商社もその商材しか扱っていないということではなく、常に将来の商材を見据えて俯瞰的にビジネスを探求している。総合商社はどの商材も網羅しているのが強みだ。

◆鉄鋼分野

鉄は「産業の米」と呼ばれる主要基礎素材。総合商社及び鉄鋼専門商社は、国内市場では鉄鋼メーカーと主要鉄鋼ユーザーとの間で注文情報を集約して、メーカーが必要とする生産体制が組めるようにするとともに生産品をユーザーに円滑に届けるという重要な役割を担ってきた。

特に近年は、鉄鋼生産システムが生産性向上を目指し、サイズ、重量とも大型化してきたのに対し、ユーザー側では消費の多様化を反映し、小口化、多品種化、納入のジャストインタイム化が進んでおり、商社の役割はより重要となってきている。ただし、激しい国際競争にさらされるなか、〝鉄鋼と商社の蜜月関係〟は終わり、為替手数料の大幅削減、国内取引上の〝口銭〟カットの動きが顕著。大手商社では不採算部門として分社化されているが、逆に独立することによって、三国間貿易を積極的に行ったり、海外に作ったコイルセンターをフル稼動させることで、収益を大幅に上げている企業もある。

▼伊藤忠丸紅鉄鋼、岡谷鋼機、ＪＦＥ商事、住友商事グローバルメタルズ、大同興業、中川特殊鋼、日鉄物産、阪和興業、メタルワン

◆非鉄金属分野

金のネックレスから原子力燃料用のウラン鉱山開発まで、非鉄金属部門の扱い商品は、製品、資源・素材に至るまで多岐にわたっている。非鉄金属の多くは国際相場商品であり、ディーリングやオプションなど取引形態も高度化している。世界の政治経済情勢に敏感に反応する市場であるだけに、商社のグローバルな情報ネットワークが力を発揮している。

▼岡谷鋼機、阪和興業

◆機械・プラント分野

電卓や家庭用品から発電プラントまでの電機機械、鉄鋼製造設備機械などの重機械、石油化学関連プラント、各種産業用機械、船舶及び船舶・海洋関連機械、自動車、各種車両、大型汎用コンピュータからOA機器までの情報電子機械、ヘリコプター・旅客機から宇宙ステーション基地までの宇宙航空機械などが、すべてこの部門の商材である。しかも、業務はそれぞれの機械の単なる供給にとどまらず、企画、開発、販売、メンテナンス業務まで一貫して請け負い、必要に応じて金融の斡旋から技術指導にまで携わる。

日本企業が地球規模での商売をさらに展開していくためには、相手国での国産化率を高める努力や、供給メーカーを世界各地に求めるなど、いっそうの創意と工夫が要求されている。

▼川重商事、第一実業、守谷商会、ユアサ商事

◆繊維分野

伊藤忠商事、丸紅、トーメン（現・豊田通商）、兼松、ニチメン（現・双日）の五社は、かつての関西五綿（伊藤忠、丸紅、東綿、江商、日綿）を母体とする綿糸・綿布・麻布の取引から出発した繊維専門商社であった。綿花・羊毛などの繊維原料を輸入し、生糸・絹織物・綿織物などを輸出するのが戦前の日本の代表的な貿易取引であり、戦後もしばらくはこの繊維貿易を中心に国家再建が図られた。そうした歴史と栄光を持つ繊維部門だが、その後、時代と産業構造の変化の荒波を幾度となく受けてきた。特に一九七三年のオイルショックで繊維業界は一挙に不況に突入し、繊維専門商社や総合商社の繊維部門は厳しい状況におかれたが、アパレル業界が牽引役となり、回復。繊維の商いは原料→織編物→製品へとつながり、流通経路は複雑。また業界の変化も目まぐるしく、毎年二割が新しい商材へ入れ替わっている。この変化に対応するため、商社は量から質へ、川上から川中、さらに川下へと転換を図っている。

▼MNインターファッション、CBC、田村駒、蝶理、帝人フロンティア

◆化学品分野

有機化学、無機化学、精密化学、合成樹脂、肥料などが主な取引品目。なかでも肥料部門は古い歴史を持ち、今日では三国間貿易の一つの柱となっており、ロシアや東欧諸国に肥料プラントを売り、その見返りとしてアンモニアや尿素を引き取って販売する、いわゆる「カウンター・パーチェス（CP）」によるビジネスを積極的に推進し、外貨不足に悩む国々のニーズに応えている。

有機・精密化学分野では、産業用基礎原料とともに、農薬、飼料添加物、酵素、医薬品など、極めて多彩な商材を扱う。昨今は一九七〇年代に登場したファインケミカルの応用範囲が拡大している。また、磁気記録媒体、特殊色素、感光性材料、原子力関連資材、バイオ肥料など新素材・業際商品へも取り組んでいる。

▼稲畑産業、三洋貿易、CBC、蝶理、長瀬産業、明和産業

◆エネルギー分野

ガス、石炭、石油、原子力が主な取扱品となるエネルギー部門。エネルギーは国民生活の基礎資材であり、あらゆる産業の基礎であるため、政府の重要施策の対象となっている。

かつてエネルギーの柱であった石炭は、ごく限られた部門を除いてすべて石油エネルギーに取って代わ

られたが、その石油の代替エネルギーとして、石炭取引経験のある商社機能がまた見直され始めている。

現在、化石燃料の中心である石油エネルギーについては、単に内外の需要家への供給だけでなく、石油会社、石油メジャー、産油国政府、トレーダーなどとの取引関係を持ち、さらに多数の関係会社を擁して、石油田開発から石油精製、輸送、輸入基地運営、サービスステーションでの販売まで、多角的に展開している。

一方、地球環境保全が世界の問題となっているなか、風力や太陽光などクリーンエネルギーが脚光を浴びており、それら環境エネルギービジネスへの取り組みもほとんどすべての商社が積極的に行っている。

▼伊藤忠エネクス、岩谷産業、カメイ

◆食料分野

大きく見れば、一般消費者向け加工食品を扱う食品部門と、穀物、油脂、飼料原料、畜産飼料、糖質発酵物などを扱う食糧部門で成り立っている。

資源小国・日本が飽食の時代、グルメの時代を迎えることができたのは、米・小麦など基本食糧の安定供給が確保されているからである。近年では消費者ニーズの多様化を受け、最新マーケティングによる多彩な食材への取り組みがなされている。

一方、食糧輸入部門で意外と知られていないのが水産物輸入に関する商社の役割の重要性である。日本人の水産物摂取量は世界一である。沿岸漁業の衰退と二〇〇海里問題により、水産物輸入の伸びはめざましく、南太平洋のマグロから、北太平洋のサケ、イクラ、アジア各地からのエビ、アフリカ沿岸・大西洋からのイカやタコなど、様々な冷凍水産物が商社にとっての稼ぎ頭にもなっている。

▼稲畑産業、片岡物産　日鉄物産、日本アクセス、阪和興業、三菱食品

◆物資・物産分野

木材・パルプ、天然・合成ゴム、セメントをはじめとする窯業製品などが主力商材だが、他部門で扱わない有望商材への分野の垣根を越えた横断的な取り組みも一つの柱となっている。

木材をはじめ、紙や製紙原料の輸入はフリーハンドで行えるわけではなく、安定供給源を確保すると同時に、メーカーと手を組んで供給地へ開発投資も行う。ただし、森林資源の枯渇に対する世論の反応は敏感になり、地球環境保護の観点からも、資源管理と安定供給の間に立って、今後ますます慎重な事業展開が求められている。

製品分野では、半導体、コンピュータ、医療機器、工具、スポーツ用品、タバコ、家具皮革、室内装飾品などハイテクから生活消費材まで商材は幅広く、さらに将来性のある新商材などにも分野を越えて取り組む。

▼トラスコ中山、日本紙パルプ商事、三谷商事

◆建設分野

住宅、マンションの建設・分譲について、市場調査、企画立案、用地取得、斡旋、資金協力、設計施工、販売管理まで一貫した業務を行う。また、オフィスビル、工場、物流施設、工業団地、ショッピングセンターについては、前記の業務に加え、テナントの誘致、事業推進協力、運営・経営やその指導まで行う。

このほか、上下水道などの環境衛生、文化・レクリエーション施設、都市再開発、地域開発などの公共事業、海外における港湾、道路、空港、学校、病院の建設からリゾート地の開発まで技術協力を含めた活動を展開している。

◆情報エレクトロニクス分野

商社による民間通信衛星の打ち上げは、商社における情報の意味を変えることになった。情報は商社の命だが、今後は情報そのものとその手段、それにともなう先端情報機器が重要な取扱商品になることを意味しているからである。今後の産業構造の変化を考えれば、この部門の重要性が高まることは必至。すでに、光ファイバー通信、衛星通信、インターネット・ビジネス、コンピュータや集積回路、通信機器など情報電子産業分野、ソフトウェア開発や情報処理サービス、情報提供サービスなど、あらゆる社会生活に関連する分野で事業を展開している。

▼新光商事、西華産業、ダイワボウ情報システム、丸文、RYODEN

◆金融・保険分野

具体的な商材ではないが、金融・保険もビジネスの対象だ。伊藤忠商事は一九九七年四月の「社内カンパニー制」導入を機に、「金融・保険・物流カンパニー」を新設。商社が〝モノ〟の仲介から、事業投資へとシフトし、金融自由化の流れの中で、金融ビジネスにも進出している。なかでも保険事業は海外で損害保険のブローカー業務を手がけていたこともあり、「規制緩和」を受け、国内保険市場に逆上陸しつつある。

▼NX商事

◆グループ型商社

メーカーや親会社が、自らのビジネスを大きく展開するためあるいは効率的にビジネスを進めるために、ある部門を分社化、商社として存在する企業もある。商材の縛りはあるが、供給は安定している。一方そういう縛りを受けずに自由に商材のマッチングでビジネスを展開する商社を〝独立系商社〟という。

▼NX商事（旧日本通運、現NXグループ）、川重商事（川崎重工）、キヤノンマーケティングジャパン（キヤノン）、JALUX（日本航空）、JFE商事（JFEスチール）、大同興業（大同特殊鋼）、帝人フロンティア（帝人）、日鉄物産（日本製鉄）

商社の種類

「総合商社」と「専門商社」の境界線

◆「五大商社」と「七大商社」

商社志望の学生の多くが、「五大商社」と呼ばれる財閥系三社（三菱商事、三井物産、住友商事）と独立系二社（伊藤忠商事、丸紅）、あるいはそれに双日と豊田通商を加えた「七大商社」を目指して就職活動を行う。確かにこれらの商社には複数の事業本部があり、「総合商社」という仕分けに相応しいのだが、それらの商社に出自を持つ鉄鋼専門商社三社（メタルワン、住友商事グローバルメタルズ、伊藤忠丸紅鉄鋼）はどうかと言えば、母体だった総合商社と連携を取り、そのアセットを利用することで総合商社の事業本部と同じビジネスを展開している。また、同じ鉄鋼専門商社に分類される阪和興業には食品や木材等、日鉄物産には繊維（二〇二二年分社）や食料等の事業部門があり、必ずしも鉄鋼だけの「専門」というわけではない。「機械」「化学」「繊維」など一つの商材に絞った専門商社もあるが、その専門商材もまた、サプライチェーンの川上となる原材料から川下となるリテール商品まで、複雑多岐なジャンルに分かれており、「専門＝単純」というようなビジネスではないのである。

◆「働き方」にこそ違いあり

実は、総合商社の働き方は〝専門的〟な場合が多い。大規模な事業投資を中心に行っている総合商社では、多くの人員、部署、時には関係企業も巻き込んで一つのプロジェクトを進めていく。しかし、その中における個々の役割を見てみると、何か一つの役割に徹していることが多い。

一方、専門商社での働き方は、実に〝総合的〟である。総合商社がチームで動くのに対して、専門商社は個人で動くことが多い。例えば新規の商材を扱う場合には、市場調査から仕入れ先・売り先の選定、品質・規格・価格の設定だけでなく、効率的な物流スキームの構築、パートナー企業への投融資など、包括的な商売の仕組み作りや詳細な業務を、基本的には個人で考え、個人でマネジメントしながら進めることになる。つまり自分の責任において決定できる事柄が多いのが専門商社の働き方の大きな特徴である。言わば、社員一人ひとりがまるで個人商店の経営者のようなイメージである。

取り扱う商材は「大きく総合的」だが、働き方は「専門的」というのが総合商社、逆に商材は「専門的」だが、働き方は「総合的」というのが専門商社になる。

商社の職種

職掌別採用が基本だが、各社各様の人事制度あり

◆一般職掌と事務職掌

商社の職種は、基本的には一般職掌（総合職）と事務職掌（一般職）の二つに分けられる。

かつての一般職掌（総合職）は、男子学生を中心とするキャリア組であり、事務職掌（一般職）は女子学生を対象としたものであった。ただし、最近ではそのガラスの天井は崩れ、劣化した男子学生よりも優れた女子学生の一般職掌（総合職）採用に積極的な商社が急増している。

そのほかに、少数ではあるが、診療所の医師であるとか、自動車の運転手であるとか、施設の保守管理を担当するものなど、特殊な技能を有するものを対象とした特別職掌などがある。

採用は、職掌別採用が基本であって、この職掌は一般的には固定的であった。しかし、近年では、阪和興業のように、一般職から総合職に移ることを可能にする商社も出てきている。ただ、一度決まった職掌は、在職期間を通じて変わらないのが原則である。

原則的には「モノ」を売ることによって企業が成り立っているわけであるから、全社員が営業マンということである。職掌は役割分担と考えればよい。

商社の投資・買収と出向

強力に推し進める投資と新入社員の出向

◆国内外のM&Aと株式投資

株価上昇による景気回復を背景にここ数年、多くの商社が国内外の優良企業の買収や、スタートアップやベンチャー企業への長期的な株式投資に積極的で、商社の投資機能が活性化している。各商社の強みをさらに強化するため、グローバル化を加速させるため、あるいは既存ビジネスのＩＴ化が急速に進展する中、従来型の商社ビジネスに対する危機感から、などその理由は各商社さまざまである。

◆入社〝即〟出向の現実

近年、新人研修直後に子会社に出向させるという、ある意味、「異常」な配属が増えているようだ。ただ、ほとんどの商社では面接時あるいは内定時に出向については書面等で提示及び確認されており、就業規則にも明示されているはずなので拒否することは難しい。モチベーションの低下は否定できないが、数年で本社復帰の場合が多いので、出向の目的や復帰の目途を人事担当者に尋ねておいたほうがいいだろう。

変わる働き方と女性・理系の採用

◆ジェンダーフリーとＳＤＧｓ

今となっては笑い話だろうが、かつて「二四時間戦えますか」というスタミナドリンクのＣＭがあった。商社と金融は、男性社会の典型的な職場として認識されていたのだ。女性は事務職を中心に採用され、総合職での採用は極めてまれだった。そのどちらも大きく変わりつつある。

丸紅が二〇二五年までに女性の総合職採用を五割にすると発表して大きな話題になったが、女性の総合職の採用は大きく増えている。総合職の半数が女性だったという企業もあるが、トラスコ中山は、以前から多くの女性を採用している。これらの商社は、そもそも採用予定の段階で、男女比を決めているわけではない。あくまで採用の結果である。

一方、経団連の指針である「採用の三割は女性」に従っている商社もまだ多い。しかし国内の市場が細る中、商社は海外に活路を見出さざるを得ない。能力勝負の世界で、男女差を唱えている企業が世界市場から認められるとは考えにくい。幸い多くの商社が、プライム市場移行に伴ってＳＤＧｓへの取り組みを余儀なくされた。「くるみん」など社内整備も進み、採用、結婚、出産、子育て、復帰という女性の課題もかなり解消されつつある。

そして、商社の姿を大きく変えつつあるのが、「地球環境にやさしい」というグローバル課題だ。今までは事業部制で蛸壺のように仕事をしてきたが、この課題に応えるには、より多くの英知を結集する必要がある。実際、「既存の枠組みを超える総合商社」を目指す丸紅では、事業部を俯瞰する次世代事業開発本部を設置、成果を上げている。また、住友商事では、「ワーキンググループ」制度を設けて、グループ全体でこの課題に取り組む。ユアサ商事は、グローイング戦略本部を設置して、カーボンニュートラルに注視、事業部の横串作用を狙う。

こういう展開が可能なのは、もちろんＩＴ、ＤＸの力が大きい。もともとこれらのスキルや理解が高い技術・理系の学生にとって、今まで商社は就職の選択肢として注目度は低かったが、活躍する場は広がっている。受け入れる側も、理系学生のための就職セミナーなどを開催しているケースが多いので、ぜひのぞいてみてほしい。研究室やメーカーにはない新鮮な世界が見えてくるはずだ。

商社のバックオフィス

DX化で大きく変貌

商社のバックオフィスの役割は、最前線にいる営業のサポート、そして職場環境の整備、採用・研修が主な役割だった。社内のDX化によって、これらの業務は劇的に省力化されてきている。逆に、広報・IRなどは、ネガティブな情報への対応、いい形での情報発信などに今まで以上の神経を張り巡らせなければならない。何よりも蛸壺的組織からの脱却が急務である。バックオフィスの役割は大きくなっている。

◆管理部門

営業部門をベースで支えているのが管理部門。人事部、総務部、法務部、文書部、税務部、財務部、審査部、調査部、IR・広報部などに分かれて本部の中枢機能を果たしている。また、各営業部門を横断的につなぐ巨大プロジェクトを手がける場合、通常、そのプロジェクト室が置かれるのもこの部門である。

総合商社はカンパニー制導入による小さな総本社化が進められているが、その流れは事業部門だけでなく、管理部門にも当てはめられる。業務の外部委託（アウトソーシング）を行ったり、人事・総務・経理部門を本社組織から分離し、グループ会社全体の社員教育や総務関連業務、また経理サービスを請け負うとともに、債権管理や取引先管理などの経営アドバイスなども手がけている。

第3章

商社の企業模様

商社の歴史

激動の時代を生き抜いてきた企業群
商社ほど社会の流れに翻弄された業界はない。そしてたくましく生き残った、と言える。

◆総合商社の発生

江戸時代の元禄の頃、呉服商・両替商として事業活動を行っていた三井一族が、今日の三井物産の前身である。明治九年に三井物産を設立し、三池炭田の石炭の一手販売、政府米の輸出、軍用ラシャや毛布の輸入など明治政府の手厚い保護のもとに、国策会社的色彩を強めながら、事業規模を拡大していった。明治末年には、日本の輸出入の二〇パーセント強を占めるようになり、最大の貿易商社となった。

一方、三菱商事の源流は、土佐藩・岩崎弥太郎によって明治三年に設立された、九十九商会である。その後、何度かの組織変更・社名変更を経て、明治二七年に三菱合資会社営業部が設けられ、その中の売炭部が明治二九年に独立したのが、今日の三菱商事の直接的な前身である。筑豊炭田の石炭輸出を主要業務とし、日本の開国に伴う殖産興業政策の牽引者となって、大きく発展した。明治期の貿易商社は、明治政府の政策的なテコ入れもあり、いずれも財閥系列のこの二社によって代表される。もうひとつの財閥系商社である住友商事は、住友財閥としての事業の歴史は三井・三菱に劣らず古いが、元来商事部門には手を出さないという不文律があったために、住友商事としての歴史は戦後スタートする。

以上が財閥系商社であるのに対して、他社はいずれも関西系の商社である。これらの中でも、伊藤忠商事・丸紅・トーメン（現・豊田通商）・ニチメン（現・双日）・兼松の五社は繊維系の総合商社であり、日商岩井（現・双日）のみが鉄鋼系の総合商社である。日商岩井は昭和四三年に、日商と岩井産業が合併して生まれたが、どちらも歴史は古い。日商の前身は鈴木商店で、一時は非財閥系商社の雄として三井・三菱とわたりあうほどだったが、昭和初期の金融恐慌の中で、挫折した。近江の麻布持ち帰り業から出発した伊藤忠商事。綿花輸入会社として明治時代に設立されたニチメン。三井物産綿花部から大正九年に独立したトーメン。伊藤忠商事と一卵性双生児といわれるように、伊藤忠兵衛によって安政年間に設立され、後に「紅忠」という繊維商社として発展した丸紅。そして明治中期に神戸で開業した繊維貿易商社兼松と、綿花輸入商社の江商が昭和四二年に合併してできた兼松江商（平成二年一月、商号を兼松に変更）。以上はいずれも繊維取引を源流とする総合商社であるが、関西商人の特質をいかんなく発揮し、時流の中で商材の拡大に積極的に対応し、また分離合併を繰り返しながら拡大発展してきた（平成一六年、ニチメンと日商岩井は合併し、双日に。平成一八年、トーメンは豊田通商と合併）。

◆躍進・敗戦・財閥解体

明治二八年の日清戦争の講和成立は、総合商社の発展に大きな役割を果たした。多額の賠償金を手に入れた日本は、工業をはじめとする産業の興隆を招くとともに、戦勝気分の中での船舶不足が造船奨励法を公布させるなど、鉄鋼需要を作り出した。鈴木商店は、イギリスの鉄を買い込んで国内の製鉄メーカーに売り込むことで大きな利益を得るとともに、大量の貨物船を入手して当時としては画期的な三国間貿易に携わり、膨大な利益を上げた。しかし、第一次世界大戦後の不況に対する対応を誤った結果、昭和二年には倒産し、事業のほとんどが三井・三菱の手に移った。以後、第二次世界大戦まで、三井・三菱の独占体制が築かれることになった。鈴木商店の興隆と倒産の歴史とは対照的に、三井物産は第一次世界大戦の終結にともなう世界経済の縮小を見越し、経営の合理化を図った。その一環として、相場変動の激しい繊維部門を切り離す形で、綿花を独立させた。これがトーメンの出発である。

第二次世界大戦が始まると、国家総動員法の成立など、戦時国家独占資本主義体制が確立し、各商社は戦争に協力し、軍事物資の輸送、占領地での事業展開に従事することになった。このことが、敗戦後、占領軍（GHQ）による日本経済の民主化の先鞭として注目される結果となった。昭和二〇年十一月、GHQは財閥解体の覚書を発表し、さらに昭和二二年七月三日に商事会社の解体に関する覚書（三井物産・三菱商事の即時かつ徹底的な解体を指令）を発表。十一月三十日両社は解体される。

◆再編・高度成長

昭和二七年五月、財閥商号使用禁止等の政令が廃止されたことにともない、戦後分散していた各社が合同を始め、この年の八月に三菱商事の商号が復活し、三井物産も昭和三四年に商号が復活した。

戦後に商事部門への進出をはかった住友は、昭和二〇年に連携各社の製品を取り扱うことを主力として、日本建設産業を設立し、昭和二七年に住友商事と改称した。

一方で、財閥系商社の解体を機に、関西系の商社は戦後貿易の中心として、一時的に業績を拡大させていった。特に朝鮮戦争の勃発による特需は、飛躍を招いたが、それも瞬間的で、むしろその反動に対して対応力を持たなかったところは、痛手をこうむることとなった。

昭和三五年、岸内閣のあとを受けて出発した池田内閣の「所得倍増論」のもと、日本社会は未曾有の高度成長の時代へと突入していった。高度成長にともなう産業資本の発達は、各企業の販売部門の強化を引き起こし、ひいてはそれが問屋業務の排除、つまり商社の衰退につながる、という予測（商社斜陽論）もあったが、事態は全く違った展開を示した。メーカーが生産設備の拡充に注力しているとき、総合商社は積極的に海外駐在員を派遣して、原材料の確保と市場開拓を強力に推し進めた。同時に国内の生産技術の急速な進歩を背景に、産業ソフトの世界的な展開もはかり、地球規模のマーケット育成をなし遂げた。

◆オイル・ショック

日本が高度成長を遂げているとき、アメリカではドルの力が目に見えて下落していた。昭和四六年八月、アメリカの大統領ニクソンは、ドルと金の交換の一時的な停止や輸入課徴金の実施などを柱とするドル防衛策（ドル・ショック）を発表した。東証のダウ株価は大暴落し、東京外国為替市場ではドル売りが殺到した。企業の余剰資金は行き場を求めて土地や株に殺到し、地価の暴騰を招く結果となった。また株式の短期売買益で莫大な利益を手にする企業も現れた。商社が土地や株式に積極的に関わるようになったのも、この時がひとつの契機であった。

さらに昭和四八年十月、メジャーによる原油価格三〇パーセント引上げを契機として、供給量の一〇パーセント削減など、いわゆる石油危機（オイル・ショック）が発生した。この年及び翌年の卸売り物価指数は、それぞれ一五・九パーセント、三一・三パーセントの上昇と狂乱物価を招き、「買いだめ・売りおしみ」の風潮が広がり、消費者団体やマスコミから、その元凶として厳しい商社批判が起こることとなった。それまでは、消費者と接点を持つことの少なかった商社にとって、このときの経験は、有形無形に、その後の事業活動の上で教訓として活かされている。

◆商社冬の時代

昭和四八年のオイル・ショックの影響は、その後も継続して日本の産業構造の上にさまざまな影響を及ぼしつづけた。まず、当時の総合商社の売上高の七〇～八〇パーセントを依存していた重厚長大型・素材産業は構造不況業種となり、大小の倒産が多発した。その度に商社の所有する不良債権は膨れ上がり、自らの経営基盤にまで影響するようになった。その典型例が、昭和五二年の安宅産業の崩壊であり、当時十大商社といわれた総合商社の一角が、もろくも崩れたのである。

現在でこそ、日本の産業構造が加工組み立て型産業へと変化を遂げることに成功し、さらに情報産業化しつつあるが、あの時代に産業情報の中枢にあった総合商社が、その推移を感じ取ることができず、対応も遅れたということが、「商社冬の時代」を招いたといっていいだろう。

◆バブル崩壊後の総合商社

バブル崩壊後の商社を襲ったのは「選択と集中」「成果主義」の二つのキーワード。「選択と集中」は、従来型のなんでも〝食いつく〟経営姿勢を改め、利益が出る部門だけを選び、経営資源を集中投下させる、

◆2023年3月期各社の経営指標（連結決算）　単位：百万円

社名	純利益(前年比)	売上高(前年比)	純利益率
三菱商事	1,180,694(△25.9%)	−(−)	−
住友商事	565,178(△21.9%)	−(−)	−
三井物産	1,130,630(△23.6%)	−(−)	−
伊藤忠商事	800,519(▲2.4%)	−(−)	−
丸紅	543,001(△28.0%)	−(−)	−
豊田通商	284,155(△27.9%)	−(−)	−
双日	111,247(△35.1%)	−(−)	−
兼松	18,575(△16.2%)	−(−)	−
JFE商事	30,292(△113.7%)	−(−)	−
伊藤忠エネクス	13,832(△4.8%)	−(−)	−
伊藤忠丸紅鉄鋼	95,522(△52.7%)	−(−)	−
メタルワン	41,516(△47.9%)	−(−)	−
岩谷産業	32,022(△6.9%)	906,261(△31.3%)	3.5%
NX商事	6,625(△146.6%)	335,003(△54.0%)	2.0%
岡谷鋼機	23,520(△21.7%)	962,016(−)	2.4%
カメイ	8,562(△0.6%)	551,245(△14.2%)	1.6%
キヤノンケティングジャパン	35,552(△20.8%)	588,132(△6.5%)	6.0%
三洋貿易	4,830(△12.4%)	122,596(△10.2%)	3.9%
CBC	8,717(▲6.9%)	219,417(△9.5%)	4.0%
新光商事	4,706(△66.8%)	179,076(△32.4%)	2.6%
西華産業	5,001(△122.6%)	93,311(△9.4%)	5.4%
第一実業	6,316(△17.8%)	153,674(△3.8%)	4.1%
ダイワボウ情報システム	17,340(△13.2%)	819,935(△20.2%)	2.1%
田村駒	1,496(△142.1%)	99,171(△15.1%)	1.5%
蝶理	8,124(△19.3%)	329,389(△15.9%)	2.5%
帝人フロンティア	3,115(△52.3%)	201,836(△11.1%)	1.5%
トラスコ中山	10,626(▲8.4%)	246,453(△8.6%)	4.3%
長瀬産業	23,625(▲8.9%)	912,896(△17.0%)	2.6%
日本紙パルプ商事	25,392(△120.8%)	545,279(△22.6%)	4.7%
日鉄物産	33,512(▲5.4%)	2,134,280(△14.4%)	1.6%
日本アクセス	17,409(△6.5%)	2,197,570(△3.6%)	0.8%
阪和興業	51,505(△18.1%)	2,668,228(△23.3%)	1.9%
丸文	5,201(△113.4%)	226,171(△34.8%)	2.3%
三谷商事	14,864(△13.7%)	320,281(△7.0%)	4.6%
三菱食品	17,126(△22.8%)	1,996,780(△2.1%)	0.9%
明和産業	1,720(▲28.5%)	156,662(△9.5%)	1.1%
守谷商会	4,710(△23.9%)	110,000(△9.5%)	4.3%
ユアサ商事	10,079(△25.1%)	504,806(△9.1%)	2.0%
RYODEN	5,366(△7.2%)	260,303(△13.6%)	2.1%

※各種有価証券報告書などから作成、△はプラス、▲はマイナス
※一部決算月が異なる社は2023年3月に近いものを採用
※三菱商事、三井物産、住友商事、伊藤忠商事、丸紅、豊田通商、双日、兼松、伊藤忠エネクス、伊藤忠丸紅鉄鋼、メタルワンの純利益は国際会計基準の「親会社の所有者に帰属する当期利益」の数字
※キヤノンマーケティングジャパンは2022年12月期の決算数字、帝人フロンティアは非連結の数字
※岡谷鋼機は、当期より「収益認識に関する会計基準の適用指針」を適用したため

社内不良部門切り捨てによる生き残り策。一方、「成果主義」は年功序列で膨れ上がった無駄な社員の賃金をカットし、経営状態を改善しようとする策。この二つによって、現在、商社は利益重視の経営に切り替わりつつある。この間、兼松は社員の六割を解雇し、採算部門だけとなり、ニチメンと日商岩井、トーメンと豊田通商は合併することになった。また、伊藤忠丸紅鉄鋼、メタルワンなど、総合商社が〝鉄〟部門を分社化し、大きな実績を上げている。

◆リーマンショック

平成二〇年九月、サブプライム住宅ローン問題に端を発した米国住宅バブル崩壊を受け、米国大手投資銀行リーマン・ブラザースが破綻。この出来事が世界金融危機、そして世界同時不況の引き金となり、「リーマンショック」と呼ばれることになった。日本の金融企業はサブプライム住宅ローンの直接的な影響を受けはしなかったが、世界中の余剰資金が円買いへと集中したことで超円高となり、輸出産業が大打撃を受け、世界同時不況の発信国であった米国よりも、むしろ日本の国力の衰退が顕著となった。

こうした状況の中、総合商社は、かつての口銭ビジネスから資源・エネルギー分野へと収益構造を大きく変化させてきた。ロシアでの石油・天然ガス、アフリカでのアルミニウム・ニッケル・天然ガス、ブラジルでの鉄鉱石やバイオエタノール、中東での天然ガスや発電事業などがその代表的な事業だ。これらは、リーマンショック後の世界同時不況の中で一時的な資源価格の暴落はあったものの、その後、資源の国際的な奪い合いによる価格の高騰もあり、平成二二年から、財閥系総合商社は、過去最高とも言える空前の売上を叩き出した。なかには資源・エネルギー分野が純利益の七割前後を占める総合商社もある。

このように資源・エネルギー分野の収益構造に占める存在感は依然として大きいのだが、収益構造の偏りは経営上の命取りとなる可能性もある。そこで各商社とも純利益のバランスシートの健全化を図るため、資源という「川上」から、製品製造の「川中」、さらに流通・販売の「川下」までのバリューチェーン（価値の連鎖）の構築・展開を図っている。

このバリューチェーンは、金属資源・エネルギーから食品まで、あらゆる分野で進んでいる。たとえば、鶏肉のバリューチェーンの場合、川上は鶏の餌の原料となる穀物の集荷や販売、川中では養鶏や精肉を行い、川下ではフライドチキンや焼きとりなどの製品となり、生産管理と販売を行うのである。ただし、そのすべてを商社が直接行うのではなく、川上・川中・川下のそれぞれの事業会社に出資し、それら事業会社が利益を上げることで、その配当などの利益を得る。つまり、情報・ネットワーク・金融などの総合力を武器とする商社らしく、連鎖させた事業投資という形で新たな収益モデルを作り上げつつある。

◆世界で台頭する強烈な存在感

海外における熾烈な資源獲得競争とともに、トレーディング分野においても、外国と日本を結ぶ伝統的な二国間貿易から、外国と外国の間を日本が仲介する三国間貿易にも総合商社は積極的に乗り出している。たとえば丸紅は、米国穀物大手企業を完全子会社とすることで、穀物メジャーと呼ばれる世界大手企業と肩を並べることになった。これにより、米国から、穀物輸入量の膨大な中国、さらにアフリカ、中東へ貿易事業を拡大する。

このほか、鉄鋼分野では、鉄鋼メーカーから薄板などを納入し、ユーザーの要望に応じた加工を施す加工拠点、コイルセンターを積極的に海外展開してきたが、三菱商事と双日の鉄鋼部門から発足したメタルワンでは、ジャスト・イン・タイムの納入やユーザーの与信など、商社としての総合力により、収益を大幅に拡大している。また、機械分野でも、海外において国内メーカーのアフターサービスを行うだけではなく、世界のあらゆる機械メーカーを対象としたメンテナンスビジネスに乗り出す財閥系商社もあり、逆風と呼ばれる分野でも、さまざまな儲け口を考えて突き進んでいる。日本の輸出産業は円安の場合には恩恵を受けるが、商社は、円高、円安とどちらに振れても利益が出る仕組みを作り、効率的な利益重視のグローバル企業へと変貌しつつある。中国、インド、アフリカ、ブラジル、インドネシアやタイといったアセアン諸国などの新興国で、その存在感はますます強烈なものになっている。

◆ニューノーマルと米中冷戦の世界

二〇一七年一月二十日、アメリカ合衆国に〝アメリカ第一主義〟を掲げるトランプ大統領が誕生した。前年の大統領選勝利の瞬間から、東証市場が大きな値動きを示したのは、世界経済が予測不能な状況に陥ったことを意味していた。就任式後の世界はまさに東証の値動きのとおりだった。太平洋パートナーシップ協定（TPP12）からの離脱、多国間交渉から二国間交渉への変更、地球温暖化対策の枠組みであるパリ協定からの離脱、イラン核合意からの離脱、米朝直接交渉など、アメリカが世界を混乱に陥れ、その間隙を縫うように巨竜中国が強烈な存在感を示し始めてきた。「一帯一路」構想のもと、開発途上国には経済協力という名の資金供与による植民地化を進め、ついには米中貿易戦争が勃発。互いに高い関税をかけあう引くに引けない状況となった。

そして四年が経ち、大統領選挙の年、東京五輪のメモリアルイヤーとなるはずだった二〇二〇年、中国・武漢から世界へと瞬く間に広がり、収束の見通しのつかない新型コロナウイルスにより、地球上のほぼすべての経済活動が一時停止となる事態を招いた。否応なく世界の人々に突きつけられたニューノーマル（新しい日常）は、世界にどれだけ影響を及ぼすのか、いまだ見通せない状況である。

そんな中、アメリカの新たな大統領として選出されたのが、ジョー・バイデン。パリ協定への復帰は世界から歓喜をもって迎えられたが、アフガン撤退の失策は、世界にイスラム国復活を印象づけた。一方、日本では、ワクチン接種によるコロナ対策が功を奏したにもかかわらず、国民に明確なメッセージを送ることができなかった菅義偉首相が一年余りで退陣。岸田文雄が日本の新しい顔となった。就任後、一か月も経たない間に実施した衆議院選挙で自民党は絶対安定多数を維持。新首相によるコロナ対策と経済対策の本格的な政権運営が始まった。だが、日本を取り巻く環境は厳しい。反日を煽った文在寅政権後継の尹錫悦大統領は日韓関係の修復に動き出しているが、見通しは立たない。日朝関係も拉致被害者問題が硬直化したまま。また、ロシアとの関係も膠着状態で、北方領土は韓国・中国などの企業の経済活動の場として切り売りされようとしている。さらに尖閣諸島や台湾の統治を巡ってつば迫り合いが続く日中関係は、「開かれたアジア太平洋」を謳う日米豪印のクワッドや、ＥＵが本腰を入れ始めた対中包囲網を利用して関係改善を進めたいところだが、習近平主席が任期なくトップに君臨し続けることから、明るい見通しは立たない。

◆戦争と貧困の時代に

二〇二二年二月二四日、突如としてロシアのウクライナ侵攻が始まった。ロシアはクリミア半島併合と同様に短期決戦を目論んでいたが、ウクライナの抵抗は激しく、紛争は泥沼化して未だ解決の糸口は見えていない。この間、エネルギー、食糧の輸出大国であった二国の紛争で価格が高騰、その影響は今なお世界中に及んでいる。さらに、インフレ抑制のため多くの国で金利が上昇し、貧富の格差は広がっている。先進国では日本だけ金利政策ができず、数十年ぶりの円安を招いているが、その出口も全く見えない。

商社は今年も多くの企業で、多額の利益を上げた。三菱商事、三井物産は総合商社では史上初めて利益が一兆円を超えたほどだ。しかし、実際はエネルギー・資源の高騰と円安の恩恵に過ぎない。この二つが国民を苦しめている現実はあまりに苦しい。もろ手を挙げて喜ぶわけにはいかないのだ。

ビジネスの現場では、サハリンで進めているエネルギープロジェクトで総合商社が苦境に立たされた。また、ロシアを中心に日本企業の配置転換も急務だ。中国では景気減速が顕著になってきた。先行きは不透明だ。電気自動車の開発も他国に大きく後れをとっている。国内市場でのマーケットが縮小傾向の中、海外に進出せざるを得ないのだが、世界の動きはあまりに激しい。

この状況下で、商社の目に留まったビジネスシーズがＳＤＧｓ（持続可能な開発目標）。地球環境温暖化の一因である化石燃料採掘は企業姿勢を問われる時代となり、各社ともクリーンエネルギーへの投資に舵を切っている。その他、貧困、飢餓、児童労働、ジェンダー平等などＳＤＧｓが目標とする課題は山積している。いまこそ「社会的課題の産業的解決者」を自認する商社パーソンたちの腕の見せどころである。

◆SDGsの特質と商社の強みとの親和性

SDGsの特質（目標達成に求められる視点）	商社の強み
社会課題のグローバル化・ボーダーレス化	グローバルネットワーク（グローバルな課顆をいち早くキャッチし、国を超えて対応する力）
複合的アプローチ	複合的アプローチ（多様な機能・サービスによるビジネス創出力、引き出しの多さ）
パートナーシップ	パートナーシップ（地域や分野に精通したパートナーを活かすオーガナイザー機能、総合力）
イノベーション	イノベーション（新規ビジネスの目利き力、さまざまな課題に対するソリューション提供力）
全体を俯諏したアプローチ	全体を俯撤したアプローチ（川上から川下までバリューチェーンの各段階に関与）
目標ベースのガバナンス（バックキャスティング）	未来志向（時代を先取りし、次世代を見据えた未来志向のビジネス展開）

（資料）日本貿易会『SDGsと商社』

企業理念・経営理念

先人たちは何を目指してきたのか

商社業界の大きな特徴の一つは、企業寿命が長いことである。

二〇二一年の倒産企業の平均寿命は二三・八年、会社の寿命三〇年説も話題になった。一方商社は、岡谷鋼機の三五〇年、ユアサ商事の三四〇年を筆頭に、稲畑産業が一三〇年、財閥系の総合商社三菱商事は一五〇年、三井物産は一四六年の歴史を刻んでいる。伊藤忠丸紅鉄鋼、メタルワン、日鉄物産、MNインターファッションなどは、新しい商社というイメージがあるかもしれないが、歴史ある有力商社のDNAを多く引き継いでいる。新しくて古い企業なのだ。

世界大戦、経済危機、社会変動、IT・DX変革など、どのようにして乗り切ってきたのかは、各社それぞれの知恵がある。しかし共通するのは、創業理念、経営理念がその根本にあったことである。就職活動の企業研究では、労働環境、社風、商材などいろいろな面からその企業を分析するだろう。しかし、それらすべてが、この創業理念、経営理念から派生していることに気がついてほしい。そんな視点で、企業を見てみたらどうだろうか。抽象的な言葉が多いが、それをどう解釈するかは、読者次第である。時勢に流されず、無駄のない、真実を言い得ていることも多い。

伊藤忠エネクス　1961年設立

社会とくらしのパートナー〜エネルギーと共に・車と共に・家庭と共に〜

伊藤忠商事　1858年創業

三方よし＝「売り手よし」「買い手よし」「世間よし」

伊藤忠丸紅鉄鋼　2001年設立

鉄を商う。未来を担う。

稲畑産業　1890年創業

・社是：愛敬
・経営理念：「愛」「敬」の精神に基づき、人を尊重し、社会の発展に貢献する

岩谷産業　1945年設立

世の中に必要な人間となれ、世の中に必要なものこそ栄える

ＮＸ商事（旧社名：日通商事）　1964年設立

存在意義

お客様・株主・社員とともに繁栄し、
豊かな社会の実現に貢献します。

経営姿勢

「高機能複合商社」として、
変革に挑戦し、
市場のニーズに応えます。

MNインターファッション　1992年設立（2022年事業統合）

Purpose：未来を紡ぎ、価値と感動を世界へ。

Vision：多様な個性×自由な発想×組織の力でファッションの明日を共創します。

Values：Set No Limits ボーダーを越える。もう一歩先へ。
Be Professional 徹底して磨け。プロとしてやり抜け。
Respect Others 多様性を尊重する。信頼に応える。
Be Positive 失敗したっていいじゃないか。

岡谷鋼機　1669年創業

ものつくりに貢献するグローバル最適調達パートナー

片岡物産　1960年創業

グローバルな視野と柔軟な発想で、独創的で上質な商材とサービスを通して人々の豊かな暮らしに貢献します。

兼松　1889年創業

創業主意「わが国の福利を増進するの分子を播種栽培す」

川重商事　1951年設立

環境に調和した健全な事業活動を通じて、人類共通の課題である地球環境問題の解決と「循環型経済社会」の実現を目指し、社会の「持続可能な発展」に貢献します。

キヤノンマーケティングジャパン　1968年設立

共生

三洋貿易 1947年創設

堅実と進取の精神、自由闊達な社風のもと、柔軟かつ迅速に最適解を提供し、国際社会の永続的な発展と従業員の幸福を共創する

JFE商事 1954年設立

透明性の高い企業経営/風通しの良い企業風土の確立/グループ企業価値の最大化の追求

CBC 1925年設立

共存共栄　Dream Together

JALUX 1962年設立

幸せづくりのパートナー～人に社会に環境に、もっと豊かな輝きを～

新光商事 1953年創設

■〈経営理念〉

「電子部品商社グループとして持続可能な社会の実現に貢献する」

住友商事グローバルメタルズ 2003年設立

住友商事グローバルメタルズの根幹には、「信用・確実」「浮利を追わず」「公利公益」に重きを置きつつ、「進取の精神」をもって変化を先取りしていくという400年受け継がれてきた「住友の事業精神」があり、これを礎に経営理念を策定しています。

〈経営理念〉

◎健全な事業活動を通じて豊かさと夢を実現する。
◎人間尊重を基本とし、信用を重んじ確実を旨とする。
◎活力に溢れ、革新を生み出す企業風土を醸成する。

住友商事（住友商事グループ） 1919年設立

営業の要旨

第一条　我住友の営業は信用を重んじ確実を旨とし以て其の鞏固隆盛を期すべし。

第二条　我住友の営業は時勢の変遷理財の特質を計り弛張興廃することあるべしと雖も苟も浮利に趨り軽進すべからず。

西華産業 1947年設立

社業の発展を通じ社会に貢献する。これをわが社の信条とする。

双日 2003年設立

双日グループは、誠実な心で世界を結び、新たな価値と豊かな未来を創造します。

第一実業 1948年設立

人をつなぎ、技術をつなぎ、世界を豊かに

大同興業 1946年設立

私達は人と人との繋がりを大切にし、社会に貢献する企業を目指します。

ダイワボウ情報システム 1982年設立

確かなものを全国すみずみに提供し、自然と調和した豊かな情報化社会の発展に貢献します。

田村駒　1894年創業

豊かなライフスタイルで生活文化向上に貢献

田村駒はものづくりを通じ、
豊かなライフスタイルを実現し、
生活文化向上に貢献する企業を目指します。

蝶理　1948年設立

私たちは地球人の一員として、公正・誠実に誇りを持って行動し、顧客満足度の高いサービスを提供し続け、より良い社会の実現に貢献します。

帝人フロンティア　2012年発足

私たちは新たな価値を創造し、美しい環境と豊かな未来に貢献します。

トラスコ中山　1959年創業

企業のこころざし「人や社会のお役に立ててこそ事業であり、企業である」
企業メッセージ　「がんばれ!! 日本のモノづくり」

長瀬産業　1832年創業

誠実に正道を歩む

中川特殊鋼　1924年設立

世界のプレミアム企業に価値を提供し、企業の競争力の土台を支えていくことで、産業の発展に貢献します。

日鉄物産　2013年統合・設立

1．新たな社会的価値を持った製品、サービスを生み出す高い志を持った企業グループであり続けます。
2．信用、信頼を大切にし、お客様と共に発展します。
3．人を育て人を活かし、人を大切にする企業グループを創ります。

日本アクセス　1952年㈱雪アイス設立

心に届く、美味しさを

日本紙パルプ商事　1845年創業

誠実をもって人の礎とし、公正をもって信頼を築き、調和をもって社会に貢献する。

阪和興業　1947年設立

私たちは、時代と市場の変化に迅速に対応し、「流通のプロ」として顧客の多様なニーズに応え、広く社会に貢献します。

丸文　1844年創業

Purpose：テクノロジーで、よりよい未来の実現に貢献する
Vision　：独自の価値を提供するオンリーワンのエレクトロニクス商社として最も信頼される存在となる
Mission：「先見」と「先取」の精神のもと、人と技術とサービスで 社会とお客様の課題を解決する

丸紅　1858年創業

丸紅は、社是「正・新・和」の精神に則り、公正明朗な企業活動を通じ、経済・社会の発展、地球環境の保全に貢献する、誇りある企業グループを目指します。

「正」公正にして明朗なること
「新」進取積極的にして創意工夫を図ること
「和」互いに人格を尊重し親和協力すること

三井物産　1947年設立

挑戦と創造

三菱商事　1954年設立

三綱領

所期奉公＝事業を通じ、物心共に豊かな社会の実現に努力すると同時に、かけがえのない地球環境の維持にも貢献する。

処事光明＝公明正大で品格のある行動を旨とし、活動の公開性、透明性を堅持する。

立業貿易＝全世界的、宇宙的視野に立脚した事業展開を図る。

三菱食品　1925年設立　2011年誕生

パーパス：食のビジネスを通じて持続可能な社会の実現に貢献する
ミッション：次世代食品流通業への進化

（サステナビリティ重点課題の解決）

三菱商事マシナリ　1982年設立

三菱商事マシナリは、企業活動の展開を通じ、中長期的な視点で社会課題の解決に貢献することにより、持続可能な社会の実現を目指します。（三菱商事マシナリ「社会憲章」）

明和産業　1947年設立

「明光和親」＝事を処するに公正明朗、全社員が和を旨としてお互いに協調し、真に暖かみのある事業体をつくると共に、事業を通じて広く社会に貢献する

メタルワン　2003年設立

地球市民＝私たちは世界の人々と共に生き、働き、広く社会のために活動します。

正々堂々＝私たちは常に誇りを持って、何事に対しても公明正大に立ち向かいます。

高志創造＝私たちは市場と流通のより良い姿を求め、豊かな未来を切り拓きます。

守谷商会　1901年設立

「WHAT'S　NEXT？」

ソフトウェアとハードウェア、トータルケアを組合わせたモリタニのエンジニアリング機能を活用して、お客様とともに課題を解決します。

森村商事　1876年創業

「我社の精神」＝海外貿易は四海兄弟、万国平和、共同幸福、正義人道のための志願者の事業と決心し創立せし社中なり

一、海外貿易は四海兄弟万国平和共同幸福正義人道の為志願者の事業と決心し創立せし社中也

一、私利を願はず一身を犠牲とし後世国民の発達するを目的とす

一、至誠信実を旨とし約束を違えざる事

一、嘘言、慢心、怒、驕、怠を慎む事

一、身を汚すなかれ朋友は肉身より大切なり和合共力する功果金銭などの及ぶ所にあらず永久の霊友也

一、神の道を信じ万事を経営する自覚を確信す可し

上記の条鉄石心を以て確守し一身を守り世の光と成る可し

ユアサ商事　1666年創業

「誠実と信用」「進取と創造」「人間尊重」

RYODEN

・社会の変化に対応し、会社経営の安定と発展に努め、社会に貢献する。

・誠実な営業活動と先進的な技術の提供により、取引先の信頼に応える。

・社員の人格と個性を尊重し、専門性及び改革心と創造力の高い人材を育成する。

激動の商社業界、この1年

商社業界年表[September, 2022～September, 2023]

September, 2022

◆**三菱商事**　参画するロシアでの石油・天然ガス開発事業「サハリン2」の新法人の株式引受がロシア政府より承認

◆**伊藤忠商事**　東南アジア最大の医師向けプラットフォームを運営するDocquity社を持分法適用会社化

◆**三井物産**　ブラジルのアニマルヘルス企業Ouro Fino Saúde Animal社に出資参画

◆**伊藤忠商事**　Amazon.co.jpを経由した中古携帯端末の買取事業を開始

◆**丸紅**　米国アラスカ州で非鉄金属探鉱事業を行うカナダValhalla社の株式を取得

◆**住友商事**　小児向けVR弱視治療用アプリを共同開発

October, 2022

◆**三菱商事**　フィンランド・NESTE社、出光興産、台湾・奇美実業と4社で、バイオマスナフサを原料としたバイオマスプラスチックのサプライチェーンを構築

◆**双日**　キャンピングカーの製造・販売を手掛けるKアクセス社を完全子会社化

◆**住友商事**　英ボーダフォングループと、エチオピアにおける通信事業サービスの提供開始

◆**伊藤忠商事**　次世代型クレジットカードを提供するナッジ社と資本業務提携

◆**三井物産**　米国歯科医院経営サービス事業者Signature Dental Partners Holdings社の優先株を引受

◆**双日**　Sembcorp Industries Limitedと脱炭素をテーマとした広範囲なインフラおよび新エネルギー分野の事業領域で覚書を締結

◆**三菱商事**　独FEV Consulting社と、素材産業向けコンサルティング・エンジニアリングサービス事業会社を設立

November, 2022

◆**兼松**　JAXAの「持続可能な地球低軌道における宇宙環境利用の実現に向けたシナリオ検討調査」に参画
◆**伊藤忠商事**　セルビア共和国ベオグラード市PPP（官民連携）廃棄物処理・発電事業がゴールドスタンダードからカーボンクレジットの認証を取得
◆**双日**　NGC社、OSS社と、商用EV・PHEV向けクラウド型充電制御システムのサービス提供を開始
◆**豊田通商**　国内初となる水酸化リチウムの製造工場を福島県楢葉町に竣工
◆**三井物産**　シンガポール漢方薬製造販売企業EYS社に出資参画
◆**丸紅**　SOMPOホールディングスと、使用済太陽光パネルの適切なリユース・リサイクルに関する基本合意書を締結
◆**三菱商事**　東京ガス、大阪ガス、東邦ガスと、米国キャメロンLNG基地を活用した日本への合成メタン（e-methane）導入に関する詳細検討を実施

December, 2022

◆**住友商事**　エジプトにおける陸上風力発電IPP事業に参画
◆**双日**　インド（ムンバイ～アーメダバード間）高速鉄道の車両基地建設工事を受注
◆**伊藤忠商事**　米「L.L.Bean」ブランドのマスターライセンス権及び卸売販売権を取得
◆**岩谷産業・豊田通商**　日揮HDと3社で、廃プラスチックガス化設備を活用した低炭素水素製造に関して、愛知県名古屋港近郊での協業を検討する基本合意書を締結
◆**三菱商事**　オランダHollandse Kust West Site VI洋上風力発電所の事業権を獲得
◆**三井物産**　米Florence社と、株式転換権付き低炭素銅地金オフテイク契約を締結
◆**丸紅**　イスラエル・CyberGym社に出資し、重要インフラ・製造業の制御システム向サイバーセキュリティ事業へ参画
◆**伊藤忠商事**　サウジアラビアにおける次世代海水淡水化プラント事業に向け、ENOWA社・ヴェオリア社（仏）と共同開発契約を締結

January, 2023

◆**三菱商事**　ENEOSと、ガソリンスタンドを拠点とした配送効率化事業の推進を目的とした合弁会社を設立

◆**伊藤忠商事**　家庭用蓄電池によるデマンドレスポンス実証を開始

◆**三井物産**　米化学大手オーリンと戦略提携

◆**伊藤忠商事**　都市ごみからリニューアブル燃料の製造を目指す米国ベンチャー企業Raven社製SAFの全日本空輸向け供給に合意

◆**丸紅**　インドネシアの学校において公文式学習プログラムを試験導入

February, 2023

◆**三菱商事**　独RWE社、韓LOTTE社と3社で、アジア・欧州・米国地域で大規模かつ安定的な燃料アンモニアのサプライチェーン構築に向けた共同調査を締結

◆**兼松**　外食企業大手「物語コーポレーション」の株式を取得

◆**丸紅**　米Cirba社の株式を取得し、EV用リチウムイオン廃電池のリサイクル事業に参画

◆**豊田通商**　SBエナジー社の株式85%を取得し、カーボンニュートラルの取り組みを加速

◆**伊藤忠商事**　韓国総合化粧品ブランド「TONYMOLY」の独占販売権を取得

◆**住友商事**　電動垂直離着陸機を開発・製造する独・Volocopter社に出資

March, 2023

◆**三井物産**　ノルウェーの水素タンク・システム、車両インテグレーション事業者Hexagon Purus社の転換社債を引き受け

◆**丸紅**　菓子メーカー明治産業社の全株式及び商標権を取得

◆**三菱商事**　フィリピン南北通勤鉄道延伸向け鉄道システム一式の契約締結

◆**豊田通商**　エジプトで2件目の風力発電IPP事業に参画

◆**丸紅**　世界最大の昆虫由来タンパク製造・販売企業インセクト社の日本市場進出に向けた協業に合意

◆**伊藤忠商事**　VTuber事業を展開するANYCOLOR社と共同で、VTuberを起用した医師向け動画コンテンツ制作の実証を開始

◆**伊藤忠商事**　レゾナック社と、使用済みプラスチック・繊維循環における共同検討に関する覚書を締結
◆**住友商事**　調剤薬局を展開する薬樹社の全株式を取得

April, 2023

◆**丸紅**　もみ殻炭の製造・販売を行うプロス社と業務提携
◆**三井物産**　米国テキサス州のシェールガス／タイトガス開発・生産事業へ参画
◆**伊藤忠商事**　環境訴求型・脱プラスチック型専門の食品パッケージ事業を展開する英Transcend Packaging社と資本業務提携
◆**三菱商事**　世界最大手のカーボンクレジット創出を手がけるスイスSouth Pole社と、大気中の二酸化炭素除去に関する革新的な技術の普及・促進を目指しNextGenを設立

May, 2023

◆**伊藤忠商事**　ブレインパッド社と、ChatGPT等の生成AIを用いて企業の業務変革や新規ビジネス開発支援を行う「生成AI研究ラボ」を共同設立することで合意
◆**住友商事**　アフリカ・サブサハラ地域でデジタル金融サービスを展開するM-KOPA社に追加出資
◆**豊田通商**　国内最大のリチウムイオン蓄電池設備で風力発電の出力変動を調整できる北海道道北地域における送電・蓄電事業の設備が竣工
◆**丸紅**　パナソニックホールディングスと、商用EV向けフリートマネジメントサービス合弁会社の設立で合意
◆**兼松**　3社合弁でインドネシア市場での外食運営事業に参画
◆**伊藤忠商事**　ドローンを用いた血液製剤の輸送に関する実証実験を実施
◆**三菱商事**　東京きらぼしフィナンシャルグループと業務提携契約を締結
◆**丸紅**　カナダ・Pembina Pipeline社と、低炭素アンモニアサプライチェーン構築に係る本格的な事業化調査を開始

June, 2023

◆**丸紅**　富山県の公共交通機関における顔認証決済の実現に向けた実証実験を開始

◆**伊藤忠商事**　100%出資会社で中古携帯端末の流通事業を展開するBelong社、Uber Eats Japan社と、フードデリバリー事業「Uber Eats」におけるサステナビリティ推進に向けた包括的業務提携契約を締結

◆**住友商事**　米国西部およびメキシコ湾岸地域で硫酸の調達・販売・貯蔵・物流サービスなどを手掛けるSaconix社を完全子会社化

◆**三井物産**　イタリアの食品事業者ユーリコム社に出資参画

◆**伊藤忠商事**　スカパーJSAT社と、カタール環境省に対し、SAR衛星画像を活用した海上オイル漏れ検知サービスの提供を開始

◆**三菱商事**　欧州におけるグリーン水素拡大に向けた新会社を設立

◆**双日**　ケニアで即席麺の製造販売事業に参入

◆**豊田通商**　サウジアラビアで同社初の再生可能エネルギー事業に参画

July, 2023

◆**丸紅**　インドネシア最大規模のオンライン医療サービスに事業参画

◆**三井物産**　デンマークにおける世界初のe-メタノール製造・販売事業に出資参画

◆**兼松**　短時間でプラスチックを分解し、さらにそのプラスチックの構成要素に分解できる独自の酵素リサイクル技術を有する環境技術スタートアップ豪Samsara Eco社へ出資

◆**住友商事**　英Rio Tinto社と共に、豪州グラッドストンにおける世界初のアルミナ精製工程での水素利活用実証事業を開始

◆**丸紅**　浜田社と、使用済み太陽光パネルのリユース及びリサイクル関連サービスを提供する新会社を設立し、使用済み太陽光パネルの買取販売サービスを開始

◆**豊田通商**　AIを活用して製造業のDXを支援するLIGHTz社の第三者割当増資を引き受け

◆**伊藤忠商事**　北米における再生可能エネルギーファンドを設立

◆**三菱商事**　北九州第一交通の門司営業所と門司港営業所を中心に、再生可能エネルギーを活用したEV中心の次世代型タクシー営業所の運用を開始

◆**豊田通商**　ケニアでSUV車「フォーチュナー」のSKD生産を開始

August, 2023

◆**双日**　次世代ワクチンを開発するVLP Therapeutics Japan社に出資

◆**伊藤忠商事**　東急不動産、パワーエックス社、自然電力社と、蓄電池事業に関するパートナーシップ協定を締結

◆**三菱商事**　千歳市とカーボンニュートラルを目指したまちづくりに関する連携協定を締結

◆**三井物産**　エクアドルの世界最大のエビ養殖事業者IPSP社に出資参画

◆**住友商事・双日**　50%ずつ出資するエルエヌジージャパンを通じて、オーストラリアのガス田の権益を10%取得

◆**豊田通商**　西アフリカ地域で日本企業初の大型再生可能エネルギー発電所建設となる、ベナンでの25MWの太陽光発電所建設工事を受注

◆**丸紅**　ペルーにおけるe-メタン製造・販売事業の詳細検討を開始

◆**伊藤忠商事・伊藤忠エネクス**　共同でMMJ社を設立し、ジャフコグループが管理運営するファンドよりナルネットコミュニケーションズ社の一部株式を取得することで合意

September, 2023

◆**三菱商事**　熊本県八代市、九州電力、NTTアノードエナジーと、八代市におけるカーボンニュートラルの早期実現に向けた取り組みに関する連携協定を締結

◆**伊藤忠商事**　豪州Akaysha 社と、系統用蓄電池事業において戦略的業務提携

◆**住友商事**　北海道千歳市に「EVバッテリー・ステーション千歳」を完工

◆**三井物産**　JAXAから米国商業宇宙ステーション接続型の日本実験棟後継機の概念検討の実施者に選定

◆**丸紅**　第一生命と、eco プロパティーズ社がアセットマネジメント業務を行う佐賀県鳥栖市における物流施設の開発事業に対し、2社合計で約100億 円の共同投資を決定

◆**兼松**　宇宙機器を開発する米Sierra Space社、三菱UFJ銀行、東京海上日動火災と4社間で、アジア太平洋地域における戦略的パートナーシップ契約を締結

◆**豊田通商**　海洋プラスチック汚染の主原因である廃漁網の繊維リサイクル事業へ参入

主な企業のプロフィール

混迷を深める世界経済、そしてITで激変する経営環境。SDGsの潮流の中、商社のビジョンとは？

◆伊藤忠商事＝三年連続の最高益を目指して〝商人道〟を突き進む

麻布を商った初代伊藤忠兵衛が一八五八年に創業した伊藤忠商事。現在は世界六一か国に約九〇の拠点を展開する非財閥系の最大手だ。

二〇二一年三月期決算では、時価総額、株価、連結純利益で「商社№1」となる「三冠」を達成した。二〇二三年三月期決算は全ての期初目標を上回り、二期連続で八〇〇〇億円超の連結純利益を確保。また二〇二三年三月にはムーディーズの格付けがA2に格上げされ、全ての格付けで総合商社トップとなっている。

伊藤忠商事らしさを表す企業行動指針が、「ひとりの商人、無数の使命」。社員一人ひとりが同社の強みである「個の力」を発揮することを目指す意思表明だ。

そんな同社の強みは次の四つ。一つめは、資源価格の影響を大きく受ける資源ビジネスに偏重せず、分野分散の効いた「安定的な収益基盤」。景気変動耐性のある生活消費関連を中心とした非資源分野のビジネスは基礎収益五七四五億円（二〇二

8カンパニー制

「繊維」「機械」「金属」「エネルギー・化学品」「食料」「住生活」「情報・金融」からなる7つのディビジョンカンパニー制に加え、2019年7月に「第8カンパニー」を新設。従来の商品基軸の「タテ割り」組織ではカバーできないサービスやビジネスモデルの台頭を踏まえ、「マーケットインの発想」から新たなビジネスや客先の開拓を目指す。

「三方よし」の企業理念

「売り手よし、買い手よし、世間よし」を意味する「三方よし」は、創業者・伊藤忠兵衛ら近江商人の精神的基盤。伊藤忠はこれを「自社の利益だけでなく、取引先、株主、社員をはじめ周囲の様々なステークホルダーの期待と信頼に応え、その結果、社会課題の解決に貢献したいという願い」として、新たな企業理念に位置づけている。

二年度）、同構成比は七二％を占める。二つめは、総合商社として築いてきた多様な事業分野と自己変革力による「無限のシナジーの創出」。ファミリーマートを核とするコンビニ事業のバリューチェーンなど、事業分野の垣根を越えた連携を図っている。三つめは、ビジネス機会の潜在性が大きい「中国・アジアでの強固なビジネス基盤」。伊藤忠は二〇一五年に中国とタイでそれぞれ最大のコングロマリットグループであるＣＩＴＩＣ及びＣＰと戦略的業務・資本提携を締結するなど、優良なパートナーと生活消費関連を中心としたビジネスを展開する。そして四つめが、「個の力」。創業時から商いを開拓してきたＤＮＡと、顧客数が多い非資源分野に軸足を置くことで磨かれてきた個の力が、持続的成長の原動力だ。

同社は二〇二一年度から二〇二三年度までの新たな中期経営計画「Brand-new Deal 2023」を二〇二一年五月に公表した。「中計期間中に連結純利益六〇〇〇億円の達成を目指す」の期初目標は、右の通り初年度に大きく上回る形で達成。『マーケットイン』による事業変革」「『ＳＤＧｓ』への貢献・取組強化」とした基本方針も、成果を上げている。最終年度となる二〇二三年度は非資源分野の伸長により、基礎収益は三年連続で過去最高を更新する約八〇〇〇億円を見込む。

地政学リスク、不透明感が高まる世界経済など、環境が厳しさを増す現在。同社は新規投資によるさらなる成長への布石、既存事業の磨き上げによる収益拡大、また外部環境の逆風の反動による収益伸長を通じて、いっそうの成長を睨んでいる。

人材戦略

伊藤忠が持つ様々な強みに推進力を与えているのが、「個の力」の発揮。その人材戦略は「優秀な人材の確保」「働き方の進化」「健康力向上」「主体的なキャリア形成支援」「成果に応じた評価・報酬」「経営参画意識の向上」を柱とし、そこから「労働生産性向上による企業価値の向上」を生み出す好循環のサイクルを確立している。

非財務資本

伊藤忠商事はトレードと事業投資を両輪とする商いを通じて、「人的・組織資産」「ビジネスノウハウ」「事業ポートフォリオ」の3つの内部資本を160年以上にわたり積み上げてきた。また外部資本として「顧客・パートナー資産」「天然資源」「社会との関係性」の3つを掲げ、「信頼・信用力」を通じた内部資本・外部資本の共生を追求している。

◆三井物産＝「変革と成長」をテーマに持続可能な未来作りに貢献

一八七六（明治九）年、わずか一六人で出発した「旧三井物産」。大戦の混乱期を経て一九五九年に新生・三井物産として生まれ変わり、世界六二か国約一三〇拠点で様々な事業を多角的に展開。長い歴史を通じて、〝総合力〟を武器に周辺事業を組み合わせて事業群を構築してきた。「世界中の未来をつくる」をミッションとし、産業横断的な事業群によって複雑な社会課題への解決策を提供している。

同社が掲げる機能は、次の六つ。新市場を創出する「マーケティング」。最適な物流ソリューションを提供する「ロジスティクス」。資金調達・ファイナンス組成から貿易金融まで多様な金融機能を提供する「ファイナンス」。事業リスクを的確に把握して影響の最小化を図る「リスクマネジメント」。ＡＩ、ＩｏＴを活用してビジネスプロセスの最適化を図る「デジタル・トランスフォーメーション」。そして経営資源を活用して事業を発展させる「マネジメント」だ。

事業のセグメントは、次の七つ。資源・素材・製品の確保・安定供給を図るとともに、資源リサイクルにも取り組む「金属資源」。天然ガス・ＬＮＧ・石油・石炭・原子燃料などエネルギー資源の確保・安定供給と低・脱炭素の実現を追求する「エネルギー」。社会インフラを長期安定的に提供する「機械・インフラ」。多様な産業で事業を幅広く展開する「化学品」。製鋼・鋼材の販売からリサイクル、また

三井物産の経営理念

●Mission：世界中の未来をつくる
大切な地球と人びとの、豊かで夢あふれる明日を実現します。

●Vision：360° business innovators
一人ひとりの「挑戦と創造」で事業を生み育て、社会課題を解決し、成長を続ける企業グループ。

●Values：「挑戦と創造」を支える価値観
「変革を行動で」＝自ら動き、自ら挑み、常に変化を生む主体であり続ける。「多様性を力に」＝自由闊達な場を築き、互いの力を掛け合わせ最高の成果を生む。「個から成長を」＝常にプロとして自己を高め続け、個の成長を全体の成長につなげる。「真摯に誠実に」＝高い志とフェアで謙虚な心を持ち、未来に誇れる仕事をする。

サーキュラリティに資するバリューチェーンの構築でサステナブルな社会作りを実現する「鉄鋼製品」。食品・リテール・医薬・ファッション・人材などの分野で多彩な事業を行う「生活産業」。そしてICT、金融、不動産、物流など、多様な領域で事業を展開する「次世代・機能推進」だ。

欧米先進国の高インフレと金融引き締め、地政学的リスク、脱炭素社会へ向かう流れなど、環境の変化への対応力が試される年となった二〇二三年三月期。三井物産はそれまで取り組んできた収益基盤強化などにより、当期利益一兆一三〇六億円を達成して過去最高益を更新している。

同年五月には新たな中期経営計画「Creating Sustainable Futures」を発表し、「世界は地球規模の課題に直面」「現実解の提供には知見・ノウハウの組合せが必要」との環境認識を示した。そしてグローバル・サステナビリティという視点からあらゆる産業の社会的な課題を掘り起こし、そこから新しいビジネスイノベーションを創出し、さらに強い事業群と新しい産業を生み出す取り組みを掲げている。そのための全社戦略として、「グローバル・産業横断的な提案力の高度化」「『創る・育てる・展げる』の推進」「サステナビリティ経営のさらなる深化」「グループ経営力の強化」「グローバルでの多様な個の活躍促進」の五つを推進中だ。

人材戦略では、強い「個」の持続的な育成・輩出、多様な人材がより自由闊達に活躍できる「インクルージョン」、最適なジョブマッチングをグローバルに展開する「適材適所」を徹底。またDXを通じた業務プロセス変革も追求している。

強い「個」の育成

「世界中の未来をつくる」というMissionの達成に向け、個々の従業員が変革をリードし、自らの強みを活かして世界標準で成果を積み上げることを重視している。人材育成は各現場でのOJTを軸としつつ、体系的かつ多種多様な人材育成プログラム、グローバルなキャリア形成・開発のための豊富な各種制度や基盤を提供している。

計16の事業本部

金属資源本部、エネルギー第一・第二本部、エネルギーソリューション本部、プロジェクト本部、モビリティ第一・第二本部、ベーシックマテリアルズ本部、パフォーマンスマテリアルズ本部、ニュートリション・アグリカルチャー本部、鉄鋼製品本部、食料本部、流通事業本部、ウェルネス事業本部、ICT事業本部、コーポレートディベロップメント本部。

◆丸紅＝グリーンのトップランナーを目指す

一八五八年創業の老舗商社として、業界を牽引する丸紅。現在は全世界に約一三〇か所の拠点を展開し、経済・社会の発展、地球環境の保全への貢献に努める。

丸紅グループが追求するキーワードは、「世の中のギャップを埋め続ける永遠のパートナー」。二〇世紀に地理的なギャップを埋めた貿易、二一世紀の現在と将来の価値を埋める投資、そして現在は新たに「見えにくい未来を見えるようにする」形でギャップを埋めることを目指している。

同社の広範なビジネス領域をカバーする事業グループと各事業本部は、次の五つ。生活産業（ライフスタイル、情報ソリューション、食料第一・第二、アグリ事業）、素材産業（フォレストプロダクツ、化学品、金属）、エナジー・インフラソリューション（新エネルギー開発推進、エネルギー、電力、インフラプロジェクト）、社会産業・金融（航空・船舶、金融・リース・不動産、建機・産機・モビリティ）、そしてＣＤＩＯ（次世代事業開発、次世代コーポレートディベロップメント）だ。

例えば電力ビジネスでは、ＩＰＰ（独立系発電）事業者としての持分発電容量（国内・海外合計）が業界トップクラス。金属ビジネスでは、チリで鉱山開発を展開する銅事業が日本企業トップクラスの銅持分権益量を誇る。食料ビジネスでは、国内のコーヒー生豆消費量の約三〇パーセントを取り扱う。

Global crossvalue platform

「丸紅グループの在り姿」。①時代が求める社会課題を先取りし、事業間、社内外、国境、あらゆる壁を突き破るタテの進化とヨコの拡張により、ソリューションを創出。②丸紅グループを１つのプラットフォームとして捉え、グループの強み、社内外の知、一人ひとりの夢と夢、志と志、さまざまなものをクロスさせて新たな価値を創造。

丸紅の企業理念

丸紅の社是は「正・新・和」。これは「正」が公正にして明朗なること、「新」が進取積極的にして創意工夫を図ること、「和」が互いに人格を尊重し親和協力することを表している。丸紅の経営理念とは、この社是の精神に則り、公正明朗な企業活動を通じて経済・社会の発展に貢献する、誇りある企業グループを目指すことである。

丸紅は二〇二二年二月、新たな中期経営戦略「GC2024」を公表。二〇二四年三月期までを「戦略を実践する三年間」と位置づけ、企業価値向上のための二つの基本方針を策定した。一つは、既存事業の強化と新たなビジネスモデル創出の重層的な追求により、着実に収益の柱を育成・確立すること。そしてもう一つは脱炭素、循環経済への移行、水資源・生物多様性の保全、人権の尊重などサステナビリティへの取り組みを全企業が果たすべき義務とし、グループ全体で社会のサステナビリティを先導する「グリーンのトップランナー」を目指すことだ。そのための「グリーン事業」として、分散型電源・蓄電池、資源・素材リサイクルなどに加え、再生可能エネルギーやアグリインプット事業などによる「既存グリーン事業の強化・拡大」、新エネルギーや脱炭素ソリューションなどによる「新たなグリーン事業の創出」を二つの柱とする。こうした一連の施策を通じた定量目標は、二〇二五年三月期の実態純利益四二〇〇億円、基礎営業キャッシュフロー一・三兆円である。

同計画ではまた人財をグループの最大の資本であり、価値創造の原動力と位置づけ、その成長と活躍を促進するための「グループ人財戦略」として「丸紅人財エコシステム」を実践している。これは「多様なバックグランドを持つマーケットバリューの高い人財」が丸紅グループで新たな価値創造にチャレンジし続ける仕組みのこと。「ミッションを核とする人事制度」「多様な人財の活躍・育成」「タレントマネジメントコミッティ」を通じて、グループ人財の成長・活躍の促進を図っている。戦略実践のゴールへと向けた同社の歩みは、着々と成果を上げつつある。

女性活躍推進2.0

2022年8月に策定した女性活躍推進の新たな方針。女性が経営やビジネスの意思決定により深く関わる状態を目指し、活躍し続けられる環境作りに向けた多様な取り組みに加え、女性の成長機会をより充実させ、意思決定に関わるポストまでのキャリアパスを太く強固にする「タレントパイプラインの拡張」にいっそう注力していく方針だ。

丸紅グループのサステナビリティ

サステナビリティを、環境や社会の要請を先取りしてプロアクティブにソリューションを提供し、経営理念を実践することと位置づける。その基盤マテリアリティは、「マーケットバリューの高い人財」「揺るがない経営基盤」「社会と共生するガバナンス」。また「気候変動対策への貢献」など4つの環境・社会マテリアリティも掲げる。

◆三菱商事＝長い歴史が培った総合力で不安定な時代を突き進む

世界各国に一二〇の拠点を有し、約一八〇〇社の連結対象会社とともに全世界でビジネスを展開する三菱商事。同社は創業以来の社是「三綱領」の理念の下、時代のニーズを捉えて課題を克服するとともに、新たな事業をたゆまず創出し続けることで、経済発展や人々の生活の向上に取り組んできた歴史を持つ。その価値創造の源泉は、長年にわたって蓄積してきた産業知見やインテリジェンス、そして総合力を筆頭とする同社の強みだ。

広大な事業領域をカバーするのは、次の二部門と一〇グループ。二〇二二年に新設された「産業ＤＸ部門」は、幅広い事業領域でデジタルを活用したモデル設計・検証やＤＸ機能の提供を担う。「次世代エネルギー部門」は、低・脱炭素技術の発掘と社会実装、環境負荷の低い次世代エネルギーのサプライチェーン構築を追求する。「天然ガスグループ」は、エネルギーを安定供給する責任を果たしつつ、カーボンニュートラル社会実現に向け事業を推進。「総合素材グループ」は、社会のデジタル化・電化や自動車・モビリティの軽量化・ＥＶ化を支える機能素材事業で、カーボンニュートラル社会構築に貢献する。「化学ソリューショングループ」は、広範な分野で不可欠な燃料・化学素材の安定供給に努めつつ、持続可能な社会の実現に取り組む。「金属資源グループ」は、鉄鋼原料や非鉄金属の各分野で脱炭素、

経営資本

三菱商事は会社の経営基盤となる経営資本を、外部資本、受託資本、内部生成資本の3つに大別。さらに次の通りそれぞれ2つずつ、計6通りの経営資本を定義している。外部資本（社会的信用基盤）＝社会資本、環境・自然資本。受託資本＝財務資本、人的資本。内部生成資本＝事業資産、インテリジェンス・産業知見。

三菱商事の三綱領

三菱商事の企業理念として受け継がれている「所期奉公」「処事光明」「立業貿易」の「三綱領」は、三菱第四代社長岩崎小彌太の1920年の訓諭をもとに、1934年に旧三菱商事の行動指針として制定されたもの。この他、6項目からなる「企業行動指針」や、11の遵守事項がある「三菱商事役職員行動規範」等を定めている。

電化、循環型社会などの社会トレンドを見据えたビジネスを展開。「産業インフラグループ」は、インフラ、船舶、宇宙航空機、産業機械の各領域で多彩なビジネスモデルに注力。「自動車・モビリティグループ」は、ASEANを中心として自動車事業のバリューチェーンに深く携わる。「食品産業グループ」は、「食」に関わる商品の提供をグローバルに展開。「コンシューマー産業グループ」は、リテール、アパレル、食品流通など広範な分野で、デジタル技術も活用しながらサプライチェーンの最適化と新たな需要創造を推進する。「電力ソリューショングループ」は、再生可能エネルギーの発電、需給調整、送電と付加価値の高いサービスの電力バリューチェーン事業を核に多様な取り組みを行う。そして「複合都市開発グループ」は、三菱商事の総合力を通じて高機能かつ魅力的な街作りを推進する。

コロナ禍を経て、なお不確実性を高める国際情勢と世界経済。そうしたなか、グローバルサプライチェーンの再構築、デジタル化、脱炭素といった多様化・複雑化する社会・産業のニーズに、先見性のある対応が求められている。このような状況に対して、同社が培ってきた総合力を最大限駆使して各事業の総和以上の価値を生み出していくことを目指すのが、二〇二二年五月に発表した「中期経営戦略2024 MC Shared Value（共創価値）の創出」だ。その成長戦略は、EX（エネルギー・トランスフォーメーション）、DXを一体推進して新たな産業を創出する「EX・DX・未来創造」。同社が培ってきた「多様性」や「つながり」から生まれる「総合力」を最大限に発揮し、MCSV（共創価値）創出に突き進んでいる。

人材育成の基本方針

三菱商事では「経営マインドを持って事業価値向上にコミットする人材」を輩出し続けることを人材育成の基本方針としている。この方針に従い、社員は「構想力」「実行力」「倫理観」を段階的に高い水準に開発していくことが期待されている。リーダーシップ、ダイバーシティマネジメント、DXなど多彩な人材育成プログラム体系が確立されている。

カーボンニュートラル社会へのロードマップ

三菱商事グループは、資源・エネルギーなどの事業に携わってきた当事者として、エネルギーの安定供給責任を果たしつつカーボンニュートラル社会の実現を目指している。取り組みの骨子は、①2030年度半減・2050年ネットゼロ、②2030年度までに2兆円規模のEX関連投資、③EX・DX一体推進による「新たな未来創造」の3つ。

◆住友商事＝二期連続の最高益を経て持続的発展を追求し続ける

国内外に約一三〇か所の事業所を持ち、約九〇〇社あるグループ全体で約七万八〇〇〇人が働く住友商事。同社は各事業部門と六六か国・地域に展開する地域組織との連携を通じて、資源開発・製造事業などの川上から流通事業などの川中、そして小売り・サービス業などの川下に至るまで事業領域を拡大し、広範な産業分野でグローバルにバリューチェーンを構築する。

二〇一九年十二月に創業一〇〇周年を迎えた住友商事は、次の一〇〇年を見据えたコーポレートメッセージ「Enriching lives and the world」を策定。これは四〇〇年の歴史を通じて受け継がれた「住友の事業精神」と、社会や世界中の人々の暮らしをより豊かにするという企業使命を込めた住友商事グループの羅針盤だ。

同社の広範な事業を担うのは、次の七つの事業分野。「金属事業」は、鋼材・鋼管・輸送機材など多種多様な金属製品・鋳鍛造品のグローバルなバリューチェーンを構築する。「輸送機・建機事業」は、輸送機・建機ビジネスなどを通じてサステナブルな社会に向けた構造改革、新しい社会インフラの構築を追求。「インフラ事業」は、グローバルなインフラ事業を通じて地球環境との共生及び地域社会・産業の発展に寄与する。「メディア・デジタル事業」は、メディア・デジタルビジネス・スマートプラットフォーム分野で快適な暮らしの基盤と多様なアクセスの構築

住友商事グループの経営理念

常に変化を先取りして新たな価値を創造し、社会に貢献するグローバルな企業グループを目指すとともに、次の３点を経営理念に掲げる。〈企業使命〉健全な事業活動を通じて豊かさと夢を実現する。〈経営姿勢〉人間尊重を基本とし、信用を重んじ確実を旨とする。〈企業文化〉活力に溢れ、革新を生み出す企業風土を醸成する。

住友商事の事業精神「営業の要旨」

第一条　わが営業は、信用を重んじ確実を根本理念とし、これにより住友が盤石に、ますます栄えるようにしたい。

第二条　わが営業は、時代の移り変わり、財貨運用の損得を考えて、拡張したり縮小したり、起業したり廃業したりするのであるが、いやしくも目先の利益に走り、軽々しく進んではいけない。

を追求。「生活・不動産事業」は、リテイルから不動産まで多彩な分野での環境に配慮したビジネスを通じて地球環境との共生や快適な暮らしの基盤作りに貢献する。「資源・化学品事業」は、資源・エネルギー、化学品・エレクトロニクスの安定供給を通じて地球環境保全及び地域と産業の持続的な発展に注力。そして組織横断的な事業分野「エネルギーイノベーション」では、脱炭素・循環型エネルギーシステムの構築を通じた持続可能な社会の実現に取り組んでいる。

同社は二〇二一年から中期経営計画「SHIFT 2023」で、抜本的な構造改革を推進中だ。同計画は、「経営基盤のシフト」(ガバナンス・人材・財務健全性の強化・維持・向上)、「仕組みのシフト」(事業戦略管理・投資の厳選及び投資後のバリューアップ・全社最適での取り組み及び経営資源配分の強化)、そして「事業ポートフォリオのシフト」(成長投資に向けた資産入れ替えの徹底・収益の柱の強化育成・社会構造変化への挑戦)を実現させていくことを全体像としている。そのための「次世代成長戦略テーマ」として、「次世代エネルギー」「社会インフラ」「リテイル・コンシューマー」「ヘルスケア」「農業」とDX、さらにサステナビリティ経営の高度化を掲げている。

資源価格の上昇やコロナ禍からのリバウンドにも支えられ、計画初年度となる二〇二一年度は、連結最終損益が過去最高益の四六三七億円。二〇二二年度は事業ポートフォリオの改善などにともない、同五六五三億円で二期連続で過去最高益を更新した。同社はサステナビリティとプロスペリティを両立・共存させる努力を重ねながら、グループの持続的発展を追求し続けている。

人材マネジメントの強化

「新中期経営計画 SHIFT 2023」では、「『グローバル人材マネジメントポリシー』を具現化する人材マネジメント改革」「Diversity & Inclusionの推進」「グローバル適材適所の推進」「健康経営と働き方改革」に注力。また2030年度までに「女性管理職比率を20パーセント以上とする」などの目標も掲げている。

住友商事グループのマテリアリティ

住友商事は2017年4月、同社が「社会とともに持続的に成長するため優先的に取り組むべき重要な課題」として、次の「6つのマテリアリティ」を策定した。「地球環境との共生」「地域と産業の発展への貢献」「快適で心躍る暮らしの基盤づくり」「多様なアクセスの構築」「人材育成とダイバーシティの推進」「ガバナンスの充実」。

◆双日＝経営環境が激動するなか、事業と人材の創造に挑戦し続ける

各々一〇〇年以上の歴史を持つニチメンと日商岩井が二〇〇三年に経営統合して誕生した双日。現在は国内外九三拠点と約四四〇社の連結対象会社からなる双日グループとして事業を展開中だ。国内シェアNo.1の実績を誇る航空機事業、総合商社として初進出したベトナム事業など、プレゼンスが際立つ分野は多い。

双日グループの企業理念は、誠実な心で世界を結び、新たな価値と豊かな未来を創造すること。スローガンは「New way, New value」だ。強い個を活かす組織力を基に創造性を発揮し、すべてのステークホルダーに貢献するための行動指針「確かな信頼を築く」「将来を見据え、創意工夫する」「スピードを追求する」「リスクを見極め、挑戦する」「強固な意志でやり遂げる」の五つを掲げる。

同社の事業本部は、次の七つ。成長市場＝アジア・ラテンアメリカ、また成熟市場＝日本・アメリカなどで自動車の卸売・組立・小売事業を展開する「自動車本部」。民間航空機・防衛関連などの航空事業、また空港から鉄道、船舶まで手がける「航空産業・交通プロジェクト本部」。グローバルな社会課題に対してエネルギー、通信、都市インフラ、ヘルスケアなどの事業領域で価値創造を図る「インフラ・ヘルスケア本部」。金属資源や鉄鋼分野の上流権益投資及びトレーディング事業、リサイクルを含むサーキュラーエコノミーの領域に取り組む「金属・資源・リ

女性活躍推進

双日はダイバーシティ経営推進の専任組織を設け、中長期的視点で女性が当たり前に活躍する環境の整備を進めている。2023年3月期は、積極的な女性総合職の新卒採用及び中途採用の継続、女性管理職の登用促進、若手女性総合職の海外・国内出向経験割合の向上、30歳前後の女性総合職対象の経営陣によるメンタープログラムなどに取り組んだ。

企業理念とグループブランド

「誠実な心で世界を結び、新たな価値と豊かな未来を創造します」が双日グループの企業理念。「双日」の「双」は顧客・社会と同グループの固いパートナーシップを表し、「日」は太陽のようなエネルギーに満ちた企業グループを実現するとの意志表明を表す。

サイクル本部」。基礎化学から機能性材料、工業塩・レアアースといった無機化学など幅広いトレードや事業、また低炭素社会・循環型社会に貢献する環境ビジネスなども手がける「化学本部」。アグリビジネス事業、食料事業、飼料畜産事業、林産資源事業などでサステナブルな消費と生産を追求する「生活産業・アグリビジネス本部」。そして食品・消費財流通、水産事業、商業施設運営、不動産など、リテールDXやマーケティングなどの機能軸を強化しながら消費者のニーズに応える「リテール・コンシューマーサービス本部」だ。

二〇二一年四月、双日は新たな「中期経営計画２０２３～Start of the Next Decade～」を始動。「事業や人材を創造し続ける総合商社」を二〇三〇年に目指す姿として位置づけ、「マーケットインの徹底」「共創・共有の実践」「スピードの追求、組織・人材のトランスフォーメーション」の実行を通じた「競争優位や成長を追求」する。同計画が注力する領域の一つは、エッセンシャルインフラ・ヘルスケア。欧米、中東、アフリカなどでエネルギー事業への投資を行っている。そのほか東南アジア・インド市場でのリテール及び農業、また素材・サーキュラーエコノミー分野も注力領域として投資配分している。

初年度の二〇二二年三月期は、当期純利益が過去最高の八二三億円。二〇二三年三月期は、当期純利益が初の四桁億円となる一一一二億円に到達している。双日はこの成果を〝発射台〟として新たな成長を実現すべく、「一人ひとりがどこよりも挑戦・成長できる場を提供する会社」を目指し、一層の変革に取り組んでいる。

サステナビリティ

双日が事業を通じて中長期的に取り組むサステナビリティ重要課題（マテリアリティ）は、次の6つ。事業に関わる人権の尊重、事業を通じた地球環境への貢献、地域社会とともに発展・成長を実現、持続可能な資源の開発・供給・利用、多様な人材の活躍・ダイバーシティの推進、有効性と透明性を重視。

人材戦略

「人材」が価値創造の中核であり、最も重要な資本と位置づける双日。その力を最大化させ、自ら変革し新たな価値を創造し続けられる「個」の集団を形成して企業価値を高める「人的資本経営」を推進している。人材戦略を経営戦略・事業戦略と三位一体として捉え、その３つの柱に「多様性を活かす」「挑戦を促す」「成長を実感できる」を掲げる。

◆日鉄物産＝その道では、誰にも負けない商社。未来を切り開くプロフェッショナル集団

日鉄物産は「鉄鋼」「産機・インフラ」「食糧」「繊維」の四つをコアビジネスとして、国内二四都市、海外一八か国三三都市に拠点を展開する。

近年の動きとしては、二〇二二年一月に事業環境の変化に合わせて繊維部門を独立させ、三井物産の子会社との事業統合でMNインターファッション株式会社として再出発した。さらに二〇二三年四月には日本製鉄の連結子会社となり、両社間の高い次元での戦略共有により、これからより新たなステージに進んでゆく。

「鉄鋼」事業では「鉄のプロフェッショナル」として、日本製鉄グループの中核商社として原料調達から製品の加工・納入まで総合的なサービスを展開する。供給の安定化と多様化を図るべく世界各地から原料を調達する一方、鋼材取引において加工、販売会社を国内外の需要地に配し、バリューチェーン構築を進化させている。顧客満足度向上に向け、日本製鉄グループ各社および三井物産と戦略や経営資源を共有し、ビジネス拡大に取り組む。海外ではベトナムで現地有力鉄鋼流通企業に出資するとともに、欧州にウィーン支店を設置。二〇二三年にはメキシコに子会社を設立し、コイルセンターを二年後に稼働させて北米で電磁鋼板のサプライチェーンを構築しようとしている。国内では二〇二二年に建材と線材のグループ会社を合併し、事業基盤をより強固なものとした。

女性が活躍するフィールドを拡大

チャレンジ精神旺盛な女性たちが幅広い分野で活躍。社員自身の価値観やキャリアに合わせて貢献のしかたを選ぶことができ、女性のビジネスフィールドは広がり続ける。2021年4月からは3年間にわたる行動計画を策定。管理職の女性比率引き上げや、現在もこれからも増加していく女性総合職の働きやすい環境づくりに取り組んでいる。

ＥＳＧの推進体制

事業活動による社会的価値と経済的価値を継続的に創出するため、社長を委員長とする「ＥＳＧ委員会」を運営。環境・社会貢献・ガバナンスの面から取り組むべき経営の重要事項を検討する。その例としては脱炭素社会・環境保全への貢献、サステナブルな暮らしへの貢献、多様な人財の活用、サプライチェーンの一貫最適化などがある。

「産機・インフラ」事業では、アルミ製品、伸銅品、メタルシリコン、マグネシウム、炭素繊維など非鉄金属素材を扱う機能マテリアルユニット、エンジン部品や低公害車用部品などの鋳造品や鍛造品を中心に燃料タンク、シート部品も含む自動車部品を提供するモビリティユニット、鉄道用車輪や車軸などの輸出や工業団地の運営ノウハウを生かした海外進出のソリューションを提供するインフラ・機械鉄道ユニットの三本柱となっている。自動車用ヘッドレスト部品のグローバル展開で世界シェア一位を目指すほか、EV市場で事業を拡大していく。炭素繊維では欧州大手風力発電機メーカー向けのブレード用に二〇二二年から納入を開始した。こうしたさまざまな新規ビジネスの立ち上げで「グローバルニッチトップ」を目指す。

輸入食肉のパイオニアとしてトップクラスの取扱シェアを誇る「食糧」事業では、北米、欧州、南米を中心に海外の有力加工会社、飼育から加工まで一貫生産する工場と提携。グローバル調達力と品質管理力を駆使し、フードバリュー・クリエーターとして新たな食の価値とソリューションを提供する。食品メーカーや外食産業、コンビニ向けの加工食品の開発・販売にも積極的に取り組む。人口減少や少子高齢化により国内市場が縮小するなかで、和牛の輸出や海外拠点を通じた販売の拡大、ビーフ、ポーク、チキンの三国間取引など海外ビジネスを拡大し、さらに植物性代替肉の国内ベンチャー企業とも提携して新製品の開発と販売に取り組んでいる。

顧客と社会に貢献するエクセレントカンパニーを目指す日鉄物産。その成長は、その道で誰にも負けないプロフェッショナルである社員一人ひとりが支えている。

石炭代替ブラックペレットに出資

カーボンニュートラル製品であるブラックペレットを製造する米国企業に、子会社を通じて2022年3月に出資。木質バイオマスを空気を遮断した状態で焙焼して炭化させ、ペレット状に成型したもので、発電用、製鉄用の燃料として二酸化炭素排出削減に貢献すると期待される。その世界規模の販売拡大にグループとして携わっていく。

グローバル教育など充実した研修制度

企業理念の1つである「人を育て人を活かし、人を大切にする」を実現するため、様々な教育研修制度を展開。新人総合職全員を対象とした短期海外研修や、若手社員の海外留学・研修制度、グローバルマインド醸成研修制度のほか、カリキュラムを選択して受講するオンライン学習などで社員が自律的に学べる環境も整備している。

◆阪和興業＝〝プロフェッショナル＆グローバル〟を掲げ成長を続ける独立系商社

阪和興業は鉄鋼、リサイクルメタル・プライマリーメタル、食品、エネルギー・生活資材、木材、機械を事業の柱とし、各種商品の販売及び輸出入取引を行う商社だ。財閥やメーカーの系列に縛られることなく自由に事業を展開する独立系の強みを生かし、取引先のニーズに応え、ともに課題を解決していくビジネスパートナーであることを経営方針とする。国内外を問わず顧客のあるところに駆けつける「現場主義」が同社のＤＮＡであり、大きな特長となっている。

二〇二三年三月に終了した第九次中期経営計画のもとでは、売上高、経常利益の目標値を大きく上回った。同年四月にスタートした「中期経営計画２０２５」でも、財政基盤やガバナンスを強化しつつ持続的な成長への取り組みを進めている。

事業分野別に主な取り組みを見ると、鉄鋼では、条鋼、建材、鋼板、鋼管、線材特殊鋼など多種多様な製品群を通じて、あらゆる業界のニーズに対応すると共に、加工・在庫機能を持つ会社のＭ＆Ａにも取り組み、新たな流通システムの構築を進めている。メタル分野では、電気自動車用原材料を始め多方面に展開し、全体の売上の伸びに大きく貢献する。食品は輸入水産物に強く、サケやカニなどトップクラスシェアを持つ商材も多い。販売子会社のハンワフーズを通じて加工品やリテール部門、畜産品にも力を入れる。エネルギー・生活資材では産業用燃料や船舶燃料向

サーキュラー（循環）型社会への取り組み

SDGs（持続可能な開発目標）に対応し、サーキュラー型社会の実現に取り組む。鉄・非鉄金属のリサイクル事業をはじめ、森林資源・水資源の保全に関する認証取得も進めている。さらに電気自動車用電池事業に取り組む「電池チーム」ではEV化による電池需要の急増に伴い大手自動車メーカーと戦略的パートナーシップを結んでいる。

多角化を続ける事業分野

創業当時の売上高比率は、鉄鋼が100%。それが今では約50%。鉄鋼の売上高自体はむしろ大きく伸びているが、それに負けじと新事業（リサイクル・プライマリーメタル、食品、エネルギー・生活資材、木材、機械）が育っている。縦横無尽に商売をつくる、独立系ならではの柔軟性とスピード感を武器に、多角的に事業の拡大を続けている。

け重油、合成樹脂、古紙などを取り扱い、近年ではバイオマスエネルギーでも業界内で高いシェアを誇る。

海外では子会社、関連会社を含む六四か所の拠点を持ち、出資や業務提携、合弁事業、プライマリーメタル分野の投資を積極的に進めている。特にＡＳＥＡＮでは「東南アジアに第二の阪和を」の戦略のもと、国内で培った「そこか」事業のモデルを移植して地場取引の拡大を目指し、インドネシア地域における中国企業との協業等、基盤構築を進めている。

このように積極的に海外展開を推し進める中で、「Ｐ＆Ｇ（Professional and Global）」を基本理念として人材と組織の成長を企業戦略の中心に据え、専門性と経営的資質、国際感覚に加え、視野や人間性の広がりをもった人材を育てている。部門間異動や海外事業への人材登用も活発に行い、人材と組織の「Ｐ＆Ｇ」化を図っている。阪和ナレッジやこれまでの研修内容を八つの学部に集約させ体系化した「Hanwa Business School」により、さらなる人財強化を進めていく。

阪和興業創業者・北二郎は「商社は人なり」を信条とし、「企業の繁栄と社員の幸福は車の両輪である」という理念のもと、人材育成と良好な職場環境の構築に取り組んできた。その基本方針は、徹底した現場主義と権限委譲である。入社間もない時期から第一線の現場に出て、自分の目で見て学び、自ら考えて挑戦していく。商売の難しささえも楽しみながらその面白さを体得していく風土が、「Ｐ＆Ｇ」を体現するプロ集団を作り上げている。

女性活躍を推進する環境づくり

阪和興業ではダイバーシティ推進課を中心に、女性活躍を推進する環境づくりを進めている。女性総合職の採用を3割、女性管理職を1割にすることを目標とし、職群転換制度で一般職から総合職へ転換する人も増加している。22年度は115名が育産休を取得し、復職後も子育てと両立しながら働けるよう、時短勤務制度等を導入している。

企業内大学開校

「時代を先取りする阪和興業」を体現する企業内大学を2022年6月に開校。専門性と広い知見を併せ持つグローバル人材の育成のため、阪和興業の有する知識、経験を生かし、各種研修を8つの学部に集約して体系化。社員全体の知的リテラシーの底上げを図り、「プロフェッショナル＆グローバル」人材の育成を目指す。

◆兼松＝創業一三五周年に向けてグローバル戦略とDX、GXを強化

〝貿易商権を日本人の手に〟の理想を目指し、後に兼松となる「豪州貿易兼松房治郎商店」が誕生したのは一八八九年。激動の明治期に日本が次の時代を切り拓く一翼を担った開拓者精神のDNAは、現在も同社に息づいている。

同社の強みは、次の四つ。一つ目は「商いで培われた強固な顧客基盤とビジネスノウハウ」。一三〇年を超える歴史を通じて取引先や社会のニーズに応えてきた知見やネットワークの蓄積だ。二つ目は「安定した財務基盤と収益構造」。同社は商品市況・金融市場・世界情勢に左右されにくい収益構造を構築、また低いネットDER（自己資本に対するネット有利子負債の比率。企業経営の健全性を示す）を確立している。三つ目は「資本効率性重視の経営力」。ROE（自己資本利益率）の向上を追求しつつ、その操作目標として投下資本利益率（ROIC）による経営を進め、資本コストを意識した経営を行っている。そして四つ目が「事業創造にチャレンジする人材と促進する投資制度」。多様性から生まれるイノベーションを競争力とすべく人材戦略を最重視する。外国籍社員の割合も増加中だ。

事業分野は「電子・デバイス」「食料（食糧／畜産／食品）」「鉄鋼・素材・プラント」「車両・航空」の四つだ。「電子・デバイス」は、半導体装置、電子部品・材料、電子機器、半導体・デバイス、ICTソリューション、モバイル、CCTVシステ

兼松の基本理念「われらの信条」

1.伝統的開拓者精神と積極的創意工夫をもって業務にあたり、適正利潤を確保し、企業の発展を図る。2.会社の健全なる繁栄を通じて、企業の社会的責任を果たし、従業員の福祉を増進する。3.組織とルールに基づいて行動するとともに、会社を愛する精神と、社内相互の人間理解を基本として、業務を遂行する。

企業理念

創業者の兼松房治郎が遺した言葉に由来する「創業主意『わが国の福利を増進するの分子を播種栽培す』」が企業理念。さらに「5つのマテリアリティ」として、持続可能なサプライチェーンの構築、脱炭素社会に向けた取り組み、地域社会との共生、多様な働き方を実現する環境づくり、ガバナンスの強化とコンプライアンスの徹底を掲げる。

ム、データ・AI・SaaSなどをグローバルにサポート。「食料（食糧／畜産／食品）」は、穀物から飼料、また畜産物全般、農水産物・飲料及び調理加工食品・農産加工品などを手がける。「鉄鋼・素材・プラント」は、各国のインフラ整備と地域経済発展に貢献するプロジェクトなどを展開しつつ、新たな環境・エネルギーソリューションを提案。そして「車両・航空」は、自動車、オートバイ、建機・農機、航空機から人工衛星までグローバルなビジネスの拡大に努めると同時に、データビジネスへの参入など将来の礎となる新しい事業の展開に取り組む。

兼松は、二〇一八年から創業一三五年にあたる二〇二四年までの六か年の中期ビジョン「future 135」を開始した。基本方針は、将来に向けたさらなる成長軌道を念頭に「規模の拡大」「付加価値の獲得」「質の向上」を積極的に推し進め、伝統的ビジネスの進化と新規事業の創出で持続可能な世界経済成長の実現と社会的課題の解決に貢献すること。兼松グループの事業分野で持続的成長と効果的な事業投資による規模の拡大や付加価値の確保を追求し、当期利益二〇〇億円を目指す。また安定した収益構造・財務構造を背景としてＲＯＥ一〇～一二％、配当性向（総還元性向）三〇～三五％を目標に掲げ、資本の効率性を重視した経営を推進している。

その折り返しとなる二〇二一年には、ＳＤＧｓやＤＸへの取り組みも盛り込んだ。さらに次期中計でも、ＤＸ、ＧＸ（グリーントランスフォーメーション）を重点施策とする方針だ。中期ビジョンの最終年度に向けた業績も好調。足で稼ぐ行商のＤＮＡを矜持とし、デジタル、サステナビリティをキーワードとした挑戦が加速する。

サステナビリティ

兼松グループは2021年、TCFD（気候関連財務情報開示タスクフォース）に賛同して2050年のCO2排出量で-100万tのカーボンネガティブを目指す。2022年にはGX（グリーントランスフォーメーション）推進委員会を発足。翌年には国連グローバル・コンパクトに署名し、「人権」「労働」「環境」「腐敗防止」に係る10原則に賛同した。

女性活躍と仕事と育児の両立支援

「基幹業務に従事する、課長補佐担当以上の女性社員の人員増加」「新卒女性社員採用の割合増加」を2024年までの目標に掲げる。2022年には「採用」「継続就労」「労働時間などの働き方」「多様なキャリアコース」が評価され、厚生労働省より「えるぼし」認定を受けた。また同年にはジェンダーレスな育児を促進する育児休暇制度を導入。

◆岡谷鋼機＝「グローバル最適調達パートナー」として海外取引を拡大

岡谷鋼機は、創業以来三五〇年を超える歴史と伝統を誇る独立系商社だ。鉄鋼、機械を軸にグローバルな規模で幅広い商材を取り扱いながら、それにとらわれることなく先を見通した革新と創造によって歴史を紡いできた。〝自らの商売とはなにか〟を冷静に常に見つめ、商社にできることを常に追求し続け、今日に至るまで良好な取引関係を築いてきた。この進取の気質とたゆむことなく新事業を開拓し続ける企業文化が、抜群の安定感と確固たる実績を積み重ねてきた大きな理由だ。

営業部門の組織は鉄鋼（鉄鋼本部、特殊鋼本部）、情報・電機（エレクトロニクス本部、非鉄金属本部）、産業資材（化成品本部、メカトロ本部）、生活産業（配管建設本部、食品本部）、業務軸の「貿易本部」、ユーザー軸の「豊田本部」の四セグメント一〇営業本部体制に分かれ、ビジネスを幅広く展開する。

重点施策の三本柱として今取り組んでいるのが、グローバル（海外事業の拡大）、イノベーション（技術革新への挑戦）、チャレンジ（人材育成）だ。特に近年はものづくり産業への支援、育成を強化することで収益力を高めている。

二〇二五年度を最終年度とする中期計画「ＧＩＣ ２０２５」では、「ものつくりに貢献するグローバル最適調達パートナー」を企業理念として掲げた。国内外のグループ拠点を拡充して地域に根ざした事業を構築するが、伸びている海外進出に積

女性総合職の活躍

2018年度には総合職では初めての女性管理職が誕生し、2023年度時点では5名の女性総合職が管理職に。また、現在では3人に1人の女性総合職が仕事と子育てを両立しながら働いている。持続性のある働き方の実現に向けて、フレックス制度や短時間勤務制度など法律を上回るサポートを制度化し、活躍の場のさらなる充実を目指す。

挑戦なくして伝統はない

創業は1669年、初代岡谷聰助宗治が名古屋に打刃物業の店を構えたことに始まる。以来、幾多の危機を乗り越え、鉄を中心に高付加価値な事業を展開。世界23か国にネットワークを持ち、数千社の取引先から確かな信頼を得ている。新しいことへの挑戦なくして伝統は築けない。岡谷鋼機の350年以上の歴史がそれを証明している。

極的に取り組み、世界市場におけるサプライチェーンの充実・強化を進めている。

これに先立ち二〇一九年七月インドにチェンナイ支店、十一月中国に寧波事務所、十二月にはイスラエル事務所、二〇二二年十月には米国にデトロイト事務所を置いた。日本を含めた二三か国に拠点を展開し、八〇社を超える関係会社を持つ。

第二の柱である技術革新への挑戦では、先端商品や技術の取り扱いの拡大に挑む。社会課題解決型の分野として自動運転やロボット、航空機など新しい分野のビジネスと商材を積極的に手がける。さらにデジタル技術を活用したビジネスモデル（DX）とカーボンニュートラルの領域で商社機能を進化させ、ものづくりを手がける取引先に新たな価値を提供している。二〇二二年十月にはロボットシステムをはじめ自動化・DX化のためにソフトウェア開発を行う子会社、新エフエイコム㈱を設立。ハードとソフトの両面で提案する態勢を強化した。

こうしたグローバルビジネスの展開には、第三の柱とした人材育成が不可欠だ。岡谷鋼機では新しいことにチャレンジするために必要となるさまざまな能力を兼ね備えた人材の育成に注力している。そのために体系的かつ効果的な教育プログラムを充実させ、若手社員の年次別研修や管理職研修、また英語を始めとする語学講座や通信教育、社外ビジネススクール派遣等、自己啓発プログラムを実施している。

社員一人ひとりの自己成長を促し、今後も優秀な人材を輩出していく。グローバル視点とチャレンジ精神を兼ね備えた人材に支えられながら新事業を開拓し続けることで、岡谷鋼機の安定性と将来性、実績はますます揺るぎないものとなっていく。

世界をフィールドにしたビジネスの創造

岡谷鋼機が国内外に持つ80超もの関係会社のうち約3割は製造業だ。商社機能に限らず、自らがものづくりに深く関わりながら世界に貢献するためだ。そのような観点から、自動車・家電向け部品などの製造子会社により地域密着型のビジネスを創出。現在主力の米国・タイ・中国に加えて、フィールドのさらなる拡大に力を注いでいる。

全社員がＳＤＧｓに取り組む

持続可能な社会の実現をめざして国連が掲げるＳＤＧｓの17の目標を実現するため、岡谷鋼機の各部門ではその目標のどれに貢献するかを宣言。商社ビジネスを展開すべく全社員が活動している。具体的なテーマは「開発途上国での技術支援・インフラ開発」「自動化システムの販売強化」「海洋資源の保護」「金属資源の再利用」などが挙げられる。

◆三洋貿易＝「ニッチ・トップ」を独走する複合型専門商社

一九四七年創業の三洋貿易は、ニッチな分野の高付加価値商材を主に扱う〝複合型専門商社〟。自動車内装用部品、ファインケミカル、そのほか多様な素材・原料などの分野で希少性の高い商材を世界各地から調達・提供し、国内外で産業の発展と人々の生活向上に貢献してきた。海外拠点は一〇か国一七か所に展開している。

社員数が単体で二五一名（二〇二三年九月）という小回りの利く規模を生かし、スピード感のある事業展開を大きな武器とする。各事業部の役職が少なく、意思決定のプロセスがシンプルな点も強みの一つだ。少数精鋭の社員一人ひとりが大きな裁量を持っており、現場からの提案で新規ビジネスが次々と生まれている。ビジネスを全て自分たちで作り出す独立系商社である同社は、ニッチな市場でトップを目指す独自のポジションも特徴。木質バイオマスなど環境商材にも積極的だ。

またM＆Aによる事業戦略においても、将来性があり、シナジー効果が見込める企業の発掘に注力。既存の市場でのビジネスにとどまらず、小さくとも新たな市場を自ら作り出すことで、ほかの商社と一線を画す独自のポジションを確立している。

そんな同社の注力市場、事業領域は次の四つだ。

「モビリティ」は様々な移動体分野において、今後の電動化、及び自動運転化等を見据えた商材、サービスを通じた付加価値の提供を目指している。

ワークスタイルの柔軟性

新型コロナの5類移行後もテレワークや時差出勤制度を継続している。また、昨年より実施しているフリーアドレス化に加え、服装は通年でビジネスカジュアルを可とした。内勤社員だけでなく、外出予定がない日は営業社員もカジュアルファッションで出勤しており、自由度の高い社風を体現している。

新時代の課題に取り組む

スローガンに「最適解への挑戦」を掲げ、変化が大きい時代の中で、新たな課題に取り組んでいる。昨今で反響が大きい実績としては、自動車の次世代化が社会的テーマとなる中、海外製電気自動車の分解部品を展示する「Sanyo Solution Gallery」をオープンさせたことが挙げられる。全国から来場者が訪れ、メディアにも取り上げられた。

産業資材第一・第二事業部が自動車シート関連の商材等に注力し、新車の開発段階からデザインの提案や性能開発・改良に参加し、自動車業界の進化に寄与している。「ファインケミカル」は合成ゴム、塗料、コーティング分野等で、機能性材料、自然由来の新素材等のファインケミカルを通じて、幅広い産業に貢献。ゴム事業部が合成ゴム、塑剤等を自動車、情報機器を中心とするメーカーに供給し、メーカーの現地生産のサポートも手がけ、化学品事業部が塗料、インキを始めとする多様な高付加価値化学品を幅広い業界に販売し、化学業界の発展に努める。

「サステナビリティ」は再生エネルギー、畜産飼料分野において、食の安全と質の向上に貢献しグリーンテクノロジー事業部がペレットミル（造粒機）と関連装置のスペシャリストとして高い評価とシェアを確立すると共に、木質バイオマス熱電併給関連装置も主要商材とし、持続可能な社会作りを支えるビジネスを展開している。

「ライフサイエンス」は食品添加物、化粧品、医療、科学機器、バイオテクノロジー等の分野において、食と医療等様々な商材・サービスを提供し、ライフサイエンス事業部が医療・医薬品、食品、化学品、環境等幅広い産業分野の発展に寄与するイノベーティブな素材、科学機器を通じたトータルソリューションを提供している。

直近の業績（二〇二三年九月期連結）は、不透明な環境のなかでも営業利益が前年同期比二六・七％増。一般に五〇％以上で相当な優良企業とされる自己資本比率は約六三・四％（同）に上る。三洋貿易はこうした安定した経営基盤を武器に、さらなる未知の領域への挑戦を絶えず続けている。

国内外拠点と海外駐在

国内拠点においては、東京（本店）・大阪・名古屋・広島の4拠点。また、継続的に行っているM&Aによって、グループ会社が増加している。海外拠点は北米・アジア・ヨーロッパの各地域、計10か国に拠点を展開。駐在員数は全営業社員の約2割に相当する約30名。大半の社員が入社2～3年以内に何らかの形で海外経験を積んでいる。

高度な専門性

高付加価値商材を扱う同社のビジネスを支える強みが、商社の枠を超えた高度な専門性。顧客から細かなニーズを汲み取り、豊富な知見を武器に設計・開発といった上流段階からサプライヤーと協働することで、最適な形にカスタマイズした商材を提供し、厚い信頼のもとで強固な関係を築いている。

◆日本紙パルプ商事＝環境商材「紙」の未来を切り拓く紙流通の世界企業

日本紙パルプ商事は、一七八年の歴史を持つ紙流通のリーディングカンパニー。紙・板紙販売はもとより、製紙原料としての古紙再資源化から古紙を使用した製紙・加工、物流など、紙に関する幅広い事業を手掛ける同社は、事業の多角化とグローバルネットワークで五つの事業の柱を確立。多彩な事業分野の一層の充実による収益構造の安定化、社会的課題の解決や循環型社会の構築への貢献を目指している。

事業の多角化・グローバル化を進める同社は、二〇一七年にグループブランド「ＯＶＯＬ（オヴォール）」を導入。二〇二一年には、『世界最強の紙流通企業グループ』『持続可能な社会と地球環境に一層貢献する企業グループ』『紙業界の枠を超えたエクセレントカンパニー』を目指す「ＯＶＯＬ長期ビジョン２０３０」を掲げた。

紙は近年、環境性能に優れた素材としてプラスチックの代替需要が拡大。また過剰なデジタル化から紙の豊かさが再評価され、その価値を見直す動きも広がる。そうしたなか二〇二二年、同社はサステナビリティをグループの重要な経営課題として体制を一新。サステナビリティを社会価値と経済価値をともに実現する持続可能な事業活動と定義し、マテリアリティの定義として「環境」「社会」「人材」「ガバナンス」の四つのテーマと一二項目のマテリアリティを特定した。特に重視しているのが「人材」だ。環境課題解決に資する紙という商材で価値を提供してきた同社

ワークエンゲージメント

「人材」を重視する取り組みとして、同社はワークエンゲージメントを通じた人的資本経営を推進。2023年5月には、従業員エンゲージメントを可視化するためにエンゲージメントサーベイを実施。従業員の働きがいを高め、より活躍し、付加価値を生み出す新たな仕掛けづくりにチャレンジできる組織風土の醸成と生産性の向上を目指している。

ワーク・ライフ・バランスの実現

最大の経営資本は人材とする同社は、社員が生き生きと健康に働ける職場環境の整備にも注力。「日本紙パルプ商事グループ健康経営方針」を定め、サステナブル経営のテーマでも「人材」を最も重視している。平均勤続年数は19.7年、離職率は2.2％（定年退職者含む）。また月間平均残業時間は14時間38分、有給休暇取得率は75.0％に上る。

は、激しい変化が見込まれる過渡期に向け、意欲的な挑戦をさらに加速させている。

事業分野は、次の五つ。国内卸売事業では、多様な素材と生活・産業物資の提案・供給、電子部品関連の機能材やサイン＆ディスプレイ、環境配慮型フィルム、パッケージ・包装資材など、紙とその関連分野で新しい可能性を追求。海外卸売事業では、米国、英国、アイルランド、豪州、ニュージーランド、インド、香港、シンガポール、マレーシアで、在庫・配送機能を備えた紙商の経営によるグローカリゼーションを推進。製紙加工事業では、国内大手のコアレックスグループを中心に、国内外で再生家庭紙や段ボール原紙、印刷用紙の製造と安定的な供給体制を構築。段ボールケース製造事業では生産設備への投資や多様なニーズへの対応を強化している。環境原材料事業では、国内及び海外で古紙再資源化事業、廃プラスチックなどの総合リサイクル事業、太陽光・木質バイオマスなどの再生可能エネルギーによる発電事業に注力。不動産賃貸事業では、保有不動産の効率運用と建て替え等、保有資産の効率化を進めている。以上五つの領域はバランスよく収益に貢献し、二〇二一年度、二〇二二年度とともに二年連続で過去最高益を達成した。

事業領域の拡大を支えているのが、豊富な人材だ。階層別研修、選択型研修など、多様な研修を整備。また米国・中国への「海外研修生派遣制度」など、グローバル市場へと送り出す教育システムを構築。今後も一層の制度拡充を図る方針だ。

日本紙パルプ商事は「紙、そしてその向こうに」をスローガンに、「紙」の無限の可能性を追求し、企業価値の最大化と持続可能な世界の実現の両立を目指している。

「Paper & Green」開設

紙製のファイルや容器、植物由来の樹脂を使用したプラスチック製品など、環境貢献型の製品によるソリューションの提案やコンサルティングを提供するサイト「Paper & Green」を2019年9月に開設。オンラインストアでの製品販売の機能だけでなく、製品解説ページでは、持続可能な循環型社会へ貢献する商品を提案している。

サステナブル経営の実践

2022年4月、「サステナビリティ戦略会議」及び「サステナビリティ推進本部」を設置。社会が求めるテーマを迅速にグループ全体に伝え、包括的に取り組む体制を整えた。2023年1月には「国連グローバル・コンパクト」(UNGC)に署名。UNGCが提唱する10原則を遵守することで、さらなるサステナビリティへの取り組みを進めている。

◆ダイワボウ情報システム＝ＩＴ流通を支え社会活動とビジネスに貢献するトップディストリビューター

東証プライムに上場しているダイワボウホールディングスの中核事業として、ＩＴインフラ流通事業を担いグループの成長戦略を実行し続けているダイワボウ情報システム（ＤＩＳ）。パソコンをはじめとした世界のＩＴ関連商品を取り扱い、最先端の物流システムによる即納体制、そして地域密着型のサービス＆サポート網の確立によって、日本のＩＴ市場拡大に貢献してきた。全国に構える九四の営業拠点が地域密着で全国一万九〇〇〇社の販売店と強いパートナーシップを築き、二〇二二年度には売上高八一九九億円を達成している。

取扱商品はパソコン及びその周辺機器・ソフトウェア等、およそ二四〇万アイテムにも上り、世界中のあらゆるメーカーのＩＴ商品を「お客様が欲しい時に、欲しいものを、欲しい組み合わせ」で提供できることが大きな強み。また、物流センターを全国に配備し、システム上で出荷を指示した商品については最速一〇分で出荷準備を整える即納体制も他に類を見ない。トップディストリビューターの名にふさわしい確固たる実績は、二〇二三年三月期の法人向け国内パソコンシェア三六・八％という数字にも表れており、業界での存在感はますます強まるばかりだ。

膨大なアイテムの商品データや出荷実績に対応し、これらを一元管理している基幹システム「ＤＩＳ-ＮＥＴ」など、事業の要となる管理システムの進化も加速し

4年連続で医療関係者支援の寄付を実施

「医療の届かないところに医療を届ける」を理念に活動する特定非営利活動法人ジャパンハートに対し、DISは4年連続で寄付を実施。新型コロナウイルス感染症の流行の中、医療体制が脆弱な環境下で尽力する医療関係者を支援することを目的とし、2023年は1億円を寄付している。

BtoBサイトiDATEN（韋駄天）

電子商取引システム「iDATEN（韋駄天）」は業界最大規模の販売店向けのBtoBサイトとして定評がある。単なる商品情報提供や検索・発注だけでなく、見積作成機能や業界情報の提供、e-ラーニング機能を備えており、ITポータルサイトとして販売店のビジネスを加速させる機能を提供している。

ている。さらに、顧客やエンドユーザー情報、商談内容などの各種データーベースが整えられており、データに基づいた適切な営業活動が可能となっている。また、仕入先メーカーには全国の地域特性に応じたマーケティング情報をフィードバックしており、仕入先からエンドユーザーまでIT流通に関するサプライチェーン全体へのソリューションも提供している。

エリアや業種・業界によってますます多様化するITニーズに対し、多くの拠点を持つことでface to faceの営業活動を可能とし、課題の解決に尽力する。このような取り組みは、働きがいと経済成長の両立や、パートナーシップによる持続可能な開発など、SDGsの達成にも大きく貢献している。

リモートワークの導入やクラウドサービスの利用が拡大する中、業務効率化と生産性向上を実現するための商材の提供にも注力している。近年ではサブスクリプション型ビジネスに関する顧客へのきめ細かいサービスを実現。多くのメーカーが多様な方式でサービスを展開する中、販売店の発注処理や工程管理数の煩雑化を抑えるため、より安心・簡単にクラウドサービスを販売できるよう一元管理を可能にした「iKAZUCHI（雷）」を提供している。

地域特性に応じた独自のマーケティング情報を活用しながら、今後も他社に先んじたITビジネスを全方位でサポートしていく顧客満足度No.1企業を目指すDIS。日本におけるDX化の発展になくてはならないIT専門商社として、〝顔の見えるディストリビューター〟の存在感はますます大きなものとなっていくはずだ。

中堅中小企業のDX加速を支援するサービスを開始

新型コロナウイルスの影響によるDX化をビジネス変革へと発展させるため、DISでは体系化された「DX教育サービス」の提供を開始。企業全体にDXに対する正しい理解を深めるためのトレーニングと、これに基づく具体的な行動につながるデジタル技術の導入及び活用による継続的な取り組みを支援していく。

10年後を見据えたIT教育を考える､学びの場を企画

教育市場へ様々なITを提供するDISでは、2022年より日本経済新聞社大阪本社との共同で「日経STEAMゼミ」を開催。2023年は高校・大学あわせて14チームが参加した。現場の最前線にいるDISの営業社員と学生たちが協力しながら将来のIT教育をテーマとした研究や企画会議を行い、プレゼンテーションを実施した。

◆CBC＝一〇〇周年に向けグローバルビジネスを積極的に拡大

ハイブリッド型の事業形態を強力な武器に、未知なる事業領域への〝創造&挑戦〟を続けるCBC。来るべき創業一〇〇年の節目に向けて、ゼロから創り出す喜びと、〝商社魂〟＋〝チャレンジ魂〟という原点を再確認し、さらなる挑戦を続けている。

二〇二二年四月には、グループとして中期経営計画「CBC GRIT 100―挑戦」を始動。「GRIT」とは「やり抜く力」の意味だ。二〇二四年度までの三か年を通じ、「社員がより誇れる強い会社」を実現することを、目指す姿・ビジョンとする。同時に「CBC GRIT」を新たなコーポレートバリューとし、独自のグローバルなビジネスを、よりアグレッシブかつ大胆に拡大していく方針だ。

一九か国・四六拠点を結ぶ磐石なグローバルネットワークを活用し、「健康」「安全」「利便性」「環境」をキーワードに多角的なビジネスを展開するCBCでは、トレーディング機能もフル活用し、顧客ニーズに応じた多種多様な原材料、新製品や新素材を世界各地から探し出し、調達、提供している。

また、医農薬・化学原料や自動車・光学機器の関連部品を中心に、メーカーとしてあらゆる角度から新商材を具現化するマニュファクチャリング機能も強化。積極的なM&Aや事業投資、国内外の企業とのアライアンスによって、世界各国に自社及び委託工場を保有し、〝世界中の顧客からの要請に、世界中の拠点で応える〟フ

研修制度の充実

会社の発展は社員の成長なくして実現しえないという「共存共栄」の経営理念から、人材教育への投資を惜しまない。幅広いビジネススキルの習得のために、業務の一環として参加できる通学/オンラインの研修や、海外拠点で基本半年間の武者修行をする海外研修も行う。全社員に学びと成長の機会ができるよう、最大限支援している。

社員の約4割が海外駐在経験者

2023年3月末時点の従業員429名に対し世界43の拠点を展開するCBCでは、全従業員の35%が海外駐在経験者。年間平均海外出張回数は5.5回だ。グローバル展開を一層加速させる同社は、ビジネスへの情熱を燃やす積極的な人材であれば、20代前半という若さでも海外駐在のチャンスが与えられ世界をフィールドに活躍できる。

レキシブルな体制を敷いている。

二〇二三年には伊Bioplanet社を買収、また日本純良薬品を一〇〇%子会社化。化学、カメラ、医薬という事業の三本柱の全てで、メーカー機能も併せ持つ体制を整えた。さらに重点地域に位置づける成長目覚ましいインドのベンチャーなどに対する投資ビジネスも、意欲的に展開している。

堅実な収益に裏付けられた経営基盤を持つCBCは、成長の源泉を社員そのものと位置付ける。飽くなき情熱と好奇心に溢れたチャレンジングな人材がビジネスを創造し、若い社員の斬新なアイデアを積極的に事業化していくベンチャーマインドも企業としての成長の原動力だ。

さらに、入社早々の社員が第一線で活躍できる背景には、非上場のメリットも大きい。株主からの短期的な利益追求にさらされることなく、中長期的な視点で腰を据えて事業に取り組めるため、野心に溢れた社員たちがニッチな市場や発展途上の地域で探し出したビジネスの芽を、じっくりと育て上げる環境を用意できる。もちろん経営感覚も求められるが、その分、商社パーソンとしての成長も著しく、自らビジネスを創造したい人材には絶好のフィールドだ。

「共存共栄」を企業理念に掲げるCBC。コーポレートスローガン「Dream Together」を通じて、社員一人ひとりの夢や想いの実現を目指していく。商社機能とメーカーとしての製造機能を併せ持ち、いつの時代もチャレンジ魂を貫くことで、未来永劫、発展・繁栄する企業スタンスを維持し続ける。

医薬・農薬分野へのさらなる強化と拡大

2006年、原薬・医薬中間体の受託メーカー伊・Procos社を買収。欧米の製薬メーカーなど医療ニーズへの対応を一層拡大すべく、設備投資を強化している。バイオ医薬分野では遺伝子治療分野へ出資し、抗体医薬品関連商材を拡充。2023年にはイタリアのバイオ農薬メーカーBioplanet社を買収し、環境に配慮した農薬の普及に貢献する。

イタリアの歴史遺産保護に貢献

イタリア・ベルガモのCBC (Europe) S.r.l.は、2013年から現地の非営利財団・FAI (Fondo Ambiente Italiano：イタリア環境基金) のゴールドスポンサーとして活動を支援している。FAIは、イタリアの歴史的遺産を保護から修復、管理、そして一般公開までを行う団体。会社を挙げた本格的な寄付を通じ、文化財の保護に貢献している。

◆ＮＸ商事（旧社名・日通商事）＝世界を舞台に物流を変革する「日本最大規模の物流商社」

世界有数の物流企業・日本通運グループ。その中核商社としてグループ全体の二割の売上高を誇るのが、一九六四年創業のＮＸ商事だ。日通グループは二〇二二年一月、さらなるグローバル事業の拡大とグループ体制の強化を目指し、ホールディングス体制へ移行してＮＸ（ＮＩＰＰＯＮ ＥＸＰＲＥＳＳ）グループと改称。同時に日通商事は社名変更してＮＸ商事となり、一層の機能強化を図っている。

「高機能複合商社」であるＮＸ商事は、国内一八五の拠点に加え、海外に一一の現地法人を展開。世界のビジネスシーンの最重要課題＝ロジスティクス戦略のすべてを、国境・時間・言語・商習慣等、あらゆるボーダーを超えてコーディネートし、効率的かつ付加価値の高い、世界規模の〝一貫物流サービス〟を提供できる点が強みだ。こうした力を武器に、近年は海外への展開がますます加速している。

「物流」とは、多種多様なモノを安全かつ円滑、迅速に運搬する世界。その過程では、インフラ、運搬のための荷役機器・車両の提供や整備、燃料供給、鉄道や船舶輸送用のコンテナ製作、さらに保険に至るまで、広範な領域の事業が必要だ。

この幅広いフィールドで求められる様々なニーズに、ＮＸ商事はワンストップ（一つの窓口）でフルサポートしている。ＮＸグループを始め国内外の様々な企業から官公庁・自治体などを取引先に、エネルギーから食品まで、物流を軸としながら

グループブランドシンボル

日通グループは長期ビジョン「グローバル市場で存在感を持つロジスティクスカンパニー」の実現に向け、2022年1月にホールディングス体制に移行。同時に新たなブランドアイデンティティとして「NIPPON EXPRESS」の略称「ＮＸ」をデザインしたシンボルを策定した。2023年WBCではグローバルスポンサーも務めている。

NX
NIPPON
EXPRESS

商材に捉われない多様なビジネスを展開。NXグループの巨大なネットワークも活用し、高度な専門性を備えた営業がきめ細かで創造的なソリューションを提供する。

NX商事の事業領域を構成するのは、次の五つのセグメント。「プロダクト」は、物流合理化に関するソリューションから建築物の工事請負、建築資材を提供。またIT機器、生活関連用品、包装資材の設計・販売なども手がける。「エネルギー」は、産業用エネルギーの供給・リテール事業から再生可能エネルギーを含むソリューションを提案。またESG経営の一環として、家庭や工業用向けにクリーンエネルギーをビジネス展開する。「物流サポート」は、物流形態・要件に最適な輸出入および三国間の国際物流をサポート。また一貫した国際業務のソリューションを提供する。メーカー機能も併せ持つ整備製作部門は、車両の整備や開発にも取り組む。「ファイナンス」は、企業のリスク管理をオーダーメイドで設計・提案。国内大手損保企業と安心・安全なサポート体制を敷いている。そして二〇二三年には、グループ会社を事業統合する形で新たに「不動産」を事業部門として新設。グループの中核商社としての機能を一層拡大させている。

NX商事は現在、「3つのKYOSO力（共創・協奏・競争）によって他社との差別化を進め、企業価値を高めて持続的成長を図る」を基本方針とする経営計画を推進中。また従来からの〝人を大切にする〟社風に加え、より風通しのいい社内体制の確立に向けた改革にも余念がない。ビジネスの創造と社会的課題に取り組む「日本最大規模の物流商社」の挑戦は、世界市場を舞台に加速する一方だ。

駐日カンボジア王国大使から感謝状

NX商事は移転などで不要になった中古オフィス什器（デスク、椅子など）を海外に寄付する事業にも取り組む。2021年末に日本通運が本社を移転した際も、SDGsの理念実現のために中古オフィス什器をNX商事のスキームでカンボジアへ寄付。同社は2022年7月に駐日カンボジア王国大使から感謝状を贈られた。

再生可能エネルギーへの取り組み

2022年7月には、木質バイオマス燃料PKS（パーム椰子殻）について持続可能な取引を証明するGGL認証を取得。海外での原料調達から保管・輸送、また輸送機器の提供まで、NXグループとしてPKSをバイオマス発電所に供給するワンストップサービス体制を確立し、持続可能な社会の実現に貢献している。

◆MNインターファッション＝未来を紡ぎ、独自の挑戦を続ける繊維商社

日鉄物産の繊維事業、三井物産アイ・ファッションが事業統合し、二〇二二年一月に誕生した繊維商社。機能資材、機能テキスタイル、産業資材並びにアパレル・服飾雑貨製品、ホームファッション等の調達・販売、ブランドマーケティング、その他繊維・ファッション関連事業を、展開している。

強みは、ファッション・繊維事業において長い歴史を持つ両社が有する知見・総合力・調達ネットワーク、そしてアパレルのサプライチェーン全体をカバーする事業リソースだ。

同社は統合が生み出す相乗効果を最大化しつつ、規模を活かした効率化と機能強化を追求して、競争力の向上、強固な事業基盤の構築などに注力。またサプライチェーンに対して市場変化への適応策や斬新なアイディアを提供して付加価値を創出し、顧客の課題解決に貢献することを目指す。

またサステナビリティを重視した新たな原料・素材の開発を追求しており、紙糸を使った「ＷＡ・ＣＬＯＴＨ（ワクロス）」、廃棄衣料品からリサイクルした糸を使用した「ＢＲｉＣＯ（ブリコ）」などがその代表例だ。

国内に子会社として八つの事業会社、海外にも三つの現地法人と七つの事業会社を持つ。グループ経営をグローバルに推進・拡大しつつ、連結での収益を第一に追

WA.CLOTH（ワクロス）

日本的な紙をベースに作られる次世代の高機能素材。紙糸＝天然のフィラメントファイバーから作られる。環境にやさしいだけでなく、優れた吸放湿性と独特の肌離れ性がベトつきやムレを和らげ、肌へのやさしさを実現。耐久性があり、長持ちする点も特徴。

日鉄物産と三井物産アイ・ファッション

日鉄物産は、住金物産が前身。鉄鋼、産機・インフラ、食糧、そして繊維を扱う複合専業商社として発展。繊維では、グローバルOEMメーカーとしての機能強化に努めてきた。三井物産アイ・ファッションは1992年、三井物産の繊維部門を補完する三井物産インターファッションとして創業。三井物産の繊維部門中核子会社を担ってきた。

求している。とりわけ海外市場へは、いっそう注力しており、中国、香港、ベトナムの現地法人を通じて、グローバル展開を強化する。

MNインターファッションは、「柔軟な発想で従来の繊維商社の枠を超えて、幅広い事業領域でグローバルにビジネスを創り出し、世の中に新たな価値を届けていく」ことを使命として掲げる。経営理念は、「Purpose 未来を紡ぎ、価値と感動を世界へ。」、「Vision 多様な個性×自由な発想×組織の力でファッションの明日を共創します。」。加えて「Set No Limits ボーダーを越える。もう一歩先へ。」、「Be Professional 徹底して磨け。プロとしてやり抜け。」、「Respect Others 多様性を尊重する。信頼に応える。」、「Be Positive 失敗したっていいじゃないか。」の四つを、「Values。」としている。

社内では、これまで並行して使っていた二社の基幹システムを二〇二三年四月に統合。同月には新たな人事制度の運用も開始し、七月にはペイ・フォー・パフォーマンスをさらに重視した評価制度を導入。若手からベテランに至るまで社員の適正な評価を重視すると同時に、若手社員の課長職への早期抜擢も可能とする制度となっている。

人材育成制度は新入社員研修、スキル・マインドセット研修に加え、英語圏や中国語圏で一〜二年の語学研修及び実務研修を行う海外チャレンジ制度、海外の展示会視察を行う海外視察研修制度等がある。

KIDS B HAPPY（キッズビーハッピー）

EXILEを擁するLDH JAPAN、ファッションチェーンのアダストリアと立ち上げたコラボ企画を実施した実績がある。EXILEのTETSUYAがアンバサダーとデザインの監修を務めた。アダストリアのブランドGLOBAL WORKを通じて、デザインや機能を工夫した子供向けアパレルグッズのコラボレーションアイテムを提供した。

「DO U BANANA？」

2023年3月、約1週間の期間限定で東京・SHIBUYA109渋谷店でポップアップストア「DO U BANANA？」を開設。Z世代のSDGsへの取り組みを支援するSHIBUYA109 lab. EYEZとのコラボとして、BANANA CLOTH（バナナクロス）を使った製品を通じてZ世代がサステナブルなアクションを起こすきっかけ作りをサポートした。

◆守谷商会＝オンリーワンに挑戦する独立系「エンジニアリング商社」

優良な国産機械の推奨販売を目的とし、守谷商会が東京・銀座に創業したのは、いまから百二十年前。欧米の輸入機械が崇拝されていた一九〇一（明治三四）年のことだ。以来、同社は震災、恐慌、敗戦など、日本経済の危機を幾度となく乗り越え、わが国の経済成長の原点〝モノづくり〟に携わるあらゆる現場に産業用機械・設備を供給。機械分野に出自を持つ、比類なき独立系商社として、日本及び世界の産業界に圧倒的な存在感を放つ、必要不可欠な企業へと躍進を遂げた。

この「百年企業」・守谷商会が掲げるビジネス戦略は「受注生産品」「直接営業」「提案営業」の三つがキーワード。揺るぎない安定経営を誇る守谷商会では、既製品を輸出入するだけの仲介ビジネスとは一線を画し、少数精鋭での〝量より質〟を重視した独自ビジネスを展開。産業用機械の中でも〝世界に一つ〟しかないカスタマイズやオーダーメイドを伴う「受注生産品」をメイン商材に据え、高い付加価値を顧客に提供している。そしてこの「受注生産品」ビジネスを可能にしたのが、あらゆる業界をターゲットに「直接営業」を行い、顧客や仕入先メーカーへの課題発見と解決策の提案、つまり商社機能として最も重要なコンサルティング＆ソリューションを率先かつ徹底して行う「提案営業」なのだ。

この高度に戦略的な営業には、現場を熟知し、機械に精通するだけでなく、会

〝モリタニパーソン〟は、総合プロデューサー

守谷商会が扱う産業用機械は、顧客の個別ニーズに合わせた世界に1つの受注生産品。受注から仕様・価格・納期の変更への対応、納入・入金・支払、さらにアフターケアまで担当者がトータルで対応する。つまり〉“モリタニパーソン”とは「機械ビジネスの総合プロデューサー」として、取引全体をコントロールするプロ集団なのである。

維持現状即是落伍

守谷商会東京本社には、台湾の著名な実業家から贈られた「維持現状即是落伍」の書が飾られている。これは「現状維持を目指しては落伍者となる＝目線を高く掲げ挑戦を続けよ」という意味だ。新規はもちろん、既存得意先であっても案件ごとに提案内容が異なる守谷商会では、常に勉強と挑戦が求められている。

計・法律など多岐にわたる知見を身につけたプロフェッショナルの存在が不可欠。その点、守谷商会は中長期的視点に立ち、社員の目的意識や向上心を支援する人材育成システムを構築している。まずは先輩社員とペアを組み、現場知識を体得する「新人トレーナー制度」に始まり、その後、毎年一週間、軽井沢の自社研修施設を使い、全ての総合職社員に四〇時間実施される「階層別研修」、最新の計装制御システムを実装した日本初のプラントシミュレーション施設「ツクバ・フローラボ」を使った技術研修、さらに米国と台湾で行う「海外留学制度」や「資格取得支援制度」なども充実。高い専門性を備えた「技術営業」が可能となり、それが守谷商会の代名詞「エンジニアリング商社」の所以ともなっている。

さらに、守谷商会ではフラットな組織体系のもと、社員一人ひとりが経営者意識を持つため、店部単位の独立採算性を採用。営業社員が自ら商機を察知し、系列に縛られない独立系商社としてのメリットを最大限活用し、電力・鉄鋼・自動車・機械など国内外の優良企業や官公庁に機動性の高いビジネスを展開している。その結果、グループ全体として突発的な災厄や景気変動に影響されにくいバランスの良い売上構成を達成。これが「自己資本比率五〇パーセント以上で、創業以来一貫して黒字経営」という優良かつ強固な財務基盤と経営体質を生み出している。

産業用機械を知り尽くした〝モリタニパーソン〟は、優良な経営環境を背景に、顧客からの多彩なオーダーに応える「オンリーワン」の産業用機械の創造・提供に挑戦を続け、日々、国内外の産業界に貢献している。

グローバル人材育成の「海外留学制度」

守谷商会では30年にわたり毎年4人程度、米国の大学に派遣。英語だけでなく、興味のある講義を自由に履修する。また、台湾の大学にも毎年2名程度派遣し、英語で行われる中国語の講義で語学力向上を目指す。このように入社5～10年の若手社員が各国で約3か月、異文化交流体験を行い、その後、海外駐在員に選ばれる場合も少なくない。

1世紀の実績を誇る海外トレード

「百年企業」・守谷商会は、1914年に台湾、1918年には米国に事務所を開設。海外トレーディングでも伝統と実績を誇る。現在、シカゴ（米国）、フランクフルト（ドイツ）、台北、高雄（台湾）、上海（中国）、シンガポールに現地法人を有し、世界約20か国と取引。営業部門の役員は現地法人の代表者であり、海外取引は一層重要性を増している。

第4章

商社の待遇と勤務条件

初任給

業界別トップの初任給、企業間格差も増大

まずは左の表を見てほしい。今年、来年と商社は驚くほどの勢いで初任給を上げている。これは、政府の賃金アップの要求に経団連が応えたこと（商社企業の多くは経団連に加盟している）、業績が極めて好調なこと、そして学生獲得のライバルとなる企業が大幅な賃上げを行っていることなどが理由である。例年数千円アップが相場であった初任給が、一気に数万円単位で上昇している。ちなみに、今年の大卒初任給の平均金額は二一万八三二四円だ。

この流れを牽引したのは、やはり総合商社である。各社四万五〇〇〇円アップして、三〇万円を超えたところが多い。元々初任給の高かった鉄鋼系商社では、伊藤忠丸紅鉄鋼がこれに並び、岡谷鋼機、阪和興業、メタルワンも二五万円を超えている。伊藤忠エネクス、岩谷産業、興和、住友商事グローバルメタルズ、西華産業、大同興業、田村駒、蝶理、長瀬産業、日本紙パルプ商事、三谷商事、ユアサ商事など、続々と二五万円を超えてきた。

そんな中特筆すべきは、守谷商会の二九万六二〇〇円、ＣＢＣの二八万円だろう。ビジネスの明るい見通しが、初任給にも反映されている。

総合商社の果たす機能①

流通：国の内外に流通網を形成。流通センターを運営して、効率のよい物資の流通を実施する。

総合商社の果たす機能②

輸送：供給者から最終目的地まで、商品を最小限のコストと時間で輸送する。また、輸送に必要な書類の作成や通関手続き、検品、船積みの管理なども行う。

◆主な商社の初任給一覧

単位：円

社名	総合職初任給			一般職初任給		
	呼称	22年	23年	呼称	22年	23年
三菱商事	総合職	255,000	305,000			
伊藤忠商事	総合職	255,000	305,000 (※24年より)	事務職	210,000	225,000 (※24年より)
丸紅	総合職	255,000	255,000			
双日	総合職	260,000	305,000 (※24年より)	事務職	210,900	230,900 (※24年より)
兼松	広域 エリア特定	255,000 210,000	255,000 210,000			
伊藤忠エネクス	ゼネラル職	232,000	250,000			
伊藤忠丸紅鉄鋼	BPグループ	255,000	305,000 (※25年より)	APグループ	205,000	225,000 (※25年より)
岩谷産業	総合コース	240,000	255,000			
NX商事	総合職	222,200	227,200			
MNインターファッション	総合職	240,000	247,000			
岡谷鋼機	総合職	245,500	260,000	事務系契約社員	216,000	226,000
片岡物産	総合職	205,000	205,000			
川重商事	総合職		235,700	一般職		196,900
キヤノンマーケティングジャパン	総合職	230,000	237,000			
興和	総合職	235,000	255,000			
三洋貿易	総合職	242,500	337,500 (※24年より)	業務職		278,400 (※24年より)
JFE商事	業務職	240,000	240,000			
CBC	総合職・専門職	260,000	280,000			
新光商事	総合職	234,000	240,000			
住友商事グローバルメタルズ	基幹職	240,000	255,000	事務職		205,000
西華産業	総合職	215,900	250,000			
第一実業	総合職	201,000	234,000			
大同興業	総合職	244,500	252,000	一般職	214,500	223,500
ダイワボウ情報システム	総合職	225,500	236,000	一般職	197,600	207,100
田村駒	総合職	255,000	265,000	一般職	200,000	210,000
蝶理	基幹職	240,000	265,000	事務職	200,000	210,000
帝人フロンティア	総合職	230,000	230,000	一般職	188,000	188,000
トラスコ中山	総合職	245,000	245,000			
中川特殊鋼	総合職	213,000	213,000			
長瀬産業	総合職	255,000	270,000	事務職	210,000	223,000
日鉄物産	総合職	243,000	243,000			
日本アクセス	総合職	222,000	226,600			
日本紙パルプ商事	総合職	230,000	250,000			
阪和興業	総合職	240,000	260,000	一般職	201,000	201,000
丸文	基幹職	226,500	241,500			
三谷商事	総合職	246,000	255,000			
三菱食品	総合職	210,500	235,000			
明和産業	総合職	215,000	215,000	事務職	200,000	200,000
メタルワン	B職	240,000	260,000			
守谷商会	総合職	276,200	296,200	事務職	206,800	226,800
森村商事	総合職	225,000	235,000	事務キャリア職	207,000	211,000
ユアサ商事	総合職	243,000	260,000	一般職	208,000	220,000
RYODEN		212,000	214,000			

平均年収

三菱商事は二〇〇〇万に、一〇〇〇万円超え商社大幅に増える

左ページの表は、『会社四季報』や『就職四季報』、企業への直接取材などのデータを中心にまとめたものである。業界別四〇歳モデル年収ランキングで、総合商社は業界としてコンサルティング会社を抑えて一位となっている。四〇歳モデル平均年収で一〇〇〇万円を超えているのはこの二つの業界のみ。なかでも三菱商事はほぼ二〇〇〇万円、他の総合商社も一五〇〇万円以上という圧倒的な数字を誇っている。

一方、専門商社は四〇歳前後の平均年収であり、一概に比較はできないが、さすがに総合商社ほどの迫力には欠ける。しかし、鉄鋼商社の伊藤忠丸紅鉄鋼（ＭＩＳＩ）、岡谷鋼機、日鉄物産、阪和興業、ＪＦＥ商事、化学系商社の蝶理、長瀬産業、第一実業などが一〇〇〇万円プレーヤーの仲間入りをしている。また、九〇〇万円台の専門商社も伊藤忠エネクス、岩谷産業、三洋貿易、ＣＢＣ、帝人フロンティア、日本紙パルプ商事、丸文、森村商事など、ずらりと控えているので、これから入社する学生たちが四〇歳になるころには年収は一〇〇〇万円を超えているに違いないし、自らの力でそうなるように頑張ってほしい。

総合商社の果たす機能③

資源開発：日本経済の成長に不可欠な資源の安定供給のため、海外で多額の先行投融資を行い、原料炭、鉄鉱石、原油、食糧などの資源開発を行う。

総合商社の果たす機能④

技術移転：海外の高度先端技術を日本企業に斡旋するために、外国企業と常に接触し、情報を収集する。また、海外へのプラント輸出を通じて、日本の工業技術や経営ノウハウなどの技術移転も行う。

◆業界別年収ランキング

順位	業界名	平均年収（万円）
1	総合商社	
	三菱商事（全従業員〔非現業〕の平均年収）	1,939
	伊藤忠商事（平均年収）	1,730
	丸紅（平均年収）	1,594
	住友商事	1,526
	三井物産（全従業員〔非現業〕の平均年収）	1,524
	双日（全社平均年間給与）	1,209
	兼松	1,204
	豊田通商	1,114
2	コンサルティング	1,048
3	海運	802
4	医薬品	760
5	メガバンク	756
6	クレジット・信販・リース	754
7	生命保険・損害保険	753
8	証券・ネット証券	740
9	半導体・製造装置・半導体材料	733
10	テレビ・白物・生活家電	725
11	ソフトウェア	711
12	不動産・戸建て・マンション	697
13	映画・アニメ	685
14	飲料・乳業・酒類	673
15	自動車	670
16	携帯電話事業者・ネット回線	664
17	建設	661
18	化学・塗料	655
19	専門商社	649
20	ＩＴサービス・クラウド	646
21	電子部品	634

※万円以下は四捨五入

◆専門商社の平均年収

（平均年齢）

社名	平均年収（平均年齢）
伊藤忠エネクス	953万円（42.0歳）
伊藤忠丸紅鉄鋼	総合職1,728万円（40.9歳）
岩谷産業	941万円（39.7歳）
ＮＸ商事	791万円（43.4歳）
岡谷鋼機	1,080万円（39.1歳）
キヤノンマーケティングジャパン	857万円（48.8歳）
ＪＦＥ商事	1,207万円（40.4歳）
ＣＢＣ	952万円（44.5歳）
三洋貿易（全従業員平均）	967万円（40.6歳）
新光商事	822万円（43.0歳）
西華産業	862万円（41.8歳）
第一実業	1,027万円（40.3歳）
蝶理	1,000万円（40.3歳）
帝人フロンティア	総合職901万円（44.7歳）
トラスコ中山	771万円（35.0歳）
長瀬産業	1,090万円（40.9歳）
日鉄物産	1,209万円（32.7歳）
日本アクセス	726万円（41.2歳）
日本紙パルプ商事	総合職990万円（44.7歳）
阪和興業	1,105万円（38.9歳）
丸文	総合職906万円（44.2歳）
三谷商事	819万円（41.6歳）
三菱食品	763万円（43.4歳）
森村商事	総合職955万円（41.8歳）
ユアサ商事	総合職931万円（39.3歳）
RYODEN	808万円（44.2歳）

勤務時間と休暇

「働き方改革」定着

SDGsに取り組む商社にとって、働き方改革は喫緊の課題だった。それが新型コロナの発生によって、加速されている。収束を見た現在、ハイブリッドな労働環境が定着しつつある。

商社パーソンと言えば、働き詰めの印象が強い。実際、ハードワークを求められる商社パーソンの日常は、今も昔も勤務時間など気にしていられないのが現実だろう。こうした背景から、セミナーで「ワークライフバランス」について質問する学生が多い。これに対して座談会などで、自身の経験に基づき、労働時間の現実について語る商社パーソンもいるが、彼らが必ず口にするのは、ワークライフバランス以上に、商社で働く目的や夢の重要性である。好きなことは時間を忘れて取り組んでしまうものだと言うのだ。もっとも、精神論で問題が解決しないのは、各商社ともよく理解しており、今も働き方改革に積極的に取り組んでいる。例えば伊藤忠商事のように、朝型勤務の推奨や夜八時あるいは十時以降の残業を禁止する商社もある。住友商事グローバルメタルズは、IT技術を駆使して仕事を効率化、大いに生産性を上げている。効率的な仕事への取り組み方は、今後も進んでいくだろう。

総合商社の果たす機能⑤

オーガナイズ（組織化）：商品売買の経験と知識、複雑な貿易業務のノウハウを組み合わせて、多国間にまたがる大型プロジェクトを、円滑に推進する。

総合商社の果たす機能⑥

ジョイントベンチャー（合弁事業）：海外諸国での地場産業の開発、発展のために、現地の企業と共に企業を興す。現地の雇用を促進し、生産品の輸出によるその国の外貨獲得にも役立つ。

◆残業・有給休暇

社名	月平均所定外労働時間	平均有給休暇取得日数	年度
伊藤忠商事	23	11.8	2022
伊藤忠エネクス	8.1	17.8	2022
伊藤忠丸紅鉄鋼	30	11	2022
稲畑産業	14.2	9.2	2022
岩谷産業	13.7	9.4	2022
NX商事	21.3	14.2	2022
MNインターファッション		13.4	2022
岡谷鋼機	15	11.7	2022
兼松	19.3	11.9	2021
川重商事	10	15.4	2022
キヤノンマーケティングジャパン	6.0	15.0	2022
三洋貿易	19.2	12.2	2022
CBC	6.8	11.2	2022
JFE商事	32.8	12.1	2021
住友商事グローバルメタルズ	30.6	15.1	2022
双日		18.4	2022
西華産業	12.5	13.4	2022
大同興業	20.2	14	2022
ダイワボウ情報システム	9.6	12	2022
田村駒	22.5	8.0	2022
中川特殊鋼	35	9.6	2021
日鉄物産	28.6	13.3	2022
日本紙パルプ商事	14.4	14.5	2022
阪和興業	22.4	12.0	2022
丸紅		12.4	2022
三谷商事	16.9	9	2022
三菱商事	29.9	12.8	2022
明和産業	9.4	11.0	2022
メタルワン		12.8	2020
守谷商会	17.6	12.3	2022
森村商事	9.5	12.1	2022
ユアサ商事	8.9	11	2022
平均（doda,bizreach）	22.2	10.1	2022

社　　名	勤務時間	フレックス制（コアタイム）	休日休暇
西華産業	9:00〜17:15	有り	年約120日、有給10日〜20日、夏季5日（6〜9月に自由に取得可）、年末年始、慶弔、子の看護他
第一実業	9:00〜17:30	有り	年125日、有給10日〜20日、特別、慶弔等
大同興業	9:00〜17:30	11:00〜14:00	年120日、有給20日〜40日、積立、慶弔、特別、リフレッシュ等
ダイワボウ情報システム	9:00〜17:45	—	年124日、有給10日〜20日、全週休二日制（土・日）、祝祭日、年末年始、特別、慶弔、産前産後、育児、リフレッシュ、等
田村駒	東京9:30〜17:30 大阪9:15〜17:15	—	年127日、有給12日〜20日、慶弔、リフレッシュ、夏期、年末年始、結婚、看護、介護、産前産後、育児、生理、PMS、更年期、男性育児等
蝶理	9:15〜17:30	有り	年約120日、有給10日〜20日、季節
帝人フロンティア	9:15〜17:30	11:00〜15:00	年約120日、有給10日〜20日、年末年始、慶弔他
トラスコ中山	9:00〜17:30	—	有給10日〜最高40日（未使用分は無限に積立可）、特別（慶弔、介護）等
中川特殊鋼	8:50〜17:40	—	年120日、有給10日〜20日、他
長瀬産業	9:00〜17:15	—	週休2日、祝日、年末年始、有休14日〜20日
日鉄物産	9:00〜17:20	有り	有給14日〜20日、創立記念、リフレッシュ、年末年始、サマーホリデー、アニバーサリー、男性育児、特別休暇（結婚、転任、妻の出産）等
日本アクセス	9:00〜17:30	有り	週休2日制（年間122日）、有給20日
日本紙パルプ商事	9:00〜17:15	—	完全週休2日制（土・日）、祝日、年末年始、有給休暇（初年度10日、2年目15日、4年目以降20日）、リフレッシュ、積立有給等
阪和興業	8:45〜17:00	—	年約120日、有給10日〜20日
三谷商事	9:00〜18:00 地域により 8:30〜17:30	—	完全週休2日、祝祭日、夏季、年末年始、慶弔、育児、介護、看護、特別等
三菱食品	9:00〜17:30	11:00〜15:00	週休2日、年末年始、年次有給、産前産後、育児、介護、積立年次有給休暇、創立記念日等
明和産業	9:15〜17:30	—	年約120日、有給12日〜20日、夏季、年末年始、結婚、傷病、忌引、転任、子供の看護、介護、リフレッシュ等
メタルワン	9:15〜17:30	有り	完全週休2日、祝祭日、年末年始、年次有給休暇／20日等
守谷商会	9:00〜17:30	—	年約120日、有給15日〜20日、リフレッシュ、慶弔、育児、介護等
森村商事	9:00〜17:20	—	年120日以上、有給14日〜20日、創立記念日、年末年始、慶弔、特別有給等
ユアサ商事	9:00〜17:00	—	年約120日、有給12日〜20日、夏季、年末年始、慶弔等

◆主な商社の勤務時間一覧

社名	勤務時間	フレックス制（コアタイム）	休日休暇
三菱商事	9:15〜17:30	導入部署有り、実働7時間15分	週休2日、祝祭日、年末年始、年次有給、結婚、リフレッシュ等
伊藤忠商事	標準勤務時間7時間15分	フレキシブル（始業）5:00〜9:00 コアタイム 9:00〜15:00 フレキシブル（終業）15:00〜20:00	年122日、有給14日〜20日、年末年始・慶弔・リフレッシュ・ボランティア・特別支援等
丸紅	休憩60分／日 所定時間外労働有り	有り	週休2日、祝祭日、年末年始、年次有給、リチャージ、ボランティア、オールシーズン、ファミリーサポート、看護、介護、産前産後、特別傷病、慶弔等
双日	9:15〜17:30	有り	有給20日、夏期5日、年末年始等
兼松	9:00〜17:15	フルフレックス	年約120日、有給14日〜20日、慶弔、育児等
伊藤忠エネクス	9:00〜17:30	13:00〜15:00	年123日、有給20日、年末年始、慶弔等
伊藤忠丸紅鉄鋼	9:15〜17:30	10:00〜15:00	完全週休2日制、祝祭日、年末年始、年次有給休暇、夏期休暇・冬期休暇、出産サポート休暇、育児・看護休暇、ワークライフバランス休暇、リフレッシュ休暇、ボランティア休暇、子の看護休暇、妊娠休暇、慶弔休暇、介護休暇、その他特別休暇
JFE商事	9:00〜17:30	11:00〜14:00	年124日、有給18日〜20日、リフレッシュ、積立等
岩谷産業	9:00〜17:15	—	有給15〜20日、夏季休暇5日、年末年始、リフレッシュ、メモリアル、配偶者出産等
NX商事	8:45〜17:45 勤務地による	—	年約124日、有給16日〜31日（うち10日は計画的付与制度）、リフレッシュ等
MNインターファッション	9:30〜17:45	11:00〜15:00	完全週休2日制（土・日）、祝日、年末年始、有給14日〜20日、結婚、妻の出産、忌引、インフルエンザ罹患、リフレッシュ、産前産後、生理、妊娠、出産、公務公職、介護、特別福祉等
岡谷鋼機	9:00〜17:00	—	年約124日、有給15日〜20日、リフレッシュ、夏期、年末年始等
川重商事	9:00〜18:00（営業所による）	時差出勤制度有り	年約125日以上、夏季、年末年始、有給15日〜20日、傷病等積立休暇、特別休暇（慶弔、インフルエンザ等）、ポジティブ休暇等
キヤノンマーケティングジャパン	9:00〜17:30	時差勤務制度有り	年125日、有給13日〜20日、フリーバカンス／サマーバカンス、リフレッシュ、半日、傷病積立、育児休業、ジョブリターン制度等
興和	9:00〜17:30	—	年126日、有給10日〜20日
三洋貿易	9:15〜17:15	時差勤務制度有り	年121日、有給20日、年末年始、慶弔、産前産後、育児・介護、リフレッシュ、ボランティア等
CBC	9:00〜17:25	—	年120日以上、有給17日〜20日、慶弔、出産・育児、介護、産前産後、年末年始等
住友商事グローバルメタルズ	9:30〜17:45	有り	有給20日（初年度16日）、週休2日、祝祭日、年末年始、結婚、配偶者出産、リフレッシュほか

※巻末データ及び有価証券報告書などにより作成
取材時期・計算方法・出典などにより巻末データと数字が異なる場合がある

教育と研修

充実の語学研修

「人材」を一番の財産と考える商社業界の教育・研修は、他の業界とは比較にならないほど充実している。採用人数は少数精鋭であり、そのプロセスも他業界より厳しいが、新しい人材を、大切にそして大きく育てようと考えているからだ。

商社によって、研修・教育の考え方は大きく二つに分けられる。一つは、実践的に走りながら考えることを求める育て方。教育係の先輩社員について商材の知識・取引先との交渉の仕方などを学ぶ。もう一つは教育期間をきちんと設けて、その間商社パーソンとして必要なことをきっちり修めていく。守谷商会はその代表企業で、若いうちから活躍できるというようなフレーズは使わない。時間はかかるがきちんと育てます、と学生に伝える。

海外との仕事が多い商社では、語学研修には特に力を入れている。採用で語学力を強く求められることはないが、入社して少なくても海外との仕事をしたいと考えている人は積極的に習得する必要がある。数年でＴＯＥＣＩの目標を定めているところもある。国内での語学研修、短期留学制度など内容は多種多様だが、充実ぶりは目を見張る。

総合商社の果たす機能⑦

情報：一国の政府の海外情報収集能力に匹敵する、大規模な情報収集ネットワークと通信設備を持ち、内外の顧客に対して、貿易拡大、商取引の機会、マーケティングなどに関する最適な情報を即時に伝達することができる。

総合商社の果たす機能⑧

金融：大型ビジネスや貿易に必要な資金の調達・供与を行う。そのため、外国為替や財務の専門家による国際的なネットワークを構成し、融資、貸付、ベンチャーキャピタルの業務を展開する。

◆教育・研修制度

MNインターファッション	●**海外視察制度：**海外の展示会訪問や市場リサーチをすることで、社員の視野・知見を広げるための制度。 ●**海外チャレンジ制度：**海外での語学研修と実地研修を実施し、グローバルに活躍する社員を育成するための制度。 ●**メンター制度：**新入社員の入社後1年目は、若手先輩社員が1on1でメンターとして寄り添う。身近な相談役として、仕事のことからメンタル面までしっかりサポートする。 ●**その他：**新入社員研修、OJT指導員制度、各種階層別研修、専門実務研修等。
岡谷鋼機	●**新人総合職研修：**会社理解に加え、ビジネスマナーや貿易実務、社内外ルール等、仕事をする上で必要な基礎知識を学ぶ。 ●**ビジネススキルアップ研修：**若手社員を対象とし、「論理的思考力」や「問題解決」、「リーダーシップ」等、ビジネススキル習得・向上する機会を提供する。 ●**事務系契約社員：**「新人～5年目までの集合研修」 　入社後には新人研修でビジネスマナーや岡谷鋼機についての理解を深めてもらう。集合研修（毎年1回各年次ごとに全地区の契約社員が集合）では、各年次に応じた内容で研修を実施し、しっかりとしたプロの社会人になるためのサポートを行っている。 （プログラム例）・ビジネスマナーのブラッシュアップ・後輩指導・能力の棚卸しと今後の目標設定 ●**自己啓発制度：**「社内語学講座（英語、中国語、韓国語、タイ語、スペイン語）」：社内にて外国人・日本人講師とのマンツーマン授業を受講することができる。ビジネス会話、ライティングなど、各自の要望に応じた授業を行っている。 ※事務系契約社員は英語・中国語・スペイン語が受講可能 ●**海外語学研修制度：**将来、グローバル経営人材として活躍できる社員育成の一環として、入社4年目の社員を対象に、3か月間海外の語学学校に派遣し、語学能力の向上とグローバルマインドの醸成を図り、ビジネス拡大の一助としている。
守谷商会	●**新人社員研修：**入社後3週間、社内規定講習、ビジネスマナー講習、コンプライアンス講習、工場研修を通して基礎的な知識を取得。 ●**新人トレーナー制度：**入社後2年間。 ●**階層別研修：**毎年、総合職社員を若手、担当者、管理職、幹部の階層別にグループ分けし、それぞれの階層ごとにテーマを決めて集合研修を実施。 ●**目的別研修：**海外留学制度（アメリカ・台湾）、ビジネススクール派遣。 ●**勉強支援制度：**講習会や資格取得のための費用を会社が負担。

三洋貿易	●**新入社員研修：**入社後約2か月は管理部門（経理・財務・法務・審査・貿易実務）研修を実施。社会人としてのマナーや会社の基本業務等を習得する。 ●**若手社員フォローアップ研修：**入社2～3年目の社員が一堂に集まり行う研修。内部および外部研修による「独り立ち」に向けた学習機会を提供。 ●**階層別研修：**若手社員、中堅社員、管理職、役員等の各職層に、その職務に必要なスキルを磨くための研修を随時実施。 ●**海外研修：**若手社員向けに中国、タイ、ベトナム等当社の海外拠点で派遣型研修制度（1年間）を毎年実施。 ●**海外語学留学：**若手社員向けに米国（NY）での語学留学研修（3か月間）を実施。現地では短期間の語学研修を行う。対象者は、若手社員の中から希望を募り、選抜する。 ●**キャリア面談：**上長とキャリア面談を実施し、自身のキャリア形成とその実現に向けて話し合い、自律的な成長を促進する。 ●**自己開発支援制度：**自社ビジネスに有用と認められる講座（英会話等）を社外の機関で受講した際、補助金を支給。また、日商簿記等の所定の資格を取得した際、受験料や報奨金を支給する制度がある。 ●**OJT制度：**新卒の新入社員に対しては、配属先でトレーナー（指導員）を決めて、業務習得に向けたフォローを行う。
ダイワボウ情報システム	●**入社時研修：**（配属前に約1～1.5か月の集合研修）基本的なビジネスマナー・社会人としての心得、コンプライアンス教育、社内のシステムの使用方法やITに関する業界情報や歴史・製品の基礎知識などイチから習得する。 ●**PC商品知識研修：**主たる取り扱い製品であるパソコンの仕組みを講義と機材の分解・組立て実習を行い、深い知識を得る学習。 ●**クラウドサブスク研修：**クラウド基盤・商材の特徴やサブスクリプションビジネスに関する基礎知識を2日間にわたり学ぶ。 ●**営業活動基本研修（総合職）：**1～3年目対象、自社紹介スキルの習得からスタートし、お客様との対話の中で潜在的ニーズを引き出し、最適なご提案をすることを大切にしている。このスキルは営業職の方だけでなく、技術職の方も大切なスキルとなるので、ロールプレイングを交えながら実践的に習得する。3年目は後輩指導のスキル習得を内容にしている。 ●**その他：**営業力強化研修、プレゼン研修、与信研修、財務研修、マネジメントゲーム研修、ＯＪＴトレーナー研修、コーチング研修、等々 年次と業務に合わせた研修を実施し個々人の成長をサポートする。

第5章

商社の求める人材と採用

大きく変わった採用状況

総合商社が地方大学から積極採用へ！

東京や関西の有名国立大学や私立大学が我が物顔で就活に臨み内定を得てきた時代は、もう過ぎ去ろうとしている。なぜなら、大学入試時点の学力を中心とした採用では、入社後のミスマッチが多いことに各商社ともに気がついたためである。もちろん、学力の低い学生を採用することなどあり得ないのだが、テストセンターの試験さえクリアできれば、あとは「人間力」重視での採用が広がっている。その証拠に総合商社をはじめ、専門商社も海外や地方に埋もれた優秀で骨太な学生の採用に向けて、人事部採用担当者自らが営業社員とともに足を伸ばしているのだ。札幌、仙台、名古屋、福岡には、旧帝国大学があるほか、各地域の国立大学や私立大学で入学以来、夢を現実のものとするために自らを磨き上げてきた学生たちが、そんな商社からのセミナーや採用面接を待ち構えているのだ。

商社の資産は人材である。毎年数万のエントリーの中から確かな人材を選び抜く目を持つ商社の採用担当者は、全国各地そして全世界から優れた商社パーソンの資質を持つ学生を発掘すべく日夜励んでいる。

雇用と労働ミニ知識

人事考課：社員の能力や業績に対する評価、すなわち勤務評定のこと。英語ではヒューマン・アセスメント（human assessment）と言う。従来は非公開が原則で上司や人事担当者が一方的に決定していたが、近年では、本人に公開し、納得してもらった上で決定する「オープン考課制」を導入する企業も増えている。そこには、本人に自己の欠点や不足を自覚してもらい、自己啓発意欲を引き出そうという教育的配慮が働いている。

◆主な商社の新卒採用一覧

社名	大卒（院卒）		
	24年度予定	23年度実績	22年度実績
三菱商事	非開示	127	120
丸紅	非開示	94	105
伊藤忠商事	125～135	134	107
双日	125	107	90
兼松	40程度	37	41
メタルワン	13	15	15
伊藤忠エネクス	17	26	27
伊藤忠丸紅鉄鋼	53	44	14
岩谷産業	76	79	70
NX商事	79	46	47
MNインターファッション	14	9	2
岡谷鋼機	44	33	25
片岡物産	5	6	6
カメイ	約40	34	49
川重商事	16	10	13
キヤノンマーケティングジャパン	約140（高専10含）	117（高専9含）	76（高専6含）
興和	85	88	94
三洋貿易	15	15	9
JFE商事	45	59	61
CBC	10	10	6
JALUX	28	24	6
新光商事	10	15	9
住友商事グローバルメタルズ	18	20	15
西華産業	10	5	7
第一実業	28	23	16
大同興業	17	13	11
ダイワボウ情報システム	160程度	174	94
田村駒	12	9	7
蝶理	22	18	18
帝人フロンティア	18	10	8
トラスコ中山	52	64	44
中川特殊鋼	8	7	7
長瀬産業	39	48	42
日鉄物産	50程度	34	10
日本アクセス	100程度	104	93
日本紙パルプ商事	16	16	13
阪和興業	130程度	115	111
丸文	25	20	13
三谷商事	32	22	28
三菱食品	100程度	79	80
明和産業	7	9	6
守谷商会	24	21	19
森村商事	9	11	6
ユアサ商事	76	76	57
RYODEN	30	38	31

人事部発「学生たちに告ぐ！」

君たちはどう見られ、何を求められているのか

もしかするとあなたは〝自分には他人と違う個性がある〟と思い込んではいないだろうか。たしかにあなたは、あなたにしかないモノを持っているはずである。だが、毎年数千人の学生のエントリーシートを読み、顔を突き合わせて話を聞く人事部採用担当者から見ると、あなたは自分で考えているほど個性的な人間には見えないのである。まして面接本を読み、他人の情報に踊らされていては、あなた自身がいったい何者かわからなくなってしまう。

ここでは商社人事部の採用担当者に登場いただき、最近の学生像や求める人材について語ってもらった。その中には今年の各社の採用スケジュールや面接におけるアドバイスなどもあり、参考になることも多いはずだ。しかし、それよりも感じ取って欲しいのは各社採用担当者の意見の根底に流れている〝何か〟である。就職活動は残念ながら仮想空間でのゲームではない。面接ではあなたの人生そのものが見られている。決して付け焼き刃で通用するものではないのである。

アオい情熱を持て、夢は大きいほどいい

伊藤忠商事 人事・総務部 採用・人材マネジメント室＝清浦 幸也

◆少数精鋭、「厳しくとも働きがいのある」会社

みなさんは伊藤忠商事について、どのような印象を持っているでしょうか。またその活動について、どんなことを知る機会がありましたか。

たとえば「三方よし」という言葉を耳にした方もいるのではないでしょうか。これはかつて近江商人が大切にした「売り手よし、買い手よし、世間よし」という価値観を簡潔に表現した言葉で、自分だけでなく相手にとって、そして世の中にもよいことを商いとしてやっていく姿勢を示しています。伊藤忠商事の創業者、伊藤忠兵衛も、江戸時代に天秤棒を担いで商いに出た近江商人の一人でした。そして「三方よし」は今、伊藤忠商事グループの企業理念となっています。

また伊藤忠商事の朝型勤務制度や、社員のがん治療への支援も報道されると話題になりました。ありがたいことに、就職人気企業ランキングでは度々一位を取らせていただいております。

私はこれらに加えて、五大商社の中で社員数が最少で、それだけに少数精鋭、つまり、若いうちから多くの権限裁量を与えられる組織であることを会社説明会などでは強調しています。二〇二三年四月に入社

した私自身も、一人あたりの裁量権が大きいことを実感します。責任ある仕事を任され、さまざまな業務も経験しています。

当社は東京本社と大阪本社で新卒採用の選考エリアを分けていますが、毎年東京から大阪に数名が出張します。昨年は東京の採用・人材マネジメント室から、入社したばかりの私一人だけが大阪に行き、あとは別部署の先輩社員でした。先輩たちからは「採用の君がリーダーで、自分たちはそのつもりで動くのだからがんばりなさい」と声をかけられて、責任の重さを感じたのを覚えています。

六月の新卒選考期間は慌ただしくなります。スピード感が求められるなかで、学生と面接する社員を選んで連絡し、一方では学生にイベントや選考に関する告知をしていきました。内々定者向けには懇親会を複数回開きましたが、その企画や準備、実施は自分が中心になって行いました。もちろん最初は周りの人にいろいろと教えてもらいましたが、徐々に自分でできることを増やしていきました。

一方で伊藤忠商事では、社員が能力を最大限発揮できる制度づくりを進め、なかでも働き方改革を推進しています。朝型勤務制度もその一つで、二十時以降残業するのであれば翌朝に行います。朝であれば取引先の営業開始まで時間が決まっているので集中して効率が上がります。その支援として、朝に残業代を同じように付け、朝八時までに出勤すると、社員はファミリーマートやDoleの商品を三つまで無料でもらうことができます。人事・総務部ではそれより早い七時には会社に出ているのが当たり前です。

がんとの両立支援は、社員が能力を最大限発揮できるように安心して仕事に取り組んでもらうためです。また万が一、がんになっても会社に居場所があることを伝えています。国立がん研究センターのがん検診が義務化されるとともに、高額な高度先進医療費の全額補助、がんとの両立支援体制構築、がんにかかった社員の子供には大学を卒業するまで育英資金を提供するという内容です。その他の福利厚生についても、育児休暇、介護休暇などはすべて法定基準を上回る期間となっています。

伊藤忠商事は、こうした環境のもとでメリハリをもって仕事ができる、「厳しくとも働きがいのある会社」を目指しています。

◆三月からエントリーシート提出、六月から面接開始

二〇二五年度採用については自社のリクルーティングサイトで最新情報をお知らせします。ここでは例年、もしくは二〇二四年度の採用について紹介するので参考にしてもらえればと思います。

インターンシップですが、昨年は冬に入ってから四日間のワークショップ形式で開催してきました。伊藤忠商事が営業課で抱えている課題についてグループワークで解決策を考えるというもので、最終日にプレゼンテーションを行います。期間中は若手社員との座談会やランチ、地方から参加している方は伊藤忠商事の社員寮で生活を送ってもらいました。インターンシップに参加した学生に聞くと、社員と触れ合う時間が長いこともあって大変好評でした。二〇二五年度採用でもインターンシップを実施する予定です。

エントリーシートの提出は三月からです。書類選考に合格するとウェブテストと動画選考を行い、その合格者への面接を六月一日から開始しました。なお動画選考はこちらから提出したテーマに沿って二、三分のコンテンツをいくつか作ってもらいました。二〇二五年度採用でも動画選考がある場合は、ぜひ笑顔で、自信を持って話をしてもらえればいいと思います。

自社で開催する説明会などのイベントは、まず二月に「ITOCHU LIVE」と題して、マイページに登録した学生に向けてYouTubeで部署紹介動画を公開しました。さらに当社の八つのカンパニーについて、

それぞれの事業内容と社員のキャリアパスを紹介し、約二〇の部門ごとに中堅社員と採用担当の対話から業務についてより深く理解できるようにしました。

四月下旬には、総合職の書類選考合格者を対象とする対面でのセミナーを開きました。実際に行われたビジネスの事例を疑似体験するとともに、その案件を担当した社員が採用担当と会話して商社業務の臨場感を伝えました。

五月に入ると総合職および事務職との対面座談会を実施しました。これは当社の〝らしさ〟や社員の魅力を感じてもらうためです。一方で、リアルでは機会を作りにくい海外駐在を知ってもらうためにバーチャルリアリティ環境で海外駐在員へのＯＢおよびＯＧ訪問イベントを行い、学生がアバターとして参加しました。駐在員の話の内容に合わせて画像や映像を投影する「イマーシブ演出」を交えながら、日々の仕事や休日の過ごし方、それぞれのキャリアパスを紹介しました。

このほか東京でのイベントの参加が難しい学生向けに、北海道、仙台、名古屋、大阪、福岡で地方セミナーを実施しました。参加学生は、当社の社員と対面のコミュニケーションをして会社への理解を深めました。なお女性向けセミナーや理系学生向けセミナーも実施しました。

伊藤忠商事というと商社のなかでも体育会系というイメージを持たれがちですが、女性、理系学生、大学院卒学生含め属性に偏らずあらゆる人が活躍するための人事政策をとっています。新卒採用でもその姿勢は同じです。なお入社後の新人研修は配属前に三週間行い、座学だけでなく創業の地である滋賀県にも行って、どのようにして伊藤忠商事が誕生したかを知ります。

◆入社の決め手になった最終面接

私は大学生時代、男女混成の競技チアリーディング部の活動に情熱を傾けました。競技チアリーディングは、女性を空中に飛ばしたり持ち上げたりするアクロバティックなスポーツです。最後の年には六〇名の部員の主将としてチームを引っ張る中で、一人ひとりの顔を見て対話しながら全員が納得できるような運営をすることを大事にしました。総合商社は、国、産業、地域、人の間に横たわるギャップを埋め、国内外の関係者を巻き込んで全員が満足できるビジネスを推進・遂行していく業界です。私が就職活動の際に総合商社を志望していたのは、部活の経験と重なるところが大きかったからだと思っています。

大学ではペルシア語を専攻していたので、大学一年生時にイランに約一か月の短期留学に行きました。また、幼少期に海外に住んでいたことから得意だった英語をもっと伸ばしたいと思い、大学四年時には半年間イギリスに留学に行きました。海外経験という軸も、総合商社に惹かれた理由の一つでした。

伊藤忠商事に入社する決め手になったのは最終面接です。自分の素を引き出してくれるような、和やかで笑顔が多い面接でした。面接官の方々からは、私がどんな人間か知りたいという思いが伝わってきました。会話ベースで、形式ばった面接ではありませんでした。

入社後は新人研修で、この会社に入ってよかったと思えた瞬間があります。

研修プログラムのなかで、自分の夢やなし遂げたいことを一分間で語る時間がありました。このとき私は、大学時代の部活で主将をやっていた時に、結果だけを追い求めて仲間同士の配慮ができなくなることや、後輩が先輩の顔色を伺いながら練習することが決してないようなチームづくりを心がけ、結果的に全国大会でも目標を達成することができたため、いつかこの会社をマネジメントする立場になったら同じ気持ちを持って、まずは自分が持ったチーム、そしてそれを少しずつ伝播させ、最終的に会社全体が一体感を持って働けるようにしたいと宣言しました。

友達の前でこういう大きなことを話すと、恥ずかしかったり、人が言ったことを茶化したりしがちなのかもしれません。でも、私たちのこの研修ではそういうことは一切ありませんでした。一〇人のグループになって一人ずつ順番に話すのですが、世界一有名な会社にしたい、会社の名前が入ったプロ野球チームを作りたい、恐竜を復活させたい、など熱い思いをみんな真剣に語り、人が語ったことには、よし、よく言ったと声をかけ、気がつくと会場全体が盛り上がっていました。

この雰囲気はまさに伊藤忠商事という会社が持っている雰囲気だと思います。こういう人が集まる会社に入って、自分の選択は間違っていなかったと改めて確認できました。

伊藤忠商事の社風を、いくらかでも伝えることができたでしょうか。こんな熱い気持ちを持った学生のみなさんに来てもらって、一緒に働いていければと願っています。

清浦幸也（きようら・ゆきや）

一九九九年東京都生まれ。東京外国語大学言語文化学部ペルシア語科卒。二〇二三年四月伊藤忠商事に入社し、新卒採用担当となる。小学三年生から六年生まで三年間ほどをオーストリアのウィーンで過ごした。

「ウィーンではインターナショナルスクールでいろんな国の子供と友達になり、現地のサッカーチームにも入るなどしているうちにドイツ語や、気がつくと英語も自然と話すようになっていました。この経験は商社志望にもつながっていると思います。伊藤忠商事では、アオい情熱を待っている、という採用スローガンを掲げています。これは、アオくさくて笑われてしまうような、大きな夢に向かって情熱を燃やすことのできる学生の皆さんに出会いたいと思っているからです。

ぜひ、この就職活動の機会に、皆さんが情熱をかけて『やりたいこと』『成し遂げたいこと』を考えてみてください。伊藤忠商事は皆さんの『アオい情熱』を待っています」

どんな迷いも夢も受け止めてくれる環境で、目指す未来へ向かっていく

双日　人事部　採用課＝大久保　結羽

◆スローガンに込められた想い

双日は総合商社の一角に位置しますが、ニチメンと日商岩井という二つの商社が合併して二〇〇四年に発足した、総合商社の中で一番若く勢いのある企業です。

二社の約一六〇年にも及ぶ歴史と利点を生かしながら、二〇年前に新たな出発を果たしたわけです。しかし、どこに向かうのか、何を目指すのか、この問いかけは、二〇年が経とうとしている今も続いているのです。当社を志望する皆さんには、新たな創造の船にただ乗船するお客さんではなく、まさにその船乗りの一員になる覚悟が必要です。

当社の掲げる採用スローガンは、「未来を興せ、自らのチカラでMake a Difference」。ここには、私たちが期待する二つの人材像が盛り込まれています。

「未来を興せ」には、既存のものと異なる新しい付加価値を社会に向けて創り出す事業家になってほしいという意味が込められています。学生の皆さんは特に、未来を起点として自分自身で何ができるかを考える〝バックキャスティング思考〟を意識してほしいと思います。これは後述するHassojitz プロジェクト

でも、新しい価値を生み出すための思考の核となっています。そして「自らのチカラで」には、経験・成長を自ら掴むことのできる環境が双日には備わっているという意味が込められています。不確実性の高い昨今の社会において、企業の看板にぶら下がるのではなく、周りの人を巻き込んで自らの意志・チカラでビジネスを進めることが、新しいことを生み出し、前へ進む原動力になります。双日には皆さんがこうした行動を通じて成長できる環境があります。双日で掴める経験を十二分に生かして成長してほしいという思いが、このスローガンには込められています。

この人材像は、当社が設立から企業理念で掲げる「行動指針」にも表れています。行動指針は「確かな信頼を築く」「将来を見据え、創意工夫する」「スピードを追求する」「リスクを見極め、挑戦する」「強固な意志でやり遂げる」の五つ。このような人物像にフィットする人及び共感をしてくれる人を、当社は求めています。

私も二〇二三年四月に入社した直後から、こうした社風を日々体感してきました。当社は研修期間が数週間と短く、入ってすぐプロとして業務を任されます。緊張感があるのも事実ですが、これは双日という環境が自身に期待してくれていることの裏返しでもあります。毎日のチャレンジを通じて成長を促されていると思えば、むしろ悪戦苦闘することも喜びを感じる瞬間になります。もちろん先輩たちが親身にサポートしてくれるので安心感はありますし、そうした挑戦のなかで、自身の行動が実を結ぶことも実感できます。チャレンジングな仕事で早く一人前になりたい、自身の可能性を広げていきたいと思っている方には、当社は非常に魅力的な環境といえるでしょう。

◆Hassojitzプロジェクトとアルムナイ

また二〇一九年から始まった「発想×双日プロジェクト（通称：Hassojitz プロジェクト）」は、未来構想力や戦略的思考を定着させるための新規事業創出プロジェクトです。これは毎年全社員に向けて全く新しいアイディアを募集し、入選したアイディアの立案者がリーダーとなって事業計画を一年がかりでまとめる取り組みです。これまでに選出されたアイディアの中には、実際に事業化しているものもあります。私が入社した二〇二三年は、一年目の社員が応募を義務付けられ、〝業務時間の二〇%をこのプロジェクトに割く〟というルールの下で皆プロジェクトに打ち込みました。今年は入選した八つのうち六つが一年目の社員のアイディアであり、立案者は先輩のサポートを受けながらチームのリーダーとして具体化に向けて動いています。もちろん新規事業立ち上げのプロセスは、このプロジェクトだけにとどまらず、通常の業務の中にも多く存在しています。ただ、このプロジェクトを一例として、新人も積極的に参加して未来を形にしていく風通しのよさは、皆さんにぜひ知っていただきたいと思います。

また、双日を卒業した人同士や、卒業生と双日役職員との交流を促進するコミュニケーションプラットフォーム「双日アルムナイ」が二〇二一年から稼働しました。アルムナイ＝双日からの卒業生によるプロジェクトへのアドバイス、事業創出のサポートなどの協力を通じて、いっそうの相互発展が期待されています。卒業しても当社への愛着は強いのだと社員の一人としてうれしく感じています。

◆十人十色の社員たち

当社は、「自動車」「航空産業・交通プロジェクト」「インフラ・ヘルスケア」「金属・資源・リサイクル」「化学」「生活産業・アグリビジネス」「リテール・コンシューマーサービス」という七つの営業本部体制の下、幅広い事業領域で多岐にわたる商材を世界中で扱っています。

当社の大きな強みは、新しいことにチャレンジする若々しい精神がみなぎっている一方で、ルーツを遡れば約一六〇年に及ぶビジネスの歴史が培ったノウハウの蓄積もあるという二つの要素がバランスよく融合している点です。

このことは、多様性を大切にする当社の社風とも結びついています。私自身も社内で出会う人が文字通り十人十色だと感じており、〝この人はこのタイプだな〟と型にはめることができる社員を一度も見かけたことがありません。この多様性、すなわちダイバーシティは昨今世の中のトレンドのようにもなっていますが、双日が大切にしているのは〝一人ひとりが自身の働きやすい環境で輝ける〟ということです。人が持っている経験、スキル、強みは、誰しも異なっているのが当たり前です。そうした多様な人たちを一律にどこかへフィットインさせるのではなく、現在の自分自身と将来なりたい像を繋ぎ合わせていくためにそれぞれの強みをどれだけ活かすことができるかという部分は、むしろ人材育成の分野のほうに期待されていると考えています。

◆採用スケジュールとキャリアカレッジ

今年度の採用では、こうした当社の採用メッセージ、行動指針、及び社風に共感してくださった方を総合職として約一〇〇名、事務職として約二〇名採用しました。二〇二五年度入社を希望する学生の皆さんを対象とした採用・広報活動の詳細は、現時点（九月下旬）では検討中ですので、ここでは今年度実施した採用・広報活動について三月一日の広報開始から時系列に紹介します。

三月一日　採用ホームページオープン
　エントリーシート受付開始
三月～五月上旬　自社セミナー・ライブイベント
三月末　総合職（六月本選考）本エントリー締切り
四月中旬　事務職本エントリー締切り
六月一日　総合職（六月本選考）・事務職 選考開始
七月上旬　総合職（夏期選考）本エントリー締切り・選考開始

右記広報期間のセミナーに先駆け、キャリア教育の一環として、八月から「双日キャリアカレッジ」を開催し、大学一年生、二年生も参加対象に含め、働く目的や夢、目標を考えていただくとともに、総合商社で働く意義と面白さを体験していただきました。ちなみに、「双日キャリアカレッジ」には、三日間のみのオムニバスコースと五日間実施するインテンシブコースの二種類があり、オムニバスコースは①双日の歴史・事業、②双日の働き方、そして③双日の挑戦環境について理解ができる三つのセミナーで構成されています。一方、インテンシブコースは、前半が「働くとは何か」を考え抜く自己分析のワーク、後半が、双日の手がけるビジネスを題材に総合商社の仕事を深く理解する新規事業立案のグループワークから構成されています。

オムニバスコースは八月から月に二回程度のペースでオンライン開催しており、一回あたりの参加人数は約二〇〇名でした。インテンシブコースは十一月、十二月の計二回実施しました。こちらは一回あたり約五〇名の定員で行いました。私自身はインテンシブコースに参加した経験がありますが、自己分析では自分自身がやりたいことを明確化でき、グループワークでは総合商社への志望をいっそう具体的に固めることができたと感じています。

このほか、複数の大学に講座を設け、総合商社の仕事内容や、どのような志を抱いて就職先を決めたのかなどについて授業を行っています。この講座も受講対象は学年を問いません。

◆理系学生、デジタル人材よ来たれ

ここ数年、理系学生とデジタルスキルを持った学生への双日認知度向上にも力を入れています。このカテゴリーに入る学生の皆さんは、メーカーや研究所を中心とした就職活動が主流で、今まであまり総合商社を志望することはありませんでした。しかし、総合商社において、今やこういう専門性は大いに必要とされているのです。

理系学生は、今年度の採用で総合職約一〇〇名のうちおよそ三割を占めました。当社では従来の総合商社像にとどまることなくイノベーションを追求していくという強い意志があり、今までアプローチできていなかった多様な人材に対する採用活動を積極的に進めています。右に挙げたように、多様なビジネスを手がける当社には、それぞれ専門性に特化した部署があり、理系のバックグラウンドが大いに活かせる環境があります。

そこで、当社では総合商社を就職活動の対象として見ていなかった理系学生に向けて、総合商社に入社して何ができるのか、どんなキャリアを描けるのかを伝えるため、「双日キャリアカレッジ」インテンシブコース for 理系学生を二〇二二年から行っています。

具体的には、「金属資源分野におけるSDGs」と「環境技術への投資におけるスキーム構築」をテーマとした現場受け入れ型のインターンシップを、四～五月に実施しました。実際に理系の専門知識を駆使して業務にあたっている部署の社員たちをロールモデルとして、交流の場を設けました。理系学生にとって総合商社で活躍する自身のイメージは漠然としていると思いますが、ぜひ当社の「双日キャリアカレッジ」を通して具体的に理解してほしいと思います。

なお、理系学生にも総合商社適性、また双日適性が非常に重視される点は言うまでもありません。その上で、当社でこそ輝けるという人に、ぜひ来ていただきたいと考えています。例えば「自身が持っている知識や技術を社会に広く普及させたい」といった志向を持つ方なら、総合商社への適性は十分にあると考えていただいていいでしょう。

加えて、デジタル人材についてもお話しします。当社ではデジタルを「顧客・社会ニーズを価値創造につなげる上での大前提」とし、「全従業員が持つべき共通言語」に位置づけています。二〇二一年四月発表の「中期経営計画二〇二三」でもDXによる変革と創造を掲げ、事業モデル、業務プロセスとともに、DXをテーマとした人材マネジメントを追求しています。また入社後もデジタル人材育成プログラムを策定してその育成に注力し、全社的なリテラシーの底上げを図っています。

採用にあたっても、これを重視する点の一つとしてインターンシップなどの取り組みを行っています。「双日キャリアカレッジ」インテンシブコース for デジタルでは、参加学生の皆さんに、実際に双日が手掛けている完成車販売事業を題材に、膨大なデータをPythonなどを活用して分析し、得られる示唆を発表していただきました。当社においてデジタル人材は「社内外のデータやデジタル技術を利活用することで、ビジネスモデルや業務プロセスの変革を実践できる人材」と定義しており、テクニカルスキルよりもビジネス創出に求められる資質や興味・関心を重要視しています。そのため、当社ではビジネス×デジタルに興味・関心を持つ様々な経験を積んだ方々を仲間にできるよう、日々工夫を重ねています。当社はこうした取り組みを通じて、二〇二三年五月には経済産業省や東京証券取引所などが選定する「デジタルトランスフォーメーション（DX）銘柄2023」に初めて認定されました。

◆採用の実際

エントリーシートについてもお伝えいたします。エントリーシートでは、次のことをお聞きしています。学生時代に注力したこと三つ、人生で成し遂げたいこと、あなたらしさを表す写真とその説明に関するキーワード三つ、自由作文、ゼミ研究室での勉強内容、そして部活動や学生団体などの活動内容のタイトルとその詳細です。なお自由作文は、本当に何でも自由に書いていただいてかまいません。

ただし、近年では、学生の皆さんに書いていただく分量を減らしています。エントリーシートに全て書いてから面接に臨んでいただくのではなく、エントリーシートは簡素にして、それをきっかけとして面接官が質問していく形に変わっています。

このエントリーシートとテストセンターの結果等を締め切りまでに提出していただいた方が本エントリーとなり、書類選考を経て面接へ進みます。面接では、六月から複数回の集団面接及び個別面接を受けていただきます。

当社ではまた、総合職を対象に夏期選考も実施しております。夏期選考とは、公務員試験や教育実習などで選考を受けることができなかった方、海外の四年制大学や大学院を卒業予定の方を対象とした選考で、今年度は約五名の方が採用となりました。また、海外大学採用、さらに国内でも全国津々浦々の大学から選考を行っており、その結果、今年度は国内外合わせて四〇近い出身大学からの採用となりました。双日ではこれまで述べたように社員一人ひとりの多様性を重視しており、こうした総合職採用の窓口は、今後ますます拡大させていきます。

◆ジェンダーギャップのないフラットな採用と社風

このように多様な人材を採用するという点で、もう一つ強調しておきたいのが女性の活躍です。

当社は二〇三〇年代中に女性社員比率を五〇％程度とする目標を掲げており、二〇二三年入社の新卒女性総合職は三三％に達しています。また、女性の活躍推進に向けた多彩な取り組みの一環として、女性が産休・育休などのライフイベントを迎えても「キャリアを止めない」ための柔軟な勤務時間の設定といった各種支援を導入しております。また配偶者の海外転勤に帯同する社員については、再雇用制度の導入により帰国後に再度キャリアを継続することを可能としました。

こうした施策により、双日は二〇二三年三月、女性の活躍推進に優れた上場企業に与えられる「なでしこ銘柄」に七年連続で選定されました。また、次世代育成支援対策推進法に基づいて一定の目標を達成した企業を厚生労働大臣が認定する制度「くるみん」では、従来の「くるみん」、「プラチナくるみん」に加えて二〇二三年一月に「プラチナくるみんプラス」の認定を取得しています。

今後とも女性のキャリア形成とその継続について社員全体の理解促進を図り、女性・男性といった性別を問わず、多様な働き方を受容する社内環境づくりに取り組んでいきます。もっとも、これは「女性だから採用する」ということではありません。「性別にかかわらず、双日パーソンとして活躍できる人に来てほしい」――それが当社からのメッセージです。

私自身は上司が女性ということもあり、業務の中でジェンダーギャップを感じることもあまりありません。当社では女性、また新人かどうかに限らず、誰でも意見や行動が求められます。「社会人としてキャリアをスタートさせた時から実践的にビジネスに取り組んで、しっかり着実に成長していきたい」――そんな志向を持っている方にとって、当社は理想的な環境だと思います。

◆なぜ双日を目指したのか

最後に、私の就職活動体験に基づいて、アドバイスをさせていただきます。

私は北海道大学医学部の出身です。学部卒業時に国家資格である理学療法士免許を取得し、大学院へ進学しました。大学院時代は、研究の傍ら札幌の脳神経外科にて非常勤の理学療法士として、二年間勤務していました。医学部を目指したのは、祖父を高校の時に亡くしたことがきっかけです。理学療法士は、人が病気になった際に、物理的・心理的側面の両面からサポートできる存在です。私は、人が健康に暮らすという尊いプロセスに携わりたいと感じ、理学療法学を学びたいと感じました。また、私は幼い頃からずっと東京で暮らしていましたが、一人暮らしになった祖母のそばにいたいと感じたことも、北海道への進学を後押しした理由の一つです。

大学院での二年間の生活を終えてそのまま病院に就職するというのも、もちろん選択肢の一つでした。しかし、私がそこから総合商社、そして双日を志望した理由は、医療の現場にいるだけでは解決が難しい入り組んだ医療問題に取り組みたくなったからです。一例ですが、システム上の事情で情報の共有や業務の管理が円滑でなく、そのため人手の確保、スケジューリング、またカルテの管理といった仕事に圧迫され医療従事者が一〇〇%の力を患者に注ぐことができない——。このような問題を、病院の外から解決したいと思ったのです。そこで当初考えた志望先は、医療メーカーや医療系のベンチャー企業でした。しかしそれらの企業を調べているうち、次第に人、モノ、そしてデジタルなどをうまく束ねていくことで大きな付加価値を生み出す存在になりたいと考えるようになりました。

また、それと同時に中学時代、大学時代に海外へ短期留学した経験のある私にとって、「海外」も早くから親しんでいたテーマでした。医療現場の課題について考えた際も、自身のこれまでの見聞と合わせ、東南アジアにて学生日本語教師として赴任していた友人の話を聞いたことで、世界全体の医療レベルを底上げしたいということを意識していました。

そんな私に総合商社へ進む道を示してくれたのが、大学時代からの知人だった双日OBの方です。〝点と点を繋ぐ〟というのは総合商社のビジネスについてよく言われることですが、そういう業態こそが、自自身が目指す医療の問題解決にうってつけではないか――。こうした考えから、少しずつ志望が固まっていきました。

また、大学を学部の四年間で卒業し、先に就職していた友人も、私の就職活動のカギとなる考え方を示してくれました。それは「出会う人や自身の置かれる環境によってやりたいことは変わっていくかもしれないが、自身が生きてきたこれまでの人生があるなら、なりたい人間像が変わることはない」という考え方です。環境によってやりたい仕事は変わりますが、なりたい人間像は常に同じ。それなら様々な対象に興味を持ち、チャレンジできる環境に身を置き続けることが大事なのではないかと考えました。加えて、総合商社なら幅広い商材を扱いながら、多様な人に出会って自らを高めていけるのではないかという期待も、総合商社への志望を後押ししてくれました。

大学院生となった際に初めて就職活動を経験し、総合商社、メーカーなど多くの企業を受けました。そうしたなかで私が双日に惹きつけられたのは、人事の方を通じて感じた〝双日らしさ〟が魅力的に映ったからです。

それは、ひと言で言ってしまうと〝おせっかい〟ということ。一つ質問したら一〇返してくれる、また面接の前に励ましの電話をくれる――。そうした志望者一人ひとりに対する熱量の大きさが際立っており、双日のそんなカラーが自身に最もぴったりくると感じたのです。こうして当社の門をくぐって業務に打ち込んでいる現在、当時感じた双日らしさを日々体感しているのはいうまでもありません。

一方で皆さんは、就職活動のなかでさまざまな方のお話を聞くうちに描くキャリアに迷いが生じることもあると思います。私は当社社員との対話を通じて自分自身が「どんな人生を歩んできたか」「どんなことにワクワクしてきたか」を思い出し、その答えを見つけることができました。双日はどんな迷いも夢も受け止める環境です。どうぞ、率直にご自身の姿を出してみてください。飾らないありのままの皆さんとお会いできることを楽しみにしています！

大久保結羽（おおくぼ・ゆうは）
一九九八年、北海道生まれ。北海道大学大学院保健科学院卒業。二〇二三年入社。

「中学三年生の時にイギリスで短期ホームステイをしました。現地の学校に通って英語で授業を受けるという体験は、海外に関心を持つ大きなきっかけとなりました。一方で中学、高校時代に打ち込んでいたのは、バドミントン。中学時代は部長、高校時代は副部長を務めていました。高校は自由闊達な校風だったこともあって監督やコーチがおらず、練習メニューは全て生徒同士で考えなくてはなりませんでした。この経験が、自身の現在地を客観的に判断し、適切な打ち手を検討することへのトレーニングになっていたのかもしれません。

志望する企業の社風が本当にご自身に合っているかを確かめるには、その企業を外側と内側の両面からよく知らなくてはいけません。私はOB訪問や、他商社の社員の方から当社の評判を聞くなどして、自身が感じた双日らしさが間違っていないことを確信しました。

さきほども触れたように、私は、環境が変わってもなりたい人間像は変わることがないと考えています。だとしたら、自身はどんな人たちと仕事をして、どんな人間像を目指すのか——その未来像を描くことが就職活動において非常に大切だと感じます。また、未来像を描くためには、学生時代に多様な経験を積んでおくことも必要です。

これまでのご自身の経験を土台にして、将来どういった社会人になりたいのかを追求してみてください！」

自分の頭で考えて、粘り強く継続できる人

日鉄物産　人事部　人事課＝辻　桃子

◆日本製鉄グループの真の中核商社として

日鉄物産は、鉄鋼だけに留まらず、産機・インフラ、食糧、繊維の各部門で、総合商社よりも深く、専門商社より幅広いビジネスを世界中で展開します。それぞれの部門で国内トップクラスの売上とスペシャリストを揃え、シナジー効果を追求するプロフェッショナル集団です。

当社はここ一〇年間で、組織の再編を繰り返してきました。二〇一三年に日鐵商事と住金物産が合併し、二〇一七年には三井物産グループの鉄鋼事業を一部譲り受けました。二〇一九年に日鉄物産に商号を変更し、二〇二二年一月には繊維事業を分社化しました。この間一貫しているのは、世界的な製鉄会社である日本製鉄の商材を扱う日本製鉄グループの中核商社であることです。

二〇二三年四月には、日本製鉄の連結子会社となりました。これについては社内外でさまざまなとらえ方がありますが、一つ言えるのは、日本製鉄がこれまでさまざまな商社を通して商材を提供していたのを、日鉄物産の鉄鋼部門に集めることで、グループとしての連結決算が増えるため、まさに今ビックチャンスが訪れているということです。子会社化によって商権がほかに移動したという話は特になく、プラス面が

目立ちます。ですから人事部としても学生の皆さんには、今回の子会社化は転機であるとともに大きなチャンスだとお話ししています。

このように日鉄物産は時代の先を見据えて変化し、そこには多様な人材が集まります。鉄の商社であることは間違いありませんが、多様性や個性を尊重することで、化学変化を起こしながら新たな価値を生むことができる会社です。

採用にあたっても、様々な個性を持つ学生に来てもらうことを望んでいます。そのため、いわゆる「求める人物像」は掲げていません。代わりに「挑戦」「成長」「信頼」「ボーダーレス」を社員の行動指針としています。

この人材観をベースにして、仕事の場面で求められる能力があります。第一は自分で考える力です。どのような状況でも自ら情報を集め、自分の経験と価値観で判断し、利益を得る方策を立てることが求められます。利益とは当社の収益のみならず、人々の豊かさに結び付くような社会貢献も意味します。

第二に、粘り強く継続できる力が必要です。商社では厳しい場面に置かれることが多々ありますが、心身ともにそれに耐えて結果を出さなければなりません。この二つの能力は、商社パーソンとしての基本的な資質ともいえます。

もちろん自分で考えて継続できるようになるには、それなりの訓練が必要です。当社にはそのための制度が十分に備わっています。新人をいきなり一人で放り出しはせず、上司や先輩が手本を見せた上で若手にチャレンジさせています。

◆特に力を入れている新人社員研修

当社では社員教育には特に力を入れています。階層別研修のほか、新人短期海外研修、入社三年目から一〇年目の社員を対象とした海外チャレンジ制度があります。また海外ビジネスを行うためのレベル別スキル研修などにより、グローバル人材の育成を強化しています。

新入社員には、一日も早く商社パーソンとして独り立ちし、自らの価値を高めることができるように全面的に支援します。新入社員研修には、社会人として必要な実務のスキルを身につけながら、経営者目線のオーナーマインドをもって仕事に取り組むことを促すプログラムがあります。各分野のプロの講師からスキルやノウハウを学び、それに加えて講師の経験談や仕事に対する思いを伝えてもらうことで、新人に新たな視座・視野・視点を持ってもらう貴重な機会となっています。広く社会で求められる考え方を学ぶ研修といってもよく、おそらく他社にはないユニークな内容です。また新入社員に限らず幅広い層に知ってもらいたい内容の研修も多く、学ぶ意欲がある二年目以降の社員も受講できるようになっています。

◆二〇二五年卒新卒採用に関して

当社の二〇二五年卒度大卒新入社員の採用活動について詳細を知りたい方は、新卒採用ページを確認していただければと思います。

これまでにある程度決まっていることを紹介しますと、インターンシップは五日間の「新規事業立案ワーク」を行います。前回はSDGsやカーボンニュートラルといったトレンドに合った事業を考えるというテーマで、当社の社員にもヒアリングしながらチーム単位で活動しました。

企業説明については、セミナーの代わりに紹介動画をオンラインで随時見られるようにしています。選考はほかの商社と同じ時期に行い、オンラインと対面を組み合わせる予定です。

二〇二四年卒度採用の総合職の内定者は五〇名で、女性一〇名、理系三名でした。これまでよりもかなり増えましたが、この水準は維持していく方針です。女性については全体の三割を今後の採用目標にしています。私は産機・インフラ部門の女性総合職第一号でしたが、働きにくさや、女性だから不利と感じたことはありませんでした。

◆転職してみてわかった「現地・現物・現実主義」

私はまだ日鉄住金物産という社名だった二〇一八年に新卒入社し、いったん退職してから二〇二二年にまた同じ会社に入り直すというちょっと変わった経歴を持っています。

新卒で配属された当時の自動車産機品営業部では日本製鉄の部品を自動車メーカーに販売していました。週の半分はメーカーの工場に通い、設計、生産管理、購買などいろんな部門と仕事ができるのが非常に楽しく感じていたのですが、三年ほどで退社することになりました。親から三年ほどたったら家業を手伝ってほしいと言われていたのと、コロナもあり自分の人生観を考え直す時間も増えたからか、三重の実家に戻る決心をしました。しかしプライベートや暮らしの充実に注力した決断の結果、肝心の仕事面では商社の総合職営業として感じていた「責任があるからこそのやりがい」や目まぐるしい日常に恋しさを感じるようになり、結局再び東京で働くことにしました。転職した新しい職場はコアタイムなしのフレックス勤務で副業ＯＫという働き方が自由なところにひかれました。でもテレワーク中心で社内の交流があまりなく、一度も対面で顔を見ない同僚もいました。

その時、営業部で教えてもらった「現地・現物・現実主義」という言葉を思い出し、直接会って人と交流することが自分の人生にとっても不可欠だと理解しました。ちょうど産機・インフラの事業部にいたときの同僚や先輩後輩とのつながりが強く、また東京に来たよと連絡していたのでたびたび飲み会にも誘ってもらっていました。その席で「帰ってこいよ」と言われたのを鵜呑みにして(笑)、再入社しました。本来は一般職のためにあるジョブリターン制度を、総合職で初めて活用した例となりました。

今は人事の仕事をしながら、日鉄物産はいろんな個性を受け入れる会社だと改めて思います。与えられた仕事をやるだけでなく、新しいビジネスを考え、周囲を説得して挑戦できます。そんな前向きな姿勢の人に来ていただければと思います。

様々な出会いが、人生を左右します。就職活動においてはなおのことです。多くの会社を見て、多くの人と会ってみてください。そして私たち日鉄物産と触れ合える機会を持っていただけるとうれしいです。

辻 桃子（つじ・ももこ）
一九九五年生まれ。三重県出身。関西外国語大学英語国際学部卒業。二〇一八年日鉄住金物産（現・日鉄物産）に入社し、産機・インフラ事業部門で営業担当に。二〇二一年に退社し、二〇二二年にジョブリターン制度により日鉄物産に再入社。人事部に配属となる。

「私が卒業した関西外国語大学はキャビンアテンダントになる人が多く、最初は私もその道に進むことを考えていました。たまたま兄が商社のような仕事をしていて、人で勝負する仕事に魅力を感じて商社という進路も意識するようになりました。

採用担当として学生のみなさんと話をすると、鉄の研究をしてきたわけでも、興味があるわけでもないといわれることがあります。ただ、社内を見てみると後で鉄のプロフェッショナルになっただけで、最初は鉄自体ではなく『鉄の商売のダイナミックさ』に惹かれて入った方が多く、事前の知識や強い関心に関して心配する必要はありません。もし商社でどこがいいかと迷うことがあれば、社内の雰囲気や仕事をしている人の姿を見て、自分に合っていると感じられるところを見つけるのがいいと思います」

未来を自らの力で創る可能性に、賭けて下さい

ダイワボウ情報システム　人事部　人事開発課＝松本　彩英

◆社会と企業のＤＸ化の推進に貢献できるＩＴ専門商社

独立系マルチベンダーとして、全世界およそ一四〇〇社のメーカーやブランドのＩＴ関連機器を取り扱うのがダイワボウ情報システム（ＤＩＳ）です。ＡＩやＩoＴ、Ｃloud、そしてＲＰＡなど、日々刻々と多様化・高度化するＩＴへのニーズに応え、あらゆる状況に最適なマッチングを追求することで、情報化社会の発展に貢献できることが最大の強みと言えます。トップディストリビューターの名に恥じることなく、パソコンはもとよりスマートフォンやソフトウェアなど約二四〇〇万のアイテムを扱い、コロナ禍以降は社会全体の目標となってきたＤＸをさらに推進して、産業の活性化や地方創生に向け、日々新たなビジネスを生み出し続けています。

当社社員の使命は、劇的な進化を続けるＩＴ業界の中でお客様のあらゆるニーズに的確に応じ、潜在化する要望までを発掘して商品コーディネートを行うことです。そのためには強い好奇心や鋭い観察力、お客様に寄り添う共感力、そして失敗を恐れず立ち向かうチャレンジ精神やコミュニケーション能力が不可欠です。アフターコロナ、ウィズコロナとなった社会において、人々はビジネスとの新しい向き合い方を

摸索しています。日本は先進各国と比較してもIT化が進んでいるとは言い難く、中小企業をはじめとするビジネスの現場ではアナログから脱することが困難な環境も残されています。少子高齢化による人材不足や災害などの影響により、アナログだけでは対応できない事態も起こり得ます。そんな時でもビジネスを止めないためには、ITが大きな役割を果たすため、投資も不可欠となります。とはいえ、IT化のために何を変え、何から取り組めばよいのか迷っているお客様も少なくないのが現状です。

そこで存在感を発揮するのが、私たちDISです。IT専門商社として最新技術を駆使した商品やシステムを分かりやすくお客様に提案することはもちろん、IT化による人々の暮らしのサポート、緊急時でもビジネスの後押しができる最新技術の提案、国内のIT市場発展の後押しなど、様々な役割を果たすことが可能です。〝今〟に不可欠で重要なニーズに応えるのが、私たちDISなのです。

一方で、私たちの仕事はそのほとんどが黒子的役割であり、DISの名前がITやDXの周囲に登場することは極めて稀です。しかし、当社の使命は非常に重要なものであり、ただ単にモノを売るだけではなく、それらを使って暮らしやビジネスをどう便利にしていくのかを提案することが、今後もいっそう求められていくはずです。当社の社員には、多くの学びが必要となるでしょう。しかしその分、社会への貢献度ややりがいは、とてつもなく大きなものとなることは間違いありません

◆DISの社員は全力疾走しながら頭では熟考する

商社という業界に興味を持ってくださった皆さんは、「商社で働く」ということにどのようなイメージを持っているでしょうか。一匹狼的に仕事を進める姿を思い描く人が多いかもしれませんが、残念ながら

それは間違いです。取り扱う商材が何であれ、自分一人だけで完結するような仕事は存在しません。当社では、ＩＴ関連のメーカーや販売店など、様々な立場にある人たちと知恵を出し合い、ビジネスを作っていいます。そして、Ｆａｃｅ ｔｏ Ｆａｃｅで共同作業を行うためには、相手に安心と信頼をもたらす〝人間力〟が不可欠です。自分本位ではなく、いかに相手の立場に立って物事を考えられるかが、ビジネスを展開していく中で重要な鍵となってきます。それこそが、お客様の暮らしやビジネスをよりよくする提案へとつながっていくためです。

常に広い視野を持ちながら、あらゆる場面で臨機応変に対応できることも商社の営業に求められる重要な要素と言えます。目まぐるしく変化するＩＴという世界の中で、歩みを止めることなく常に走り続けながら、頭の中では深く物事を考え続ける。これが、当社の求める人材像となります。「走りつつ考えよう」という社訓の通り、独りよがりで突っ走るだけではいけない。一方で、考えているだけで動かないのでは意味がありません。高度なバランス感覚が求められるＤＩＳの社員にとって、①コミュニケーション能力②明るく前向きなこと　③バイタリティがあること　④常に自己を成長させようとする上昇志向という四つの要素は欠かすことができません。

コロナ禍以前と比較すると、ＩＴの必要性はあらゆる側面から見直され、複雑かつ膨大な依頼が増えているのが現状です。そこで大切になるのは、社内各部署との連携から生まれるチーム力です。営業事務であるセールスアドバイザーは、内勤の立場で営業活動をバックアップし、その手腕ひとつで重要な案件の受注達成をも左右しかねないほどの役割を担います。サポート次第で売上も顧客満足度も変わるため、営業との密な連携が不可欠です。

また営業もセールスアドバイザーのバックアップに応え、何が何でも案件を受注しようとする行動力と

粘り強さが求められます。営業一人の力ではできないことも、チームで取り組めば容易に越えられることすらあります。上司や部下、同僚たちと連携しながら、顧客満足度を追求しているのです。そんなチーム力を存分に活用するためには、高いコミュニケーション能力が必要とされます。営業職というと〝対お客様〟のコミュニケーションにばかり気を取られがちですが、実はお客様とのよりよい商談を実現するためには、社内での人脈づくりにつながるコミュニケーション力も欠かせません。

加速度的に進化するＩＴを商材とする私たちには、積極的に新しい分野に挑戦していく〝バイタリティ〟も求められます。現状に満足せず、自分と会社の両方を成長させてやろうという〝上昇志向〟がなければ、時代のスピードについていくのは不可能でしょう。これは言い換えると、柔軟でエネルギッシュで、何でも吸収してやろうという貪欲さを持つ人、とりわけ若い社員こそが、リーダーシップを発揮しながら大きなビジネスを動かすことのできるフィールドがあるということにつながります。そんなＤＩＳの環境を楽しみ、やりがいを感じる人を求めています。

これは人事に携わる私個人の感想ですが、学生の皆さんの中には失敗を極度に恐れる人が多いような印象を受けます。未知の世界に恐怖を感じることは誰にでもあることですが、目標や結果を追求する前に先回りして失敗したときのことを考えてしまい、結果として挑戦ができなくなっている人が増えている気がします。商社の営業には、プレッシャーから逃げるのではなく、前向きに受け止めながら成長を遂げていく力が求められます。そのためにも、〝明るく、前向き〟であることは非常に重要です。失敗をしても、それを〝ネタができた〟とたくましく受け止めて、相手の興味を惹きつける武器に変える。そんな図太さがあってもいいのではないでしょうか。もちろん、当社には失敗をフォローする体制が整っています。だから、失敗を恐れずに挑戦してほしいのです。ときには、ダメと分かっていても挑戦するようなメンタルの強さを持ち合わせていいと思います。そこから新しいビジネスや人間関係が生まれることも多々あるのです。

◆総合職と一般職がタッグを組み顧客満足度を追求する

それではここから当社での働き方について詳しくお話ししたいと思います。

ＤＩＳでは総合職と一般職という二種類の採用枠を設けています。総合職の業務はいわゆる「営業職」と「技術職」です。「営業職」は、お客様のニーズを敏感にキャッチする鋭い観察眼と、いち早く変化に対応できる柔軟性と行動力が求められ、広範囲にわたる基幹的業務を担っていただきます。当社は全国に拠点を持つため、各地での勤務もひとつの要件となります。商社に転勤は付き物であり、全国に最適なＩＴ環境を届けるべく四七都道府県に九四拠点を持つ当社にとって、それは当たり前のことです。様々な環境に身を置いて経験を積めることで、社会に貢献できるビジネスパーソンとしてのスキルが磨かれ、大きな財産となる人脈が築かれると捉えていただければ幸いです。私個人の考えを述べさせてもらえば、地域が変われば仕事のやり方も変わり、新たな出会いやビジネスの幅が広がる可能性も増えてきます。そんな環境は、商社パーソンにとって最高の糧となり、驚くほどあなたを成長させてくれるはずです。自分を今よりもっと上の次元に押し上げたい。そんな思いを持つならば、ＤＩＳは理想的な職場となるはずです。

コロナ禍以降リモートによる採用活動が主流となりましたが、これは当社の総合職採用にとっては大きなメリットにもなったと感じています。全国転勤がある分、当社では各都道府県に採用を広げたいと考えているためです。しかし、採用活動で実際にお会いする場合は、東京や大阪、名古屋など都市部まで出てきていただく必要があり、学生の皆さんにとっては大きな負担だったと思います。リモート採用が導入されたことで全国どこにいてもつながることが容易になりました。これも、ＩＴによって開かれた大きな変化のひとつです。今後もＩＴの力を上手に活用しながら、地方在住の学生の皆さんにお会いできる機会を増やしていきたいと思います。

「技術職」の採用も積極的に進めています。社内ＳＥとしてお客様と当社をつなぐ基幹システムを中心とした次世代の社内システムを強化する役割を担うため、当社の企業力向上になくてはならない存在です。また、技術職は社内のシステムだけではなく営業職とタッグを組んでお客様の基幹システムやネットワーク構築、システム導入・保守などのビジネスに寄与する部署もあります。幅広い商品を取り扱うからこそ、技術職の仕事も幅広く、そして多彩でユニークです。自身の専門性を極め、そのスキルを持って当社のみならずお客様のビジネスをさらに強化できる。当社だからこその技術職のやりがいを感じていただくことができるはずです。

一般職では転居を伴う異動がないことを前提とし、営業社員などの各業務をバックアップする定型的業務に携わっていただきます。「営業事務（セールスアドバイザー）」の場合、営業社員と協力しながらお客様への問い合わせ対応や見積書の作成、受注入力、納品の手配など、当社を選んでくださったお客様との信頼関係を築く重要な業務を担っていただきます。「一般事務」の場合は、仕入業務や経理業務が主な仕事となります。定型的業務というとワンパターンな仕事を連想されがちですが、顧客満足度ナンバーワン企業を目指す当社の屋台骨を支えるといっても過言ではない部門であり、お客様との折衝が発生する仕事でもあるため高い対人スキルも必要とされます。それぞれのスタッフが自分の業務に誇りと使命感を持ち、支え合い刺激し合うことができれば、仕事の可能性ややりがいは何倍にも大きくなります。

女性の総合職を積極採用する取り組みも進んでおります。社内制度等も常に改善を重ねながら、性別にかかわらず誰もが働きやすい環境づくりを目指しています。例えば、育児中の社員は時短勤務を選ぶことができますが、以前までお子さんが三歳までとされてきたところを、家族との時間をより大切にしてもらいたいという思いから小学校三年生までに延長しています。近年では商談先が女性であるケースも増えてきました。そんなとき、総合職の女性はより強みを発揮できるかもしれません。時代は変化しています。チャレンジ精神を持って道を拓いていきたいと思う方は、ぜひＤＩＳで活躍していただきたいと願っています。

◆社会の構造を変え、多くの人の生活を支えたＩＴの力

今年度（二〇二四年入社予定）の採用活動は、引き続きオンラインをメインに行われました。対面ができないことはデメリットではなく、オンラインだからこそ従来よりも学生の皆さんからの質問が活発だったとも感じています。また、コロナの影響でＩＴに興味を持つ方が増えたことも印象深いことでした。幼いころからＰＣやスマートフォンが身近にあったデジタルネイティブ世代の皆さんでも、オンライン授業が当たり前になったり、両親や兄弟がテレワークになるなど、これまでに経験したことのない環境を経験したはずです。その分、ＩＴの力を改めて感じ、ＩＴでもっと社会を便利に、豊かにしたいと心から思い、当社の門を叩いてくれた方が多かったように思います。

会社説明会では、商社業界を志望する方にＩＴを商材として取り扱う商社があることを知ってもらいたいと考え、ＩＴ業界と商社業界の両方についてわかりやすくご説明し、その上で当社の役割について説明

するように心がけてきました。これが学生の皆さんにとって意外と身近な会社であるという気づきに繋がったようで、当社は今年度、就活サイト「ＯＮＥ　ＣＡＲＥＥＲ」を運営する株式会社ワンキャリアが主催する「ＯＮＥ　ＣＡＲＥＥＲ　就活クチコミアワード２０２３」の説明会部門において最高賞の「ＧＯＬＤ」を、そしてエリア部門で「ＢＲＯＮＺＥ」をダブル受賞しました。

インターンシップにもいっそう力を入れ、２ＤＡＹＳで商社ビジネスを体験できる機会としました。さらに、ワンランク上のインターンシップとして、新たに提案営業を想定したＢｔｏＢ営業体感プログラムも実施しています。今後も早期開催や形式の工夫などを行いながら、インターンシップを強化していきたいと考えています。

当社では、技術職向けのインターンシップも行っています。クラウドサービスは今後もますます普及し、ローコードでスピード感を持ったアプリ開発等が求められると考えられます。そこで、当社にあるメーカー各社とのコラボレーションルーム（通称：ＣＥＣ）を見学いただいたのち、ＤＸの推進で注目されているローコードを体験していただきます。Ｍｉｃｒｏｓｏｆｔ　Ｐｏｗｅｒ　Ａｐｐｓを活用し、ハッカソンスタイルで業務効率や課題解決に繋がるツールを開発するとともに、チームで意見を出し合い、企画力や提案力を発揮しながら行うインターンシップとなっています。技術職の社員による講義などもあるため、当社における技術職の醍醐味を存分に実感していただけるはずです。

世界的に経済が停滞したことで、不測の事態でも倒れにくい、体力のある企業を求める学生も多かったように思います。これは当然のことであり、社会人として生きていくためには重要な選択のひとつです。困難な状況はまだ続きそうですが、だからこそ当社に求められる役割は大きく、それに応えることのできる人材を求めていきたいと考えています。

当社で働く際、ＤＩＳという看板を背負い、相手から全面的に頼られる存在になることが求められます。言われたことをそのままやるだけ、あるいは指示待ちの姿勢では、お客様を満足させることは決してできません。自ら動き、自ら考え、どうしたら最適なサービスが提供できるのかを粘り強く追い求める。そのためには、積極性は重要な要素となります。ＩＴの世界も、そうやって進歩してきました。そして、これからはもっとその進歩が幅広い分野で求められる時代となります。皆さんも、自身の進歩のためにぜひ、自ら動く姿勢を持ってほしいと思います。

◆「未踏」に挑みまだ見ぬ未来を創る

当社が扱うのは最新のＩＴ商材であり、今後そのニーズはより高度に、そしてお客様の層も幅広くなっていきます。そのための専門知識が自分に身につくかどうか、不安に感じるかもしれません。しかし当社では学びのための制度もそろえています。パソコンスキルの資格を取得すると、会社が祝金を支給する制度もあり、会社全体の情報技術に関する基礎知識の向上を図っています。また、クラウドサービスに関する資格を取得する社員も増えています。ＩＴメーカー各社には最新機器やシステム、トレンドなどについての勉強会を設けてもらうなど、社員の学びたいという欲求に応える様々な制度を完備しています。

一～二年目には営業活動や業務知識の研修があり、客先訪問時のプロセスを学んだり、業務プレゼンを行う発表会があり、先輩社員や上司が営業ノウハウをしっかり指導し、新人を育てる風土があることも当社の特徴です。もちろん、三年目以降も論理的思考力を鍛える研修やマーケティング手法、コーチング手法を学ぶ研修が用意されており、各階層に応じた社内教育プログラムが充実しています。

時代のニーズに柔軟に対応し、お客様に最適な提案を行うためには、コミュニケーション能力はもとよりハイレベルな専門的知識やスキルが求められます。当社では、そのためのバックアップを手厚く行っています。商社にとって、人材は宝です。今後も、その大切な宝がより魅力的に輝けるよう、あらゆる方面からスキルアップ等に繋がる投資を行っていきます。

また、働きやすさを強化する制度も常にブラッシュアップしています。例えば、総合職で世帯主となる社員が家を購入した際には、返済月額五〇％を支給する制度もあります。勤務地によって差はありますが、賃貸の場合は家賃の六五％が補助されます。若手社員には借り上げマンションを独身寮として提供し、エリア問わず家賃は一万五〇〇〇円となっています。

当社にとって、内定をお出しした学生の皆さんも同じように大切な宝であるため、社内報などを毎月郵送し、不安を取り除き、〝もうＤＩＳの仲間なんだよ〟と語りかけることに力を入れています。内定者対象のＳＮＳも開設し、人事部も加わりながら常にコミュニケーションを図る場を設けることで、内定者の不安に寄り添う取り組みも行っています。

企業の成長には、社内外や年代を問わず様々な「人」と強い信頼関係を築くことが必要だと考えます。それがひいては、よりよいビジネスにつながるものと確信しています。学生の皆さんも、世代を超えた「人」とのコミュニケーションや繋がりを大切にして日々を送っていただきたいと思います。

トップクラスのディストリビューターとして、広大なフィールドの中で新しいことに挑戦する勇気を持ち、成長を止めないＤＩＳで、皆さんの力を発揮してください。変化を恐れず、むしろ楽しみながら社会に貢献していきたい。そんな目標を持った皆さんと、新たな時代の扉を開きたいと思います。「未踏に挑め」をスローガンとする私たちと、まだ見ぬ未来を作りましょう。

松本彩英（まつもと・さえ）

一九九七年奈良県生まれ。京都女子大学現代社会学部卒。二〇二〇年入社。

DISを知ったのは大学の合同説明会。関西圏のメーカーや食品会社等が参加する中、その規模感は突出しており、思い切った仕事ができそうだという点で興味が湧いたという。また生まれてから大学を卒業するまで奈良県で暮らしていたため、就職先ではあえて全国様々な地域に転勤がある企業を望んでいた。さらに、卒業学部とは関連のない業界に飛び込んでみたいと考えていたため、当初はIT業界のSE職を志望。しかし、人と関わる中で新しいものを生み出すビジネスを行いたいという気持ちも強かったという。

「私の大学時代は、ちょうど小中学校でプログラミングの授業が義務化されるという話題が生まれていた頃です。そのため、SEのようなITど真ん中の仕事とは別に、多彩な業界でITの可能性が育つのではないかとも思っていました。そんな考えの中で、DISの営業職はまさに理想的でした。入社当初から営業部に配属され、密度の濃い三年間を送りましたが、営業を極める上では自社についてもっと深く知る必要があると感じることが増え、希望が通って人事部への異動が叶いました。営業職とはまったく違った環境ですが、学生の皆さんにDISの良さを伝えながら、私自身もDISの可能性をもっと知っていきたいと思っています」

「人間力」を培い、共に未来の生活や機械を創造しよう！

守谷商会　人事部　人事課＝仲川　諒

◆知られざるエクセレントカンパニー

守谷商会は、ＢtoＢを主体としたビジネスを展開する機械商社です。

正直なところ、学生の皆さんにとっては、知られざる存在と言っていいでしょう。しかし、たとえばスマホやタブレットのような手放すことができないＩＴ機器は、みな電気で動いています。電気を作る発電所には、守谷商会がカスタマイズして設置した各種装置が並んでいます。蛇口から当たり前のように流れ出す水も、浄水場で守谷商会が納めた機械によって飲料水となっています。さらに住宅やマンション、道路や橋、電車、バス、車、もしかするとこれらもすべて、守谷商会がプロデュースした最先端の産業用機械によって世に送り出されているかもしれません。つまり、デジタル時代に生きる皆さんのインフラをがっちりと支えている商社、それが私たち守谷商会なのです。それゆえ、世間一般の知名度は低くても、電気・ガス・水道などのインフラ産業や自動車・鉄鋼・プラントなどの業界では、高度な技術力を持つ「エンジニアリング商社」として、広く認知されています。

守谷商会は、一九〇一年九月、二〇世紀の訪れとともに誕生しました。西欧からの輸入機械が主流だった当時の日本の産業界に、国産の優良な機械を推奨販売することを目的として営業を続けてきました。そして世紀をまたいで今日に至るまで、社会の隅々に私たちの提案した世界に一つだけ、つまり「オンリーワン」の高機能な機械装置をお届けしています。一二〇年以上の歴史を持つ、老舗でありかつ最先端をゆく機械商社なのです。

日本の発展とともに成長を続けてきた守谷商会は、すべての「百年企業」がそうであるように、時代の荒波をいくつも経験してきました。その一世紀を超える歳月において、どんなに苦しい状況下でも一度も赤字を出すことなく黒字決算を維持してきました。この事実は、私たちが皆さんに胸を張ってお伝えすることができる当社の歴史です。自己資本比率もグループ全体で約六〇パーセントと、経営は健全そのものです。長い歴史があり、高い技術力があり、確実な利益があるだけではなく、この抜群の持続的経営力から、守谷商会は「知られざるエクセレントカンパニー」と呼ばれているのです。

◆必要なのは挫けることなくものごとを進める「人間力」

好不調の激しい商社業界において、こうした理想的な経営ができる一番の理由としては「産業用機械の受注生産品」にフォーカスした独自のビジネスモデルを構築していることが挙げられます。

受注生産品といっても、私たちが機械を生産するわけではありません。クライアントからの要望に応じ、あるいはクライアントが直面している課題を見つけ出して、それを解決するために総合プロデューサーとなり、新たな仕様づくりや基本設計をリードします。そして国内外の機械メーカーに発注し、製造プロセスを確認しつつ要望に沿った製品を引き渡します。このように高度な付加価値を持つ受注生産品ビジネスは、他商社の追随を許しません。しかも私たちは〝売って終わり〟ではありません。担当者がアフターケアまでしっかりと対応することで、納入した機械設備に責任を持つとともに、クライアントとの良好な関係を積み重ねていきます。

守谷商会が扱う商材は多くが〝一点モノ〟です。そのため競合の出現による薄利多売という負のスパイラルに陥ることがありません。また、インターネットで容易に売り買いができるものではなく、AI（人工知能）に取って代わられるものでもないのです。だからこそ、守谷商会の営業社員は常に自信と誇りを持って、自ら得意とする「提案営業」を行い、クライアントもメーカーも私たちが訪れるのを心待ちにしてくれています。

産業用機械は形状も非常に大きく、価格も数百万から億単位のものまで様々ですが、そのプロジェクト全体をコントロールし、クライアントやメーカーと一緒になってまったく新しい最新鋭の機械を作り上げていく醍醐味や快感、やりがいは、男女を問わず、また文系理系の垣根を越えて誰もが感じることができます。不思議なことに、一度その楽しさを経験すると、次もまた大きな仕事を取ってやろう、という気持ちが湧き起こってきます。

この高いモチベーションがモリタニパーソンの営業力の源泉であり、その根底にあるのは「人間力」です。多くの人たちと関わり、そして巻き込みながら、関係者全員を成功へと導いていくのが商社の仕事です。時には意見がぶつかり、議論が延々と続くこともあるでしょう。そんな中で最適な解決策を見出していくには、明るく、粘り強く、誠実に、挫けることなく物事を進めていける「人間力」が必要なのです。

◆セミナーや面接を通してお互いを深く知る

ですから守谷商会は採用活動で、学生一人に対して一回あたり一時間から一時間半にも及ぶ個人面接で人間力をじっくりと見させていただきます。

面接でのポイントは三つあります。まず元気でハキハキした受け答えができること。次に、友達同士の話し言葉ではなく、年上の人とも気さくでかつ引き締まったコミュニケーションが取れること。そして最後に、学生時代に努力を惜しまず打ち込んだものがあることです。学業はもちろん、体育会やサークルでの活動、留学、アルバイト、理系であれば専門的な研究などのほか、一所懸命にやったことなら何でもかまいません。

そこで重要なのは結果ではなく、皆さんの取り組む姿勢や物事の考え方です。これまでの人生において、何を考え、どのように生きてきたのか。それは、入社後の皆さんの生き方にも通じます。

守谷商会の面接を受けると志望動機が変わるとよく言われます。なぜなら、面接官との対話を経て自分を見つめ直すことになり、会社に入ってから自分は何をしたいのかという本質的な問いを、自分自身に投げかけることになるからです。就活とは内定や入社がゴールではなく、皆さんが自分の人生を真剣に考える大切なプロセスです。ですから、私たち採用担当者も面接やセミナーなどを通していつも誠実に皆さんと向き合い、働き方や楽しさ、辛さから給料明細に至るまで、飾ることなくリアルな話をさせていただいています。

また例年八月から二月にかけて東京と大阪で実施するワンデーセミナーでは、商社業界や商社での仕事内容について説明した後、若手社員数名と交流していただきます。このときに守谷商会の社風についてざっくばらんにお話しして、皆さんが人生を託すことになるかもしれない守谷商会のすべてを余すことなく感じていただいています。このセミナーや面接を受ける過程で、皆さんは自分の人生や仕事に対する価値観がしっかり固まってくると思います。

皆さんの想いがセミナーや面接でお会いするたびにどんどん成長していることは、その表情を見ればひと目で分かります。その上で、「守谷商会に入って自分という人間を磨きたい」「世界に一つしかない産業用機械という商材に魅力を感じた」「安定した企業で営業パーソンとして成長し、活躍したい」と志望動機が明確になれば、また、守谷商会への理解が深まれば、当社の内定に一歩近づくはずです。

ほかにも守谷商会の採用活動の特徴として挙げられるのが、通年採用を行うことです。さまざまな事情から、大学四年生の後半になってから本格的に就活を始める学生もいるからです。もちろん入社してからは採用時期に関わらず、早くに内定が出た学生と同じように活躍しています。

なお、二〇二三年四月の総合職大学新卒入社は一八名でした。また、理系については、設計者など理系出身の担当者と話をする機会が多いことから、人物本位を基本とした上で、積極的に採用をしています。

◆年次研修とトレーナー制度

内定を受諾し入社した方は、守谷商会の充実した研修制度によって、他社では決して身につかないスキルを身に付けて、産業用機械のスペシャリストとして成長していきます。

研修制度は、大きく二つのカテゴリーに分かれます。一つは「年次研修」と呼ばれるもので、もう一つは「トレーナー制度」です。

年次研修は、総合職の社員に対して入社五年目まで毎年一回、軽井沢の研修所兼保養所に同期が集まって一週間実施します。営業スキルはもとより法務、会計、ＩＳＯ、情報セキュリティなどを徹底的に身につけるとともに、最終日には社長との座談会を行います。この座談会を通じて会社の上層部と直接意見交換し、守谷商会が長い間蓄積してきた機械や営業に関する知見を共有することになります。

一方トレーナー制度は、入社後二年間、先輩社員が仕事を教えるＯＪＴによるものです。守谷商会の高度な知識や技術力をベースとした営業力は、入社早々の新人がすぐに発揮できるものではありません。基礎から最先端に至るまでの機械についての知識を学びつつ、このＯＪＴによりクライアントやメーカーの担当者との関係構築の仕方などを体得していきます。

商社の中には、しばしば「入社早々責任のある仕事ができる」ことを謳う企業がありますが、これは言い換えると「入社早々、誰にでもできる仕事」を与えているにすぎません。

守谷商会では、入社したばかりの皆さんがクライアントに対して自信と誇りを持ち、この世に一つしかない提案型の営業ができる一人前のモリタニパーソンとなるまでに「五年間の成長プロセス」が必要だと考えています。また、六年目以降も毎年階層別に研修を行い、レベルアップをサポートします。慶應ビジネススクールへの派遣、勉強支援制度など、学ぶチャンスは数多く用意されています。こうしたバックアップ体制もしっかりと整えていますので、成長意欲さえ旺盛なら、産業用機械を熟知したモリタニパーソンとして立派に活躍できるようになります。

グローバル人材育成にも取り組み、海外留学制度では社員を毎年四名、約三か月間にわたり米国の大学に派遣します。英語だけでなく興味のある講義を自由に履修し、さまざまなバックグラウンドを持つ各国の留学生と交流します。また、台湾の大学にも毎年二名程度派遣し、英語で行われる中国語の講義で語学力向上を目指します。このように入社五年から一〇年の若手社員が異文化交流体験をして、その後海外駐在員に選ばれるケースも少なくありません。

◆神奈川全域で住民の生活に欠かせない電力設備の営業を担当

ではここで私自身の経験をもとに、守谷商会で働くとはどういうことかを紹介します。

私は入社一年目に電力会社を担当する部署に配属され、主に変電所などに納める機器を製造する重電メーカーとの間に立って仕事をしてきました。この部署では入社一、二年目でこの重電メーカーの工場で三か月にわたる研修をします。工場では実機に触れてねじを締めたり絶縁紙を巻いたりして、夜はその会社の寮で社員と交流します。例年のことなので歓迎してもらい、このときできた人脈は後々とても貴重なものになりました。

営業先は変電所の保守を担当する制御所で、ほぼ一〇〇パーセント、ルートセールスです。一度納入すると三〇年かそれ以上稼働し続ける大型機械も多く、初めて電力の巨大なインフラを目の当たりにした際は興奮しました。こうした大型機器を更新する機会はそれほど多くありませんが、補修や消耗品の交換などメンテナンス業務は常にありました。

六年間にわたってこの仕事に携わり、その後半は一人で神奈川全域を担当しました。落雷などの自然災害があると緊急出動が必要になります。あるときは地域の何千世帯が影響を受けてニュースにもなった大型停電があり、本来は一年かかる機械の交換を二週間でなんとかしろと電力会社からオーダーが入りました。系統で電力を融通しても、容量の関係で二週間しか持たないかもしれないというのです。

重電メーカーに行くと、それは無理と半ば諦めムードでしたが、電力会社や電気を利用している人たちのことを思えばそういうわけにはいきません。他に納める予定だったものや、倉庫に眠っていた部品を引っ張り出してなんとか間に合わせることができました。もちろん工場の皆さんと一緒になってなし遂げたのですが、守谷商会はその重電メーカーの営業部門のような感じで電力会社に入り込んでいるので、場合によってはそのメーカーの社員より存在感があります。間に入っている立場の私が、工場の現場にハッパをかけてなんとかする、ということもたびたびありました。

こうした経験から、お客様ともメーカーの方とも仲良くすることはかなり意識するようにしていました。自分が納めた機器を通して地域に電気が供給されていることには、少なからずやりがいを感じました。横浜スタジアム付近の地下変電所の変電機器を更新してからは、あのスタジアムの照明は自分が携わった仕事が支えていると思うようになりました。

二〇二三年四月に人事部へ異動となり採用担当となりました。

◆「君が売った機械が、タイムマシンを作るかもしれない」

守谷商会は決して規模は大きくありません。その分、社員や家族を大切にする会社です。また、エンジニアリング商社としてのクオリティはずば抜けて高く、独立系商社であることも中立な立場で世界中のメーカーやクライアントとビジネスを行う上で大きなメリットとなっています。クライアントも各業界のトップカンパニーばかりで、日本のモノづくりで使われる最先端の機械を提案することができます。そして

「これは自分が携わった機械で作られたものだ」という満足感を得られます。

守谷商会の採用情報ウェブページには、次のようなキャッチフレーズが掲げられています。

「君が売った機械が、タイムマシンを作るかもしれない」

未来社会でタイムマシンが完成したとき、そのマシンの片隅には「MORITANI（モリタニ）」のロゴが刻まれているという夢と期待を表現したものです。そのマシンを提案するのは皆さんかもしれません。

こんな守谷商会で、オンリーワンの実力を蓄えた商社パーソンとして力いっぱい働いてみたいという熱い気持ちやワクワク感をお持ちの皆さんとお会いできることを楽しみにしています。

仲川 諒（なかがわ・りょう）
一九九一年京都府生まれ。信州大学繊維学部応用生物学科卒。同大学大学院総合理工学研究科修了。学生時代は特定の微生物を専門に研究生活を送る。一方ではアルバイトで販売員を五年間続け、人と話したりものを売ったりすることが楽しかったため、理系ながらも営業職をめざした。二〇一七年守谷商会に入社。神奈川エリアで重電メーカーの設備機器を電力会社に納める部署に配属。二〇二三年四月より人事部人事課主任に。
「電力会社に関わる仕事は、多くの人々の生活に直結するインフラを支えています。それだけに間違いがあってはいけないという緊張感がありました。入社一年目のとき、お客様から問い合わせを受けて、『たぶんいいと思います』と答えたら大変怒られました。〝たぶん〟で答えるのはやめろというのです。学生のときから口癖のようになっていたので、はっとして気持ちを切り換える出来事になりました。
人事部に来て気づくのは、数社しか選考を受けずに一社に決まるとすぐ就活を止めてしまうような学生が多いことです。受ける会社は少ない方が効率がいいと思うのかもしれません。ですが、就職活動はせっかく多くの会社を知ることができる機会ですので、個人的にはたくさん活動して様々な会社を調べて知ってほしいと思います。その経験が必ずその後の人生に役立つはずです」

求めるのは、「情熱」「好奇心」「主体性」「誠実性」をもって挑戦できる人

岡谷鋼機　東京本店　人事総務部＝村井　俊介

◆三五〇年を超える歴史のなかで、絶えず新たなビジネスを開拓している

岡谷鋼機は江戸時代の一六六九年（寛文九年）に名古屋で創業し、以来三五〇年以上にわたって、変わりゆくニーズの変化に対応しながらビジネスの領域を拡大してきました。日本国内でこれほどの歴史を持つ企業は多くありません。それだけ堅実に事業を続け社会に貢献してきた証でもあります。

ただし、堅実なだけでは環境の変化によって押し寄せる荒波を乗り越えることはできません。当社は、創業以来、他に先駆けて挑戦をし続け、未知の領域へ飛び込みながら、取引先に対しては誠実であることを貫いて良好な関係を築き上げました。今日では鉄鋼、非鉄金属、機械を始めエレクトロニクス、化成品、食品など幅広い領域で事業を展開する独立系商社として活動しています。

もちろん今現在も、当社の企業活動は挑戦の連続であり、今のあり方がゴールではありません。常に将来を見据えて新たなビジネスの創造へ向かい続けなければなりません。ですから困難に直面してもくじけることなく挑戦し続け、新たな境地を拓ける人材は常に必要としています。それは商社の社員としては当然のことでもあります。歴史があるから安定、という考えは通用しません。私自身、社内にいても自ら主

体的に動くよう求められることばかりです。上司や先輩からさまざまな助言を受けますが、若手のうちから「自分ならどう考え、どう行動するか」を発信していくことを求められるのが、当社の社風です。

この社風を維持するために、当社では「情熱」「好奇心」「主体性」「誠実性」をもって新しいことに挑戦する人物を常に求めています。前向きな姿勢で責任感を持ち役割を果たす「情熱」があり、さまざまなことに興味関心を持ちチャレンジできる「好奇心」の持ち主であること、さらに当事者意識を持ち多様な人々と協業できる「主体性」、好感を持たれ信頼される「誠実性」が不可欠です。

採用では、この四つの素質を常に意識しています。

◆二〇二五年度採用について

二〇二五年度新卒採用は、対面とオンラインの二本立てを基本とします。詳細については、当社の採用マイページで最新情報をご確認ください。なおエントリーされた方にはメールでもご案内します。

直近の二〇二四年四月入社の新卒採用は、以下のような流れで実施しました。

まず本選考の前に次の各種セミナーをオンラインで開催しました。出席することが本選考への応募条件ではありませんが、入社を志望する方には参加されることをお勧めします。

【企業研究セミナー】商社業界の役割や当社の特色について説明し、人事担当者とのQ＆Aでは参加者からたくさんの質問が出ました。商社の仕事について理解を深めるためにも、気軽に質問してみてください。

【商社ビジネス体験セミナー】グループワークを通じて、ビジネスを創造していく上で必要な考え方を学びながら、当社の強さの秘訣を体験するセミナーです。戦略を練り、自分なりに答えを出して、総合力を

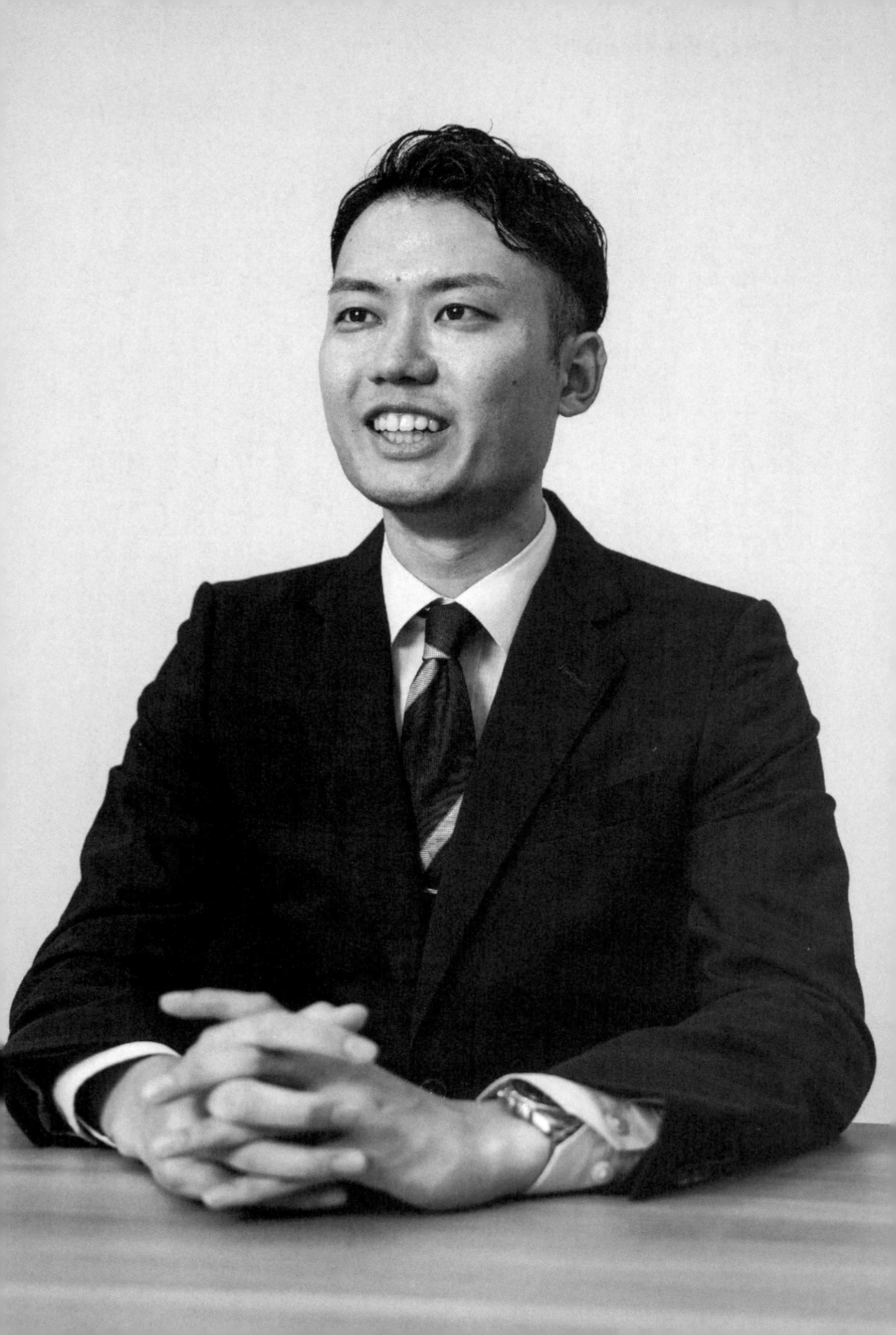

生かした提案をしていくビジネスの魅力を感じていただけるはずです。

【営業社員座談会】入社二、三年の若手や中堅社員が、仕事内容や日々の想いを語ります。これまでの経験やどのようなキャリアプランを描いているかなど、営業社員にしっかりと語ってもらいます。十分にコミュニケーションが取れるよう心がけており、学生も次々に質問をします。オンラインで海外駐在員が参加する座談会も行いました。商社志望の学生さんは、海外での仕事を希望することが多く、その実際を知ることができると好評でした。また、女性や理系の方に限定した座談会も実施しました。

続いて当社の選考に進む方は、まずマイページ上で会社説明会動画を視聴して、会社・仕事の理解を深めていただきます。その後、エントリーシートの提出とウェブテストで言語、計数能力、パーソナリティ検査を受けていただき応募完了となります。

次にグループディスカッションをオンラインで行いました。一つのテーマについて参加者全員が話し合い、最後に結論を発表します。周囲の話をきちんと理解できる、議論の流れを把握している、人の意見を受けて自分の考えを論理的に伝えられるといった、チームにおけるコミュニケーション能力を見ます。これに合格された方を対象に社員との一次面接をオンラインで、部長クラスとの二次面接および役員との最終面接を基本的に対面で行いました。なお部長面接の前に、あるテーマについての考えを尋ねる簡単なコミュニケーションシートを提出していただきました。このほか最終面接までの間に営業担当、ないし営業経験のある社員と話ができる場を設けています。

どの段階の面接でも、岡谷鋼機という会社への理解と、自分自身という人間への理解を深めておくことが前提となります。そして一人ひとりが何に興味を持ち、ものごとをいかに広くとらえ深く考えているかを知るために、質問に対する答えについてさらに掘り下げて尋ねていきます。面接の場で緊張から硬くなりすぎてしまう方もいますが、それでは実際にどういう人物なのかがよく分からず、相互理解を深めることができずに終わってしまいます。自然体のまま構えずに受け答えをしてもらえればと思います。

なおインターンシップについては、当社の営業社員と密に会話を重ねていただき、仕事の理解を深められるプログラムを実施しています。昨年は対面で実施しましたが、二〇二五年度採用では関東、関西、東海圏だけでなく幅広い学生のみなさんにも参加していただけるようにオンラインのプログラムを併わせて用意しています。

◆充実した研修制度と仕事と育児の両立支援

二〇二四年四月入社予定の総合職内定者は四四名で、うち女性が九名、理系出身が七名でした。総合職の内定者には、日商簿記検定三級を取得し、ＴＯＥＩＣのスコア六五〇点以上を取ってもらうことにしています。

理系の学生の採用は積極的に行っています。商社の仕事は現場が重要なことはもちろんですが、ＤＸなどデジタル関連の知識も不可欠になっています。商材もどんどん変化していくので、幅広い知識や理系出身者が強みとする論理的思考は大いに役立つと思います。

育児と仕事を両立しながら活躍し続ける環境づくりも会社全体で進めており、育児休業や短時間勤務、育児フレックス勤務などの制度は、法律で定められた枠を大きく超えて自由度の高い内容となっています。産休前には復帰後のキャリアについて話し合うことを目的に、上司、人事、本人の三者面談を実施しています。結婚や出産、育児という人生の節目を安心して迎えられるように、こうした支援制度は引き続きブラッシュアップしていきます。なお当社の女性総合職は三分の一がワーキングマザーで、その活躍の場は営業部門、管理部門を問いません。

二〇二三年四月入社の新入社員には、名古屋で二か月間の集合研修を受けてもらいました。またこの年から三か月間の海外語学研修を再開しました。入社四年目の社員を対象とし、派遣先はアメリカ、シンガポール、オーストラリアで、語学だけでなく将来の海外ビジネスにつながる経験をしてもらうことを目的に派遣しています。

岡谷鋼機では、語学に限らず通信教育、社外ビジネススクール派遣等、自己啓発プログラムも充実しており、社員一人ひとりの思考力を高めて自己成長できるよう配慮しています。中期計画「GIC 2025」では海外進出の拡大方針を掲げており、世界で活躍できるグローバル人材の育成を入社一年目から後押ししています。通信教育やオンラインの英会話コース、社内で実施する講師と一対一の語学講座など、英語だけでもさまざまなコースがあります。中堅以上の社員が対象の研修では、新しいことに挑戦してきた諸先輩の話を聞く機会もあり、長い歴史がある当社ならではのプログラムです。

◆新しいことにチャレンジしたことで成長を実感

最初に「情熱」「好奇心」「主体性」「誠実性」という四つの素質が、当社の仕事に求められるとお話ししました。

私は二〇一八年に入社して名古屋本店の人事室に配属になり、社会人三年目の二〇二〇年六月に東京本店への異動とともに採用担当となりました。ちょうど新型コロナウィルス感染症の流行で緊急事態宣言が出されたため、対面の採用活動ができなくなるというタイミングでした。全面的にリモートで採用活動という、自分が就職活動を行ってきたときとは全く異なる状況の中で学生の皆さんにどう会社の魅力を伝えていくか悩んでいました。この年の秋に採用チームでYouTubeライブの会社説明会への参加を企画立案し、それが認められました。私は当日のメインスピーカーとして先頭に立って準備を進めました。

ところが企画が決まったはいいものの、自分が頑張らねばという気持ちの空回りが各方面への確認不足を招き、収録当日まで上司や先輩から多くの指摘を受けました。今考えれば、まずは全体のスケジュールや方向性を自ら発信し、的確なサポートを得られるよう周囲を巻き込んでいくべきでした。当事者意識をもって仕事に取り組むことは大切ですが、一方で、一人きりで仕事が完結するわけではない、自分のできないことも含めて発信しなければ相手に伝わらない。そんな社会人として持つべき「主体性」を痛感した仕事だったと思います。大いに反省しながら本番に臨みましたが、先輩方のフォローと持前の勝負強さでなんとか成功させることができました（ライブ映像を視聴していた先輩方はヒヤヒヤしていたと思いますが…、（笑））。周りの方々の協力はもちろん、こうした多少苦しくても自身の糧になる仕事を経験させてもらったことには非常に感謝しています。

この採用の仕事と並行して、海外駐在員の窓口となってフォローする業務もありました。コロナ禍という未曾有の状況で、海外での活動がどうなるのか、日本に戻れるのかと日々多くの問い合わせを受けていました。不安な気持ちに寄り添いながらも、会社としての規程や方針を伝えることは簡単ではありませんでした。ときには厳しい言葉が駐在員の方から向けられて、それを受け止めなければいけない場面もありました。こうした対応に苦労する場面もありましたが、厳しい環境下で働いている駐在員の言葉に正面から向き合い、誠実な回答を心がける中で、徐々に私への相談が増えたり、帰国した社員から、「あの時は助かったよ」と言ってもらえたり、少しずつ信頼を得られていく経験は、自分を成長させてくれたと思います。

こうしたエピソードからも、岡谷鋼機では「主体性」や「誠実さ」が求められることを感じ取ってもらえるのではないかと思います。採用活動では、エピソードの規模の大小ではなく、自分なりに試行錯誤を繰り返しながら困難に誠心誠意立ち向かった等身大の姿を見せていただきたいと思います。

岡谷鋼機は「ものつくりに貢献するグローバル最適調達パートナー」を企業理念としています。営業担当者になると、年次を問うことなく、一人ひとりがスピード感や責任を持って仕事に取り組む毎日です。新しい何かを見つけ出し、多くの人たちとコミュニケーションを取り、上司や会社に提言し、実現していくことに醍醐味があります。主体的に考え、動き、国内のみならず海外へ視野を広げ新しい商売を創り出していくことに少しでも興味があれば、ぜひ岡谷鋼機に来ていただきたいと思います。

村井俊介（むらい・しゅんすけ）
一九九四年、愛知県生まれ。愛知県立大学外国語学部ヨーロッパ学科卒、スペイン語圏専攻。二〇一八年岡谷鋼機に入社。
大学三年生のとき、約一年間メキシコに留学するとともに南米各国をバックパッカーとして回った。「大学時代に留学していたメキシコシティで、初めて商社の人と出会いました。どんな仕事をしているのかを聞くと『人と会うことかな』と答えてくれたのが印象的で、おもしろそうな世界だなと興味を持ちました。就職活動の初期段階では、仕事で海外に携わることや留学で培ったスペイン語が使えればという気持ちはありましたが、自己分析を突き詰めていくと、自分なりの考えを発信し、それを具現化していくような仕事がしたいというのが前提にあることに気づき、最終的に岡谷鋼機に就職しました。
今採用活動をしながら思うのは、情報が多く取れる世の中だからこそ、こう聞かれたらこう答えるといったハウツーが先行してしまっている印象を受けます。情報収集自体は重要だと感じますが、情報をしっかり腹落ちさせた上で、自分はこんな人間で、どんな経験をして、これからどんな仕事をしてみたいか、等身大のままで伝えてほしいと感じています」

「商社は人なり」を体現する独立系商社

阪和興業 人事部 人材開発課＝吉田 正美

◆キーワードは「独立系」と「ユーザー系」

阪和興業は、鉄鋼を扱うトップ商社群の一角として発展してきました。鉄ビジネスの特徴は、スケールの大きさです。一口に鉄といっても種類はさまざまで、当社には鉄鋼関連だけで約一五の部門があります。また、鉄鋼以外にも様々なビジネスを行っているのが当社の大きな特徴で、リサイクル・プライマリーメタル、食品、エネルギー・生活資材、木材、機械などさまざまな領域で時代のニーズを先取りするべく事業展開を進めてきました。

当社を知る上でキーワードとなるのが「独立系商社」です。独立した業態で、企業グループ間の取引や系列関係などを気にすることなく、自由な発想でビジネスを展開することができます。もう一つのキーワードが「ユーザー系商社」。顧客や社会のニーズを満たし課題の解決を第一に考え、日々ビジネスに取り組んでいます。阪和興業の営業担当は、顧客が必要とすれば、どんなことでも対応していきます。自分が扱う商材の範囲にとどまらず、社内の他部門と連携をしたり、未開拓の領域にもどんどん足を踏み込んでいき、顧客のニーズに多角的に応えていきます。

このように、阪和興業の全ての仕事には「お客様のため」という精神が根本に存在しています。グループ全体で顧客に寄り添い、汗をかきながら地道な商売を続けた結果、二〇二二年度の売上高は二兆六六八二億円、経常利益は六四二億円でどちらも過去最高となりました。今後は営業活動だけでなく財務基盤やガバナンスを強化して攻めと守りのバランスを取りながら、会社として更なる飛翔を目指します。

◆「商社は人なり」人材育成に力を入れる

阪和興業の創業者である北二郎は「商社は人なり」を信条とし、「企業の繁栄と社員の幸福は車の両輪である」との理念を掲げました。その理念は今もしっかりと受け継がれ、人材育成や研修に力を入れています。二〇二〇年に「グローバル人材育成元年」を掲げ、国内だけでなく海外でも活躍する経営人材の育成へと大きく舵を切りました。中期経営計画でも、人材育成への注力を強調しています。その具体例が、二〇二二年六月に開校した企業内大学「Hanwa Business School（HKBS）」です。従来の研修を更に発展させ新たな研修も導入しながら、これらをカテゴリーごとに八つの学部に集約・体系化しました。社員は全学部に所属し、自分で自由に研修を組み合わせながら受講します。これまで実施してきたスキル研修のみならず、当社オリジナルのコンテンツがあるのも特徴です。例えば〝文学部〟では、先輩たちが、どのように新規の取引先を開拓したのか、その内容をインタビュー動画で公開しています。顧客満足を第一に考え、確固たる信頼関係を構築しながらビジネスを拡大していく。そんな阪和のスピリットやＤＮＡを伝えていく手段にもなっています。また、海外で半年間研修するトレーニー制度や語学留学派遣制度も取り入れており、若手社員を中心に海外の現場や学校でも学びを深めています。さらに、会社が学費を全額負

◎Hanwa Business School（ハンワ・ビジネススクール）

2022年6月に開講した阪和興業の企業内大学「Hanwa Business School（HKBS）」。「阪和DNAの継承」「時代の流れに適応した人材の育成」を目的とし、様々な研修プログラムを8つの学部に集約・体系化。社員自ら学びを得る場としての役割を果たし、社内全体の知的リテラシーの底上げを図る。

学部	内容
文学部	阪和興業の社史、新規事業・新規取引先開拓の成功失敗事例などからビジネスの歴史や源流、ビジネスモデルについて学ぶ。
法学部	営業や会社経営に必要な法律知識とともに、ケーススタディなどから与信について深く学ぶ。
商学部	商社のビジネスに必要となる知識を幅広く学ぶ。
外国語学部	業務で使用する外国語を身につけ、より実践的に深く学ぶ。
理工学部	全社員に必要となるOAスキルや論理的思考能力を身につける。
教養学部	営業活動で身につけておくべき教養として、接待やゴルフコンペでの振る舞いまで幅広く学ぶ。
経営学部	取引先との会話で身につけておくべき基礎や、自ら経営人材となるために必要な知識を身につける。
キャリアデザイン学部	今後のキャリアやライフプランについて、研修を通じて考える。

担する公募の国内ＭＢＡ派遣制度では、毎年三～五名の社員が選抜され業務の合間に勉強に励み、取得を目指しています。

充実した教育制度とともに、阪和興業には「出る杭打たず、伸ばしていく」という風土があります。若手からどんどん仕事を任せると言っても、一人ひとりの個性を潰すことなく成長を促します。自分で自由に仕事を組み立て、動かし、壁に当たればその解決方法も自分で考え、達成へ導いていきます。責任は大きく緊張感もありますが、若手のうちから仕事の手触り感を持って働くことができるのは、仕事への楽しさやワクワク感にも繋がります。

入社後に配属される部門でのＯＪＴでも、基本的な考え方は変わりません。まずは思う通りにやってみて、失敗したらどこで間違えたかを考えて修正していく。その体験の積み重ねで、一人ひとりが自ら持つ資質を伸ばしていきます。ただ、若手からどんどん仕事を任せるといっても任せきりでは決してなく、一人の社員を会社全体で支えるのもまた阪和興業の社風です。バックアップ体制が整っているからこそ、安心して挑戦することができます。

こうした環境の中で若手社員は大きく成長し、若手を含めた社員一人ひとりが主役となり稼ぎ頭となることで、社員数約一五〇〇名の少数精鋭ながら、二兆円を超える売上高をあげています。

◆自らの強みを生かして働ける環境

複数の事業を展開し国内外でビジネスを拡大し続けている阪和興業では、活躍のフィールドも様々です。そのため、求める人材も多様化しています。

社内には実際に「こういうタイプが多い」というものはなく、様々な背景を持った人たちが集まっています。特に、商社には学生時代に体育会に所属していたり海外経験のある人が多いイメージを持っている方もいるかもしれません。しかし、実際にはそれぞれ全体の二、三割程で、その他にもアルバイトやサークル活動に取り組んでいた人、ゼミや研究室に専念していた人、趣味に全力を注いでいた人など背景は様々です。共通しているのは自分で道を選択し、選択した道を全力で歩み、その中で生まれた個性を生かして働いているということです。だから、強みも活躍の仕方も営業スタイルも人それぞれです。選考ではいわゆる「商社っぽい人」というイメージに自分を近づける必要はありません。等身大の自分で、自らの力を信じて挑んでみてください。

◆採用活動の流れ

では当社が二〇二四年新卒採用で行った採用活動を紹介します。二〇二五年の採用活動もこれに準じる予定ですが、状況に応じて変更する可能性もあります。当社の採用マイページで具体的なスケジュールや内容を随時案内するので確認していただければと思います。

インターンシップは学部三年生、修士一年生を対象に八月からスタートし、オンライン２ｄａｙｓのスケジュールで実施しました。一日目は「業界分析・自己分析ワーク」、二日目は「商社ビジネス体感ワーク」を実施しました。年明け以降は同内容を１ｄａｙで実施しました。プログラムの最後には営業社員との座談会もあり、ワークで学んだことや感じたことを踏まえて社員と話すことでより実務への解像度が上がり、「阪和らしさ」も存分に感じてもらえたのではないかと思います。このインターンシップは二月まで計二八回開催しました。

また、応募者特別イベントとして、採用担当との座談会と、エントリーシートの書き方や面接のコツを伝える就活対策講座を各月行いました。二〇二五年採用でも実施する予定なので、インターンシップに参加できなかった方はこちらに是非ご参加いただければと思います。

自社説明会・社員座談会は九月から実施しました。コロナ禍で基本はオンラインでの開催でしたが、三月には感染対策の上、対面（東京・大阪）実施も復活させることができました。今後はオンラインと対面を併用して実施していく予定です。阪和興業の社員座談会は「NG質問なし」としており、様々な質問に社員が本音で答えていくことが特徴です。三月からは女性総合職座談会、駐在員座談会、管理職座談会、事業別の社員によるクロストーク座談会など様々なイベントを実施しました。

選考は例年三月から始まります。四月にかけてエントリーシートとWEB適性検査を踏まえた書類選考を行います。四月中旬から面接が始まり、一次、二次、三次、最終面接までを五月中に終えるスケジュールとなっています。学生一名対社員一名の個人面接が基本で、最終面接は学生一名に対して役員、人事部長など四名で行いました。

二〇二四年新卒採用では、総合職七九名、一般職五二名が入社予定となっています。毎年総合職のうち約三割が女性となっており、外国籍の人材（学生）もこれまで多数採用しています。

◆内定から入社後の研修、OJTについて

十月に内定式を行った後は、入社後すぐに必要となる知識やITスキルをeラーニングで身につけます。

なお入社までに簿記三級の取得が必須となっています。

入社後は約一か月間の研修を受けた後、配属部門が発表されるのが通例です。入社したタイミングで決定するのではなく、しっかりと時間をかけ新入社員一人ひとりの個性や強みを見極め、本人の希望と合わせ総合的に判断をしています。配属先では総合職および一般職の新入社員一人ひとりに対し、同じ課の先輩社員一人が指導員として付くことになります。新入社員は半年間、このＯＪＴを通して業務を習得していきます。

◆活躍は縦横無尽、自らの力を信じて飛び込んでみてください

私は二〇二〇年に入社して、人事部に配属となりました。採用担当というと、大勢の学生を相手にする仕事です。学生時代は接客のアルバイトをしており人と接するのは好きだったのですが、大勢の前に出る場面には昔から苦手意識があり、当時は自分にできるのかとても不安でした。

そのことを上司に話すと、採用の仕事は説明会などで人前に立つだけでなく、他にも色々と仕事がある、と採用ホームページの刷新プロジェクトの責任者を任せてもらいました。コンセプトやコンテンツの企画から、制作会社との打ち合わせ、デザインの調整、文面の添削や写真選びなどを全面的に任され、入社一年目が終わろうとする三月に完成しました。自分が主体となり周囲を巻き込んで仕事を動かしていくワクワク感と、パーツが繋がり形になった瞬間の大きな達成感を感じることができた経験でした。

その後も様々な仕事にトライしていくうちに段々と自信がつき、気づけば人前に立つことへの苦手意識もなくなっていました。

若手から裁量を与えてくれて、どんなことでも挑戦させてくれる社風が私の成長を助けてくれたのだと思います。これは人事だけでなく、どの部門でも共通していえることです。六つの事業を展開し、国内外に多くのネットワークを持つ阪和興業では活躍のフィールドは無限にあります。その分、個性豊かで、自分の強みを生かし情熱を持って働いている社員が沢山います。

世の中には未開拓のビジネス領域がまだまだあります。決められたことや言われたことだけをやっていては、未開拓の領域に挑戦することはできません。よりよいやり方を常に模索し、自分で考えて行動し、周りの人をどんどん巻き込みながら結果に導いていく。まさにそれが、優れた商社パーソンに求められる資質といえます。

当社は独立系商社であり、自らビジネスを創り出す意欲を持ち、お客様に提案していくことで新たな価値や仕事が生まれます。そこには、自由な発想で自由に動けるという魅力があります。〝阪和に行けば、何か面白いことができるのではないか〞と興味を持つ方が、阪和興業の門を叩いてくれるのをお待ちしています。

吉田正美（よしだ・まさみ）

一九九七年生まれ。神奈川県出身。青山学院大学地球社会共生学部卒業。二〇二〇年四月、阪和興業に入社し新卒採用担当に。

「大学二年時、マレーシアで半年間の交換留学を経験しました。多民族が共生する国で自分の知らない文化や宗教に触れた時間はとても刺激的で、帰る頃には一回り大きくなった実感がありました。働く上でも新しい環境に飛び込み様々な業界や国の人と関わることで成長したいと考え、商社を志望するようになりました」

「志望業界は決まっても、当時は学生生活が楽しく、あまり前向きに就職活動に取り組めていませんでした。そんな時、阪和興業の社員座談会に参加し、社員が皆自分の仕事を楽しそうに情熱的に話す姿を見て、こんな人たちと働きたい、一員になりたいと感じそこから就活が楽しくなったのを覚えています」

「これから就職活動を通して自分自身と沢山向き合う中で、自分はどんな環境でどんな人とどんな仕事をしていたら〝ワクワクするのか〟を是非考えてみてください。その先に見つけた会社はきっと皆さんが自分らしくいきいきと働ける会社だと思います」

人事部発「私が読んでほしい〝この一冊〟」

採用担当者から「商社」志望の就活生への推薦図書

たった一冊の本が、人の一生を変えてしまうことがある。とりわけ人生の大きな岐路となる就職活動では、本に夢を膨らませ、本から知恵を授かり、また、本に励まされることも少なくない。ここでは、人事部発「学生たちに告ぐ！」にご登場いただいた各商社の採用担当者をはじめ、本誌掲載商社の採用担当者に商社を志望する就活生にぜひとも読んでほしい「一冊」を紹介していただいた。もしかするとこの中に、皆さんの人生を変える一冊があるかもしれない。

丸紅　人事部採用課
岩崎聖太郎さん

『ゼロからつくるビジネスモデル』
井上竜彦 / 東洋経済新報社

本書籍では、ビジネスモデル研究の第一人者である井上氏が、アイデアの創出から、事業の循環まで、わかりやすく解説しています。実務の最前線の事例をもとに、ビジネスの型・構造を誰でも簡単に理解することができる内容となっています。

NX商事　人財戦略部
梅本啓介さん

『韓非子』
西川靖二 / 角川ソフィア文庫

韓非子は春秋戦国時代の法家である韓非の著書です。“矛盾” や “唯々諾々” といった言葉を残しています。その中でも商社業界を目指す皆さんにオススメしたい言葉は「巧詐は、拙誠に如かず」です。現代にも通じる話が多いので、興味のある方はぜひ。

住友商事グローバルメタルズ　採用・人材育成チーム
菊池大輔さん

『質問力：話し上手はここがちがう』
斎藤 孝 / ちくま文庫

綺麗な歩き方を教わることはなかなかないと思います。歩き方と同じように話し方にも自分のクセがあり、大事なポイントを押さえれば誰でも話し上手になれます。面接の会話で意識するべきポイントがクリアになる一冊です。

伊藤忠商事　人事・総務部
清浦幸也さん

『とにかく仕組み化ー人の上に立ち続けるための思考法』
安藤広大 / ダイヤモンド社

組織で何か問題が発生した際、「人」ではなく背景にある「仕組み」を疑うことで、物事の本質的な解決に繋がることに気付かされました。自分は組織にとってどのような存在であるべきか、自分が将来どうなりたいかについて考えさせられる一冊です！

双日　人事部
大久保結羽さん

『イシューからはじめよ──知的財産の「シンプルな本質」』
安宅和人 / 英治出版

自らの知識や過去の経験に基づく視点などから新たな価値を生み出すために必要な思考プロセスが掲載されています。志望業界を商社に絞った際、実現したいビジネスを考える参考としていました。本書を基に、皆さんならどんなビジネスを考えますか？

住友商事グローバルメタルズ　採用・人材育成チーム
大塚萌々さん

『思考の整理学』
外山滋比古 / ちくま文庫

日々接する膨大な情報の中から取捨選択を行い、自身の頭で思考する際の姿勢について紹介しています。普遍的な内容もありますが自身が無意識に行っていたことを言語化してくれる、「思考法」の整理をも助けてくれる一冊です。

岡谷鋼機　名古屋人事総務部　人材育成室
竹下 力さん

『仮説思考―BCG流 問題発見・解決の発想法』
内田和成 / 東洋経済新報社

物事の課題を発見し、解決する時の思考法について述べられた本です。闇雲に情報収集するのではなく、自分なりの仮設を持って行動する事の大切さについて書かれており、就活やビジネス以外の場面でも役立つことがあると思います！

三谷商事　総務部人事課
立尾昌彦さん

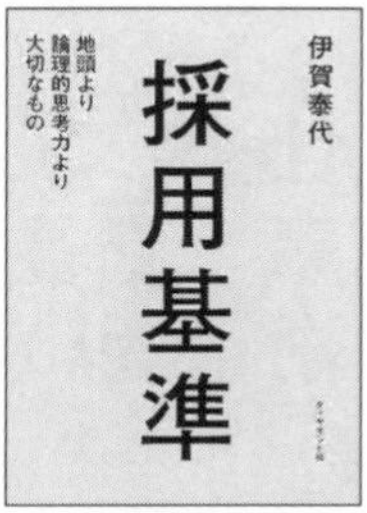

『採用基準』
伊賀泰代 / ダイヤモンド社

コンサルタント企業出身の著者が出身企業での採用基準について述べている。書かれている採用基準自体は一企業のものだが、リーダーに求められる力やなすべきタスクが述べられ、入社1年目から持つべきリーダーシップのあり方を知ることができる。

住友商事グローバルメタルズ　採用・人材育成チーム
塩谷祐生さん

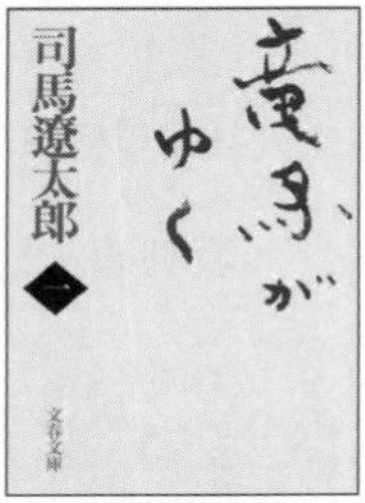

『竜馬がゆく』
司馬遼太郎 / 文春文庫

混沌の幕末を駆けた坂本竜馬の人生を描いた小説。好奇心と志を胸に大きな変化の中で多くの大事を成し遂げた幕末の志士より、変化の激しい時代を生きる我々も様々なことを学ぶことができる。

CBC　Human Resources Group
篠原鈴美さん

『海賊とよばれた男』
百田尚樹 / 講談社文庫

出光佐三をモデルに、戦中戦後を生き抜く石油会社・国岡商店の半生を描いた小説。個人の利益を超えて、社員のため、国家のため、世の中のために人生を捧げた国岡とその周囲の人々の強い信念に心揺さぶられ、自身も奮起させられる感動的な一冊です。

メタルワン　人事部
中島由葵さん

『入社1年目ビジネスマナーの教科書』
金森たかこ著 / 西出ひろ子監修 / プレジデント社

身だしなみ、敬語、電話対応、メール作成等、社会人に向けて漠然とした不安を抱えていませんか？　学生とは違った環境に飛び込む前に一読しておくときっと良いスタートダッシュに繋がります。

日鉄物産　人事部人事課
チョン ジンウェンさん

『バナナの魅力を100文字で伝えてください 誰でも身につく36の伝わる法則』
柿内尚文 / かんき出版

伝わることは伝えることより難しく、この本では伝わるための構造解説から、実践方法、伝わるような工夫までが記載されている。この本を読んでから日々伝わるように伝えることといかに相手の立場になって考えられるかを意識するようになった。

MNインターファッション　人事部
長多敏之さん

『「大丈夫」がわかると、人生は必ずうまくいく！』
斎藤一人 / サンマーク文庫

「自分の人生はうまくいっている」と思えますか？　もしそう思えていないなら、それは「大丈夫」ということがわかっていない証拠なのです。本書は自分を認め、前向きに生きる多くのヒントが、柔らかい言葉で心にすっと入ってきます。

守谷商会　人事部
仲川 諒さん

『ずるい仕事術―僕はこうして会社で消耗せずにやりたいことをやってきた』
佐久間宣行 / ダイヤモンド社

長年テレビ業界で活躍してきた著者が実践してきた仕事術を学べる一冊です。人付き合いやタスク管理など、どの業種でも参考になる点が多く、読めば「明日実践してみよう」というマインドになれます。内容も難しくなくオススメです！

蝶理　人事総務部
山﨑 亮さん

『GRATITUDE 毎日を好転させる感謝の習慣』
スコット・アラン著：弓場 隆訳 / Discover 21, Inc.

「何気ない感謝の気持ちを持つ」ことを習慣づけると、感情・思考・性格に変化が生じ、自分の自信や、有意義な人生の形成へ繋がることを教えてくれる本です。感謝することで気づく新たな部分もあり、何事も挑戦するキッカケを作ってくれます。

三洋貿易　人事総務部　人事グループ
廣川遼平さん

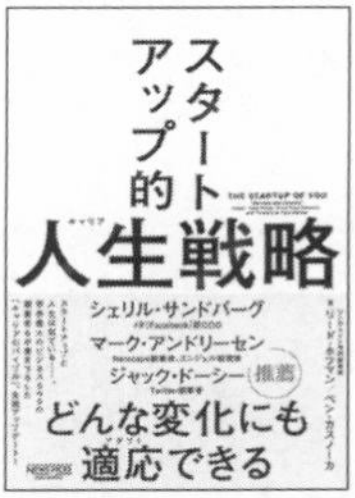

『スタートアップ的人生(キャリア)戦略』
リード・ホフマン、他 / ニューズピックス社

実際に起業しなくても、起業家精神を持ち自らのキャリアをスタートアップのように舵取りしていくことを推奨する一冊。先の見えない VUCAの時代において、変化に適応し柔軟にキャリア形成していくためのヒントが得られるのではないかと思います。

明和産業　人事部
吉岡大器さん

『自分のやりたいことが見つかる5つの質問』
マツダミヒロ / きずな出版

誰しも「やりたいことが見つからない」といった経験があるのではないでしょうか。やりたいことに気づくためには自分のことを知ることが重要です。本書は自分自身を理解するためのヒントを与えてくれる1冊となっております。

キヤノンマーケティングジャパン　総務・人事本部　採用課
矢花真祐さん

『レバレッジ・シンキング』
本田直之 / 東洋経済新報社

労力（仕事）・時間・知識（勉強）・人脈の最大化を説いたビジネススキル本。時間や心に余裕を持って仕事をしながら圧倒的な成果を上げる人の「考え方」「習慣」を知る、仕事に対するマインドをアップデートできる一冊です。

第一実業
渡辺莉緒さん

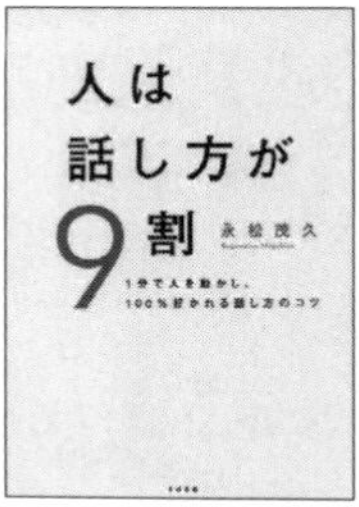

『人は話し方が9割』
永松茂久 / すばる舎

「人間関係」を客観視し、心地良いコミュニケーションの仕方を提示してくれます。当たり前に感じて、案外実践できていない会話の基本が詰め込まれているので、普段のご自身と比較しつつ、自分に合う会話スタイルをぜひ見つけてみてください。

第6章

商社業界に入るには

本章は、「みんなの就職活動日記」(https://www.nikki.ne.jp/)の「内定者日記」を参考にして作成しています。

広がる採用のカテゴリー

地方大学・女性・理系・外国人留学生

今まで商社で内定を得るためには、大きな壁があった。特に総合商社に関しては、国公立・私立のブランド大学出身であること、女性にとっては活躍できる場が少ない、そもそも理系学生にとっては、個性が発揮できる現場が想像できない。そんなイメージが定着していた。しかし、ここ数年でこの壁は大きく崩れてきている。

〈増える地方大学学生との接触〉

商社の採用は、そもそもほかの業界に比べて採用人数が少ないので、人物をじっくり見る採用内容だ。採用は対面での対応が基本だ。しかしコロナ禍によってそれができなくなってしまった。結果、リモートでのインターンシップや会社説明会が圧倒的に増え、学生にとっては、大都市に出かけることなく企業と接触できることになった。商社にとっては、今まで対応できていない地方大学の学生、海外留学生とも気軽に接触できるようになったのだ。商社の存在を初めて知って応募してみた、興味が湧いたという学生は意外と多い。

〈広がる女性社員の活躍の場〉

また、総合職での女性の採用は今まで限られていたが、これも大きく増えている。

内定者ナマ声アドバイス

通ると連絡が早い。基本的に雑談だが、その話し方や内容から人柄を評価してくれる。人事の方の対応が親切。ESや面接に「もう一度」はありません。面接で後悔しないためには、情報をよく集めること、そして経験を積むことが何よりの対策です。（住友商事グローバルメタルズ）

内定者ナマ声アドバイス

1次面接開始から内定まで2週間と短かったため、気持ちを切らさずに選考に臨めた。通過の連絡はすべて即日だった。自己PR、志望動機はしっかり準備しておくこと。あとは大学の就職課のスタッフや、先輩、OBなどに相談してアドバイスをもらうこと。ロジカルに話す練習をすること。（稲畑産業）

男性中心の職場であることは変わらないが、国外との取引が増えている現状、ジェンダーギャップは意味をなさなくなっている。男性は利益目的で動くが、女性は使命感や意義を重視することが多く、この価値観は、世界中どこでも通用する。今後商社にはこのバランスが求められるのだ。ただし、実際採用活動を続けていくと、「優秀＝商社が求める人材」に多く女性が残っている、という印象は各社持っているようだ。女性採用五割を宣言した丸紅は言うに及ばず、双日もすでに三〇％以上を女性が占めている。専門商社各社も女性総合職の採用はかなり増えてきている。

また、事務職・業務職の採用は女性が一般的だが、そこで多くの業務に関わるうちに商社のビジネスに目覚める人もいる。事務職で応募しても、将来営業職に移れるかどうかは確認したほうがいいだろう。

〈求められる理系人材〉

理系出身で商社に就職する学生もかなり増えている。かつては、最低でも修士まで進み、研究者になるか、就職の場合は担当教授に就職先を斡旋してもらうというケースが主流だったが、その状況は大きく変わりつつある。理系の学生に聞くと、「できたら研究は続けたいが、将来の不安が大きい」「今までは狭い研究室に籠っていたが、もっと違う世界を見てみたい」という声が多い。

一方商社側も、積極的に理系の学生に限って人材を求めることはなかったが、状況は一変している。ＩＴ人材の不足は業界を超えて大きな課題だが、商社も例外ではない。各社猛烈なスピードで社内のＤＸ化を進めているからだ。文系だからＩＴ

内定者ナマ声アドバイス

本当に親切にしていただきました。最終の時にアドバイスをいただいたり、緊張をほぐすように話しかけていただいた。離職率もとっても低いし、業績もかなりいいし、人もいいし、すごく良い会社を選んだと思います。内定後に両親宛に会社の資料を送っていただきました。（守谷商会）

内定者ナマ声アドバイス

面接のフィードバックがありました。人事の方は1次面接通過後は完全に応援隊という感じで、とても優しく自分を出しやすかったと思います。内面から輝く人は印象が良いと思います。これは何かに全力で打ち込んだ経験があれば根拠のある自信として身につけられると思います。（CBC内定者）

がダメ、理系だから大丈夫ということはないが、このプロジェクトの推進力に理系の力が欠かせないのは当然だ。外部にすべて発注するというやり方もあるが、多くは共同のプロジェクトで進めている。丸紅では、次世代事業開発本部を設置。住友商事グローバルメタルズは独自にRPAという業務システムを開発して、住友商事グループ全体で共有している。またトラスコ中山は、二年連続してDX銘柄に選ばれている。

現場でも、彼らの活躍は目覚ましい。日立ハイテク、長瀬産業、三洋貿易、CBCなどは、以前から理系の学生を積極的に採用してきた。この傾向は今後も強まる。

毎年感じるのは、外国人留学生の増加である。人事に関しても、日鉄物産では台湾、アメリカ、マレーシアと国際色豊かだった。またユアサ商事では内定式での総代を中国人が務めたこともある。彼らに共通するのは日本語の上手さ。母国語、英語、入社時点でこの三か国語をほぼマスターしている。さらに彼らの国に対する使命感は強い。商社は海外とのビジネスが多く、そんな広がりが大きな興味になっているという。すでに国境の壁は彼らにはない。

〈「知」を見抜く採用〉

商社の採用は、数合わせではなく人物本位である。その人物がどのような人間であるのかをできるだけ探ろうとする。応募した企業のことをどれだけ知っているのか、入社へのモチベーションはどれだけ高いのか、一緒に仕事をやっていけるだろ

内定者ナマ声アドバイス

自己分析は就職活動を通して常にやり続けるべきだと思います。自分がどういうところにモチベーションを感じて、どういうところに居心地の良さを感じるのかなど、やればやるだけ深みが出るのが自己分析です。それを自分が望む商社に対して熱意を持って伝えることができれば、内定に近づくと思います。（伊藤忠商事内定者）

内定者ナマ声アドバイス

とにもかくにも自己分析。自己分析をすることで目指す業界が定まり、エントリーシートや面接にもつながります。また、就活自体を頑張ることも大切ですが、面接で話す内容は就活以外のことが多くなります。そのため、自らの話を面白くする意味でも、就活と並行して何かを頑張り続けることをオススメします。（双日内定者）

うか。面接の何気ない応答によってそれを必死に探っている。立派な回答を期待しているわけではないのだ。そういう意味では、きちんと自己分析ができていて、素の自分を表現できる人は有利だと言える。

しかし、商社の採用はさらに進化している。例えば、住友商事はエントリーシートを廃止して、一次の筆記試験から選考に入る。さらにデザイン選考という採用も実施している。Ideagramを使って、通常の面接ではわかりにくい「独自性」と「創造性」を測定するものだという。なぜ、このような手法をとるかと言えば、今後ますます世の中の動きが激しくなり、問題解決能力だけでなく、問題発見能力も重要だと考えているからだ。

丸紅や双日は女性や理系総合職の採用を大幅に増やし、今までにない異能を発掘しようとしている。丸紅は、通常の採用以外に、「Career Vision採用」と「№1採用」というコースを用意している。前者は、配属ミスマッチを防ぐために、募集部署への配属を前提に募集を行う。後者は、№1を表現する自己PR動画を提出して社内オーディションを受けることになる。これは、多くの社員が閲覧するという。守谷商会はすべての面接を対面でこなす。しかも一人について四〇分前後と膨大な労力を割いている。住友商事グローバルメタルズは、年間を通して大学生との交流の場を持っている。

なぜこれほど時間と費用をかけて採用活動を行うのか。いかに社会が変化し商材が多様化しても、商社の財産はやはり「人」だからである。

内定者ナマ声アドバイス

「就職活動のために何か大きなことを達成しなければ…」「留学しなければ…」「世界を旅しなければ…」などという話をよく耳にしました。しかし、せっかくの学生生活の最終目標が「就活」になってしまうのは、あまりにももったいないのではないかと思います。私の場合は、毎日の生活の中で、どのように勉強、アルバイト、課外活動をこなしていったかを具体的にお話しして、それが結果として私に豊かな実りをもたらした旨を伝え、高く評価していただきました。あなたの周りにある、すべての事柄を全力でやり抜けば、結果は自ずとついてきます。就活にまつわる噂などに惑わされることなく、悔いのない学生生活を送ってください。(三菱商事内定者)

採用スケジュールの流れ

告知三月、選考六月は変わらないが……

◆採用サイトは三月オープン！

ニューノーマル（新しい日常）のもとでも、大手商社の場合、二〇二三年四月入社組の採用活動は従来どおり、学生との接触は三月開始、選考は六月開始の予定。だが、実際には三年生の夏からコンタクトや内々定は出されているので、いますぐ動き出す必要がある。まずは商社の主な採用スケジュールについて知っておこう。

〈採用サイト〉

商社の採用活動のファーストステップは採用サイトのオープン。多くの商社が自社採用サイトに登録し、プレエントリーすることを前提とした採用活動を行っている。登録すると一人ひとりにマイページが与えられ、そこに企業情報や採用情報、セミナー参加者募集など各種告知もアップしている。資料請求も採用サイト登録者のみという会社がほとんどだ。

〈セミナーと資料〉

内定者ナマ声アドバイス

私が就職活動を経験して感じたこと。それは自分の頭で考え、考えたことを自ら実行することのできる人間が企業では求められているということです。日々、大小さまざまなことに疑問を抱きながら、それを解決すること、あるいはどのようにしたら解決できるかを考え続けることが重要だと思いました。（豊田通商内定者）

内定者ナマ声アドバイス

「自分が人生でいったい何をやりたいか」を嫌になるほど考えたほうがいいと思います。これを怠ったり、ある程度で妥協したりしてしまうと、内定を複数抱えながらも就活を続けるという、大変な思いをすることになります。急がば回れです。また、OB・OGの他、社会人との出会いを大切にすることも重要だと感じました。（丸紅内定者）

セミナーには、業界の垣根を越えた合同説明会、大学が主催する学内セミナー、企業が行う自主セミナーがあり、特に自主セミナーは参加人数が限定される場合があるので早めの予約が必要。オンライン開催には地方や海外からも参加可能だ。

〈ESとテストセンター、自己PR動画〉

ES（エントリーシート）は、採用サイトから取り出す、あるいはサイト上で書き込むスタイルと、資料とともに送られてくるスタイルがある。通常、試験を受け、ESと成績表を送ることで、本エントリー。この三つのデータをもとに面接に進めるか否かを人事部で判断している。つまり一次選考である。また、総合商社で始まった自己PR動画を提出させる商社も増えている。

〈選考と内定〉

一次選考を通過したら次は面接選考。通常、一次・二次・最終の三回行われる。二人以上のグループ面接か個人面接かは商社によって異なる。グループディスカッションやディベートを行う商社もある。通過や内定の通知は当日が多い。

〈インターンシップ〉

インターンシップの位置づけは、大きく変わり始める。今までは企業にとって顔見せ的な要素がほとんどだったが、「五日間以上」かつ「就業体験を伴う」インターンシップは、内定に直結してもいいという合意がなされた。今後就職活動の早期化、長期化は避けられない。インターンシップは、三年生の夏前から冬場の二月にかけて、様々な形で実施され、最近はほぼすべての商社で実施されている。

内定者ナマ声アドバイス

興味のない業界の説明会にも出て、話を聞いてみてください。それがきっかけで興味が出たり、逆に興味が湧かない理由がはっきりと分かったりして、有意義なものになります。合同説明会を利用すると良いと思います。また、面接会場は事前にしっかりチェックしましょう。時間がなくなってくるとかなり慌てます。（住友商事内定者）

内定者ナマ声アドバイス

人事部の採用担当者、面接官のどちらの方も学生の可能性を最大限見極めようという姿勢を感じました。選考過程が進むにつれてどんどん志望度は上がっていきました。しっかりと自分の考えを自分の言葉で説明することができれば、あとは“合う合わない”の相性の問題です。すべては準備で決まると思います。（三井物産内定者）

業界・企業研究

OB・OGは最高の情報源

◆まずはネットで分析を！

「商社」と言っても、いくつ企業があるのかわからない。リクナビ、マイナビを検索すると、相当数の企業が「商社」として登録されており、就活生が思い描く「商社」とは異なる企業も少なくない。その中で本誌掲載企業は、総合から専門まで、いずれも就活生の目線を考えた採用活動を行う、ハイクオリティな商社である。その企業情報や業界情報を得るためには、インターネットを活用するのがいい。「みんなの商社オンライン」などの専門サイトをはじめ、各社のHPや採用サイトを見て、その会社のビジネスモデルや業務内容、業界でのポジションなどを分析しておきたい。日本経済新聞や東洋経済新報社などの経済雑誌の過去一年間の記事を検索したり、各社のHPに掲載の「中期経営計画」にも目を通しておくと、その商社を取り巻く環境が見えてくる。社長のインタビューなどもよくネットや経済紙誌を賑わすので、その言葉に秘められたメッセージを敏感に嗅ぎ取る嗅覚を鍛えておきたい。

面接の質問 ～三菱商事～

「中期経営計画をどう思う？」「普段何に気をつけて生きている？」「仲間に何と呼ばれる？」「なぜその大学に留学？」「挫折経験は？」「学生時代に頑張ったこと、その理由、その中での役割は？」「リーダー経験は？」「商社で成し遂げたいことは？」「なぜ三菱商事？」「三菱商事のイメージは？」「これからの商社に求められることは？」

内定者ナマ声アドバイス

面接の練習をすべきだと言われますが、面接では志望動機をしっかり言えればいいと思います。面接は会話なので何が話題になるか分かりません。学生時代に必死でやったことなら、用意しなくても話せるはず。ただ、自己分析はしっかりと。特に自分の弱みなどは経験に基づいて正直に話すといいでしょう。（日本紙パルプ商事内定者）

◆OB・OG、知り合いの社員を探し出せ！

例えば、その商社がいま実際にどういう経営状態にあるのか。全体の収益は好調でも部門別の収益には格差が出ていないのか。女性でも第一線でバリバリ働けるというのは本当か。働き方改革に対して何らかの施策が実施されているのか。若手にも裁量権が与えられているというのは本当か。社員教育と称してOJTに依存しすぎていないか。二十代で海外駐在できるというのは本当か。福利厚生は……。

こうした疑問に対して、人事担当者から本当の回答を引き出すのは難しいし、それを信じていいのかも判断しかねるものだ。そこでぜひともオススメしたいのが、OB・OG訪問だ。企業の社風や体質はもちろんだが、第一線の商社パーソンたちが何をどう考えて仕事をしているのかを肌で感じることができる。入社実績のある大学の場合、就職部（キャリアセンター）などでOB・OGの名前を聞き、各社人事部に連絡をとると教えてくれるはずだ。あるいは、人事部でOB・OG一人に対して人数を決めて集団訪問会を実施する場合もある。最近では、ビジッツOB、ビズリーチなどの就活支援企業が運営するOB・OG紹介サイトを紹介されることもある。ただしOB・OGの紹介は一切しない会社もあるため、その場合には手当たり次第に人脈を頼って、志望する商社に勤める人を探し出してほしい。そうした行動も商社パーソンとしての資質の一つでもあるし、面接での会話の糸口にもなる。

面接の質問 ～双日～

「最も注力した活動は？」「困難や挫折に直面したとき何を考えた？」「あなたの望む働き方、生き方とは？」「部活でどんな教訓を得た？」「あなたを家電に例えると？」「目標とする人物・尊敬する人物は？」「なぜ双日？」「他商社をどう思う？」「あなたのモチベーションの源泉は？」「後悔していることは？」「イメージするビジネスマンは誰？」

面接の質問 ～伊藤忠商事～

「24時間営業って必要？」「印象に残った社員は？」「東芝やシャープについてどう思う？」「あなたの強みと弱みは？」「リーダーの条件とは？」「なぜ伊藤忠商事？」「他の商社の選考状況は？」「起業した経験は？」「10年後、どんな自分になっていたい？」「怒りを感じる状況は？」「世界のどこで働きたい？」「うちのどの部署志望？」

セミナー・資料請求

セミナーは企業からのプレゼンテーション

◆ほとんどの商社はオンラインのみ

商社の仕事は多岐にわたっていて、なかなかひと言では語り尽くせない。そのため、セミナーへの参加は自らが商社を志望する動機付けにもなり、就活をする上で最も有意義なイベントと言っていいだろう。

ただ、セミナーにはいろいろなタイプがある。例えば大学就職部が商社の採用担当者を招いて行う学内セミナー、就職関連の民間企業が主催する合同説明会、各商社が独自に行う自社セミナー、繊維商社だけで集まって行う繊維商社セミナー、地方大学に通っている内定者たちが後輩のために主催する、北海道・東北・名古屋・九州などの「商社会」セミナー、さらに商社が単独で大学周辺の会議室などを借りて、就活生を個別に、あるいは少人数集めて行う懇談会形式のセミナーもある。

一般的に中規模以上のセミナーでは商社業界及び自社の業務内容の説明、さらに若手社員の講演や座談会、時にはグループワークなどがあり、さらに数百人単位の

面接の質問 ～三井物産～

「自分一人で成し遂げられなかったことは?」「日本社会をどう思う?」「なぜ物産?」「逆境を乗り切った経験は?」「なぜ海外で働きたい?」「希望とは違う部署に配属されたらどうする?」「売りたい商品を勧めてみて」「自分なりの挑戦とは?」「他人と意見が異なる場合、どうする?」「自分が変わった出来事は?」「良い仕事って何?」

面接の質問 ～丸紅～

「あなたのファッションポイントは?」「学業を犠牲にして、部活を4年間頑張って得たものは?」「日本の教育の問題点は?」「あなたがサッカー日本代表監督だったら、どんな戦術をとる?」「なぜＥＳにこの写真?」「最近、気になるニュースは?」「入社後やってみたい事業は?」「駐在したい国は?」「なぜ一般職なの?」「なぜ丸紅?」

大規模セミナーの場合には部長以上、取締役や社長などが顔を揃えた講演が行われることもある。また、各社が少人数を募集して実施するセミナーの中にはセミナーと称した選考会や優れた人材の勧誘、一次面接や筆記試験を実施する商社もあるので、その点は考慮しておきたい。セミナーは企業との出会いの場なので、採用担当者が行うプレゼンテーションをぼんやり見ているだけでは内定は覚束ない。

新型コロナウイルス発生時からオンラインのみ。動画のアーカイブによるセミナーや、動画サイトを使ってライブ配信をするセミナーなどもあり、地方からはもちろん、海外からのアクセスなども増加している。

◆会社案内を入手しよう!

会社案内にも企業理念や若手社員の座談会、実績のあるプロジェクトストーリーなどの記事、グローバルネットワーク、福利厚生などのデータが簡潔にまとめられているので入手しておいたほうがいいだろう。ＥＳが同封されている商社もある。会社案内は、多くの商社が採用サイトから請求するシステムになっているはずだ。その一方、紙媒体は廃止してインターネット上のＨＰのみという商社もある。また、三月以降にセミナー参加者のみに配布するという商社もあるようだ。これらは一月中には各社のＨＰを参照して、存在の有無なども含めて確認しておきたい。

面接の質問 ～豊田通商～

「なぜ豊田通商?」「豊田通商で叶えたい夢は?」「学生時代に頑張ったことは?」「自分のキャッチコピーは?」「人生で最大の挑戦は?」「他人から見た評価は?」「豊田通商と他の商社との違いは?」「大学時代の研究内容は?」「人生のターニングポイントは?」「最後に何か質問ある?」「自分の人生を一言で例えると何?」

面接の質問 ～住友商事～

「上司と意見が食い違ったら?」「住商の魅力とは?」「周囲からどんな人物だと言われる?」「お気に入りの本は?」「これまでの人生で最も悔しかったことは?」「40代で何をやっていると思う?」「就職活動の軸は?」「得意なこと、苦手なことは?」「配属リスクをどう考える?」「独自のストレス発散法は?」

ES（エントリーシート）

自分の人生を誠実にアピールしよう！

〈ESとは〉

企業の募集に対して提出する応募書類をES（エントリーシート）と呼び、名前や住所、大学名、連絡先、学歴、体育会などの所属団体といった基本データから、志望理由、希望する部署、さらに商社からのいくつかの質問への回答欄などがあるA3程度のシートのことである。採用サイト上で直接書き込むスタイルや、送られてきた用紙あるいは採用サイトからプリントアウトし、手書きで提出するスタイルもある。一般職の場合、手書きスタイルを用いることが多いようだ。

ESの利用目的としては、一つは一次選考（書類選考）としての応募者の意志確認である。何も書いてこなかったり、書いてあっても少なかったりした場合は、試験の結果や大学の成績表がどんなにすばらしいものでも面接に進むことは難しい。

もう一つの利用目的は面接の対話の糸口である。ESの内容をベースに様々なテーマで面接を行うので、書かれた内容に誇張があったり、虚偽があったりした場合には、次の選考段階には進めない。

〈作成で心がけること〉

シュウカツこぼれ話（伊藤忠商事）

3回の面接がすべて和やかであったのは、伊藤忠商事に対する事前の印象を覆すもので、非常に好意的に感じました。セミナーや座談会を他の商社より数多くやっている印象もあり、多くの社員の方とお話しする機会があったのが良かったです。また、面接後の連絡が早く、スムーズに予定を立てられ、精神的負担が少なかった。

シュウカツこぼれ話（三菱商事）

面接は圧迫なし。自分のペースで受けられました。2次面接では質問されるだけでなく、面接官も一緒にベストな案について話し合うスタイル。それを人事担当者に伝えると「実際の仕事場ではそれが当たり前。上司も部下も関係なく意見を出し合い、最高の方法を見つけることが大切」と伺い、とても好印象を持ちました。

もちろんESで重視されるのはその内容である。ただし、手書きの場合は、とにかく丁寧に見やすく心を込めて、できるだけきれいな文字で書くこと。書きたいことが山ほどあっても小さな文字をびっしり書くようでは、通過は厳しい。

内容については、前述したように不誠実な記述、いわゆる「盛った」内容では、面接官に追及された場合、しどろもどろになってしまう。実際、多くの就活生がESを書く際に陥りやすい罠である。人事担当者はその道のプロフェッショナルであり、何千枚というESを読んでいるので、最初の数行だけで人物像が見えてくるという。面接官も国内外の営業の最前線を潜ってきた百戦錬磨の商社パーソンなので、どんなに周到に用意したとしても学生レベルのウソはすぐに見抜かれてしまう。誠実に記述してあれば、ESでの足切りはほとんどないと考えて、自らの人生を振返り、奇をてらうことなく、誠実に、しかし、その会社で働きたいという熱意を込めて書き連ねたい。ESのためだけでなく、その後の面接のためにも「自己分析」はぜひ行うといいだろう。自分を見つめ直し、これまでの人生で何に対して最も強烈な熱意をもって取り組んだかを思い出すことができるはずだ。

〈PR動画とPR写真〉

ここ数年、デジタルデバイスを利用した提出物を求められることがある。これらの利用目的もESと同じ。面接するに足る人物かどうかの確認に利用されている。「これでいいかな」ではなく、「これがベストだ」と納得できるまで撮影しよう。

シュウカツこぼれ話（丸紅）

噂どおり丸紅は最高だった。セミナーもいいが、セミナー後の社員の方の真摯な対応がいい。社員同士の会話を見ても風通しがいい会社だと分かる。選考で本社を訪れたときエレベーターで見知らぬ方から励ましの言葉をいただいた。ありのままの会社の姿を伝えようとしている。社員の方も自由に発言できる雰囲気があると思った。

シュウカツこぼれ話（双日）

最終面接の前に、学力試験、性格検査、1次・2次面接の評価について教えてもらえた。そして、「私たちはあなたをこのような人物として評価している」という率直な意見を聞かせてもらえた。本当によくも、このわずかな時間で、性格や思考・行動パターンなど、深く見てもらえていると思って感心した。ありがとうございます。

筆記試験

単なる足切りツール

商社業界の筆記試験は、その点数がクリアラインより上であれば、それ以降の選考において特に重要視されることはない。つまり単なる足切りの判断材料でしかないのだ。ただし、大手商社ともなると一万人前後の就活生が受検して、面接に進めるのはその三割程度に絞り込まれる。かつて出身大学による差別的採用を行っていた指定校制度はなくなり、自由に応募できるようにはなったが、この試験によって実質的に偏差値の高い大学の学生に有利な選考スタイルとなっている。ただ、対策さえすればクリアは充分に可能だ。

ともかく、「就職試験問題集」「SPI問題集」などを一冊ぐらいはやっておくべき。設問は英語力、国語力、数的能力（数学）の三分野が中心。会社によって小論文を課す。また、「適性試験」も多くの商社で実施される。正直に、かつ一貫性をもって取り組むしかない。コロナ禍以前は地方でも受検でき、提出可能なテストセンターを使った筆記試験を行う商社がほとんど。以後は自宅のPCで取り組むWEBテストを実施する会社も多くなってきた。その場合、自宅の家族全員あるいは友人に協力を依頼し、総力戦で高得点を目指すことになる。

シュウカツこぼれ話（三井物産）

私は徹底的にOB訪問をして、数十人の社員の方に会いました。面接でも尋ねられたので、OB訪問は必須だと思います。面接は、面接官により質問内容はバラバラのようです。対応も人による差が激しいと思います。しかし、選考スピードは早くて、面接3回とも即日、しかも1時間後に連絡が来たことはありがたかったです。

シュウカツこぼれ話（住友商事）

住友商事の面接は、かなりスピーディーに進んだ。一般的に内定が出るのは6月中旬から下旬だと思っていたのでゆっくり進むものだと思っていたが、通過の連絡はほとんど当日か翌日。面接の雰囲気はどちらかと言えば軽めで、気さくと言うこともできるが、少し適当な感じもしてちょっと「?」な感じだった。

商社業界の面接

人生そのものが問われる場。情熱と誠実さを忘れずに！

〈リクルーター面接〉

かつての主流だった大学のＯＢ・ＯＧが出身大学のゼミや体育会の現役学生の中からピックアップするリクルーター制度が、最近また復活の兆しを見せている。また、セミナーなどで現場の若手社員とのグループ懇談会がある場合、誰かが参加者の評価をつけている場合もある。企業によっては、大学にＯＢ・ＯＧの名簿を提出しているところもある。

〈一次面接〉

多くの商社が筆記試験やエントリーシートを通過した学生とのみ一次面接を行う。面接官は各部門から集められた現場の社員（若手が多い）が行っているようだ。一次面接では面接官と学生が一対一の場合、面接官二人に学生一人、面接官一人に学生三～五人というグループ面接の場合もあり、時間も一〇分から三〇分まで各社さまざま。グループディスカッションを行う企業も少なくない。

一次面接では基本的な質問項目である「学生時代に力を入れたこと」「会社に入ってやってみたいこと」などが中心。エントリーシートに書き込んだ内容からの質

シュウカツこぼれ話（岡谷鋼機）

面接の結果通知が即日で、内々定までのスピードがかなり速い。会社説明会から面接日まで同じ人事の方が対応してくださったので、面接の回数が進むうちに、人事の方の顔を見るだけで緊張がほぐれて、安心して面接に臨めました。もともとどても魅力を感じていた会社なので、選考やそのフォローにも惹かれました。

シュウカツこぼれ話（豊田通商）

面接の雰囲気はとても和やかで、質問も2次面接まではごく普通。ただし、最終は「人生とは？」など哲学的要素の強い質問があった。結果も1次は即日の電話連絡だったが、2次以降は面接の場で伝えられたのでとても良かった。資格がいくつあっても力にはならない。就活では誰にも負けない経験を身につけるのが一番だと感じた。

問も多い。グループ面接での自己ピーアールは、他の学生がいて恥ずかしくなったり、逆に煽られてしまって、つい自分を大きく見せようと嘘をついたりしてしまうことがあるので要注意。まずは自分の言葉でしっかりと正直に論理立てて語ることが求められている。緊張して言葉がたどたどしくなるのは仕方のないことなので、面接官もさほど気にはしない。できるだけ明るく元気よく、嫌みにならない程度に自然な感じでハキハキ受け答えするのが好印象を与える。面接官は一緒に働きたい人物かどうかを見定めているのだから。

〈二次から最終面接〉

二次面接では人事部採用担当者が面接官となることもある。部門別採用については、その部門の社員が面接官を務める。二次でもまたエントリーシートの内容についての質問が中心。面接は内容はもちろんだが、あくまでもコミュニケーション能力を問われるので、自分勝手にしゃべりまくっても印象は悪いだけ。面接官の話の聞き上手でなくてはならない。自分の夢を語るとともに、そのために自分は学生時代、あるいはそれ以前に何をやってきたのか。なぜやってきたのか。その動機は何なのかを語る必要がある。部門別採用の場合には、自分の専門知識なども問われる。二次の後は人事部長面接や各部門本部長面接、最終の役員面接へと続く。大手から中小まで商社の最終面接には、内定者数の〝三倍強〟の学生が残っている。つまり、最終面接で三分の二は落ちるので決して油断はできない。コロナ禍により一次、二次はオンライン、最終のみ対面という商社が主流となった。

採用担当者メッセージ

- 失敗を恐れる必要はない。挑戦しないのはもったいない。
- 商社は自分の創造力や行動を発揮して夢を追求できます。
- 規模やブランドに左右されず、多くの商社パーソンと会ってみてください。
- 自分がその会社で仕事をしているイメージを持ってみてください。

採用担当者メッセージ

- 「今ここ」を大切に。大学生活でしかできなことを目いっぱいやり切って。
- 自らを問い直すいい機会だと思ってください。
- 何を大切にしてきたのか。何を基準に決断してきたのか、軸が見えます。
- 自分の価値観にあった企業を探せ。
- オンライン就活のメリットを活用せよ。

インターンシップ

商社の仕事を知る絶好のチャンス

◆三年生の夏から始まる〝就業体験〟

インターンシップの捉え方は国によって異なるが、日本では〝就業体験〟という名前ではあるものの、「業界や業務の広報」という採用イベント的性格を持つ場合が多い。大手商社の場合、応募者数が多く、インターンシップの参加にも書類選考があるため、誰でも参加できるわけではない。中堅商社の場合には、セミナー的要素が多く盛り込まれた内容となっており、応募者や参加者の中から優秀な学生を面接にピックアップすることもあるようだ。日程は半日から、一日、三日間、五日間などがあり、具体的な内容はその日程にもよるが、短い期間では業界や会社紹介、長い期間のものでは商社体感ゲームやプロジェクト別のグループワークなどがある。現場の仕事に触れられるわけではないが、疑似体験ができるので、幅広いビジネスを展開する商社を知るにはたいへん有意義である。できれば二～三社参加しておきたい。今後インターンシップへの参加が、より内定に反映されるケースも増える。

採用担当者メッセージ

- 背伸びせずに等身大の自分を見せてほしい
- 「求める人物像」はありません。でも相性の良し悪しはありますよ。
- できるだけ多くの商社パーソンと会ってください。商社の最大の魅力は、商材や規模、ブランドではなく、そこで働く人たちそのものです。

採用担当者メッセージ

- 総合職志望の女子学生は、もっと元気を出して。
- 幅広い視野で物事をとらえられる人、一歩先で考える人を求めます。
- 理系こそ商社を目指してほしい。今まで見たことのない景色が広がります。
- 自分に「なぜ」と問いかける作業を続けるといいですよ。

就活“応援”伝言板（内定者からのファイナルメッセージ）

●頑張るより、自分の素を出して、マッチングしたところに行きましょう。（伊藤忠商事内定者）

●いろいろな業界を見ましょう。思わぬところで志望業界とかぶってくる点があり、志望動機にも重厚感が出ると思います。メタルワンに関しては、とにかく志望度を見られている気がしました。特に、なぜ総合商社じゃないのか。セミナーやＯＢ訪問など社員と接する機会を増やして、志望度の高さを裏づけることをオススメします。（メタルワン内定者）

●とにかくインターンシップまたは説明会で人事担当者と関わりを持つこと。突飛なアイデアを出せる人ならいいが、基本的に難しいことなので、学生らしさを出しながら、丁寧な対応や軸を持った考えをぶつければ内定をもらえます。（帝人フロンティア内定者）

●自分が今までやってきたことへの自信はすごく大事で、それを自分の言葉で語れるようになると面接で力を発揮できます。就活は準備も大切です。自信を持って準備をすれば、必ず成功できると思いますので、ぜひ頑張ってください。（森村商事内定者）

●とにかく自信が大切。業界を絞ると就活で話すこと、書くことが絞られてミスをしにくいと感じました。（岩谷産業内定者）

●人のまねは大きな指針にはなるが受け売りでは選考に通らない。いかにうそをつかないで、しっかり語れる学生生活を送ってきたか。苦労して乗り越えてきたかが問われます。就活は早めに始めるに越したことはないが、本質が分かっていなければいくらインターンシップに行っても落ちる。自分のやってきたこと、やりたいこと、強み、弱みなどをしっかりと自分の言葉で具体的に語ることが大事。面接では暗記した文章を読み上げても仕方がないですよ。（三菱食品内定者）

●エントリー時期が４月後半なので、ずっと気を張り続けている人は心身ともに疲れてくるころだと思いますが、あっという間に時間は過ぎてしまうので後悔しないように頑張ってください。人と話すことに苦手意識を持っている方は、大学キャリアセンター、親戚、ＯＢ・ＯＧ訪問など、どんな形でもいいので、たくさんの大人と話すことを意識すると良いです。自分の考えていることを会話の中でまとめる練習をしてみてください。(JALUX内定者)

●自己分析をしっかりすることが大切です。内定がゴールではなく、自分がどう生きるかということが大切なので、自己分析をした上で企業との相性をしっかり見ることが大切だと思います。(エトワール海渡内定者)

●どんな企業を受けるにしても、その会社にどれだけ入りたいかという熱意を「自分なりに」アピールできれば内定を取ることは難しくないと感じました。緊張して言葉に詰まったり、頭が真っ白になって用意してきた言葉を忘れてしまうこともあると思います。どんな状況になっても飾らずに素直な気持ちを伝えれば、いい結果が待っていると思います。頑張ってください！(ホンダトレーディング内定者)

●６月までに内定をもらうと、そこで就活をやめたくなるかと思いますが、最後まで頑張ることが大切だと思います。面接に落ちると落ち込むかもしれませんが、それは面接官との相性が悪かっただけなので、挫けずに頑張ってください。(丸文内定者)

●食品卸を志望する場合でもメーカーから小売りまですべてを調べると、より理解が深まりますので、実際にエントリーして本選考を受けるかは別としても、いろいろな企業の説明会に参加することをお勧めします。(三菱食品内定者)

●周りの意見に振り回されるかもしれませんが、結局働くのは自分なので、最後は直感だと思います。(西華産業内定者)

第7章

商社業界企業データ

伊藤忠エネクス 株式会社

●**本社**：〒100-6028 東京都千代田区霞が関3-2-5　☎03-4233-8000
●**代表者**：吉田朋史(よしだ・ともふみ)　●**設立**：1961年
●**従業員数(平均年齢)**：642名(42.0歳)／男性508名(43.1歳)　女性134名(37.9歳)
●**資本金**：198億7,767万円　●**売上高**：1兆120億1800万円(2023年3月期／連結)
●**事業内容**：石油・ガス製品の卸売・販売事業,電力事業,熱供給事業,及びそれらに付随するサービス事業
●**営業所・支店**：国内主要拠点7か所　●**子会社・持分法適用会社**：67社
●**初任給**：大学卒ゼネラル職250,000円,大学院了ゼネラル職258,000円　●**賞与**：年2回
●**勤務時間**：9:00～17:30(フレックス㊒,コアタイム13:00～15:00)
●**休日休暇**：年間123日(23年度),有給休暇／初年度20日・最高20日,他(年末年始休暇,慶弔休暇など)

○**採用実績と予定**	総合職
22年実績	27名／文系19名,理系8名
23年実績	26名／文系19名,理系7名
24年4月入社予定	17名／文系12名,理系5名

○**新卒採用形態**：夏季　○**中途採用**：必要に応じて
○**採用試験科目**：エントリーシート,WEB適性検査,グループ面接,個人面接
○**資料請求**：採用担当まで　○**インターンシップ**：有
○**採用担当部署／担当者**：人事総務部　人事課　☎03-4233-8011
●**URL／e-mail**：https://www.itcenex.com/　recruit@itcenex.com

伊藤忠商事 株式会社

●**東京本社**：〒107-8077 東京都港区北青山2-5-1　☎03-3497-2121
●**大阪本社**：〒530-8448 大阪市北区梅田3-1-3　☎06-7638-2121
●**代表者**：岡藤正広(おかふじ まさひろ)　●**設立**：1949年12月1日
●**従業員数(平均年齢)**：4,112名／男性3,111名　女性1,001名(42.4歳)
●**資本金**：2,534億4,800万円(23年4月1日現在)　●**連結純利益**(23年3月期)：8,005億円
●**事業内容**：総合商社　●**営業所・支店**：国内7店,海外86店(22年4月1日現在)
●**初任給**：※2024年4月より,以下に変更。【総合職】大卒:305,000円　院卒:340,000円
【事務職】短大卒:175,000円　大卒・院卒225,000 円
●**勤務時間**：フレックスタイム制度適用・コアタイム:9時～15時・フレキシブルタイム(始業):5時～9 時・フレキシブルタイム(終業):15時～20時・休憩時間:12時～13時・標準勤務時間:7時間 15分
●**休日休暇**：年間122日(23年度),有給休暇／初年度14日・最高20日,年末年始休日・慶弔休暇
リフレッシュ休暇・ボランティア休暇,特別支援休暇制度など

○**採用実績と予定**	総合職	事務職
22年実績	97名／文系74名,理系23名	10名
23年実績	111名／文系89名,理系22名	23名
24年4月入社予定	110～120名程度採用予定	15名程度

○**新卒採用形態**：国内・海外採用　○**中途採用**：通年　○**採用試験科目**：筆記試験,面接 他
○**資料請求**：HP参照　○**インターンシップ**：未定
○**採用担当部署**：人事・総務部 採用・人材マネジメント室
●**URL／e-mail**：http://www.itochu.co.jp　jinji@itochu.co.jp

伊藤忠丸紅鉄鋼 株式会社

●**本社**：〒103-8247 東京都中央区日本橋1-4-1　☎03-5204-3300(代表)
●**代表者**：石谷　誠（いしたに・まこと）　●**設立**：2001年10月　●**従業員数**（平均年齢）：961名(40.1歳)(23年4月1日現在)　●**資本金**：300億円
●**売上高**（23年3月期）：3兆6900億円（連結）　●**事業内容**：鉄鋼製品等の輸出入および販売，加工，サプライチェーンマネジメント，鉄鋼関連業界への投資
●**営業所・支店**：国内13か所，海外51か国80拠点　●**グループ会社**：140社
●**初任給**：［BPグループ（総合職）］大卒30万5000円　院了34万円　［APグループ（地域限定職）］22万5000円
●**勤務時間**：9:15～17:30(フレックス㊒，コアタイム10:00～15:00)
●**休日休暇**：完全週休2日制，祝祭日，年末年始，有給休暇／初年度14日・最高20日，夏期・冬期休暇，育児・看護休暇，出産サポート休暇，ボランティア休暇，介護休暇，慶弔休暇，リフレッシュ休暇等

○**採用実績と予定**	BPグループ（総合職）採用	APグループ（地域限定職）採用
22年実績	14名	―
23年実績	25名	19名
24年4月入社予定	29名	24名

○**新卒採用形態**：春～夏　○**中途採用**：有（通年）
○**採用試験科目**：筆記試験，面接　○**資料請求**：HP参照　○**インターンシップ**：実施予定
○**採用担当部署**：人事総務部　採用・ダイバーシティ推進チーム
●**URL／e-mail**：http://www.misi-recruit.com　saiyou@benichu.com

岩谷産業 株式会社

●**東京本社**：〒105-8458 東京都港区西新橋3-21-8　☎03-5405-5717
●**大阪本社**：〒541-0053 大阪府大阪市中央区本町3-6-4　☎06-7637-3478
●**代表者**：間島　寛（まじま・ひろし）　●**設立**：1945年
●**従業員数(平均年齢)**：1351名／男性960名(41.7歳)　女性391名(34.7歳)※23年3月31日現在
●**資本金**：350億9600万円　●**売上高**(23年3月期)：9062億6100万円(連結)
●**事業内容**：エネルギー，生活用品，産業ガス，機械，情報，電子機器，合成樹脂，金属，セラミックス，レアアースなどの輸出入及び国内取引
●**支店・営業所**：国内44か所，海外72か所　●**関連会社**：239社(連結子会社106社)
●**初任給**：総合職／大卒25万5000円，修士了28万5000円　●**賞与**：年2回　●**勤務時間**：9:00～17:15
●**休日休暇**：完全週休2日制（土日），祝日，有給休暇／初年度15日・最高20日，夏期休暇5日・年末年始休暇，リフレッシュ休暇，メモリアル休暇，配偶者出産休暇など

○**採用実績と予定**	総合コース	事務コース・事務社員
22年実績	50名／文系37名，理系13名	20名／文系20名
23年実績	57名／文系36名，理系21名	22名／文系22名
24年4月入社予定	51名／文系33名，理系18名	25名／文系24名，理系1名

○**新卒採用形態**：春・夏　○**中途採用**：有　○**資料請求**：HP参照　○**インターンシップ**：有
○**採用担当部署／担当者**：両本社総務人事部／［東京］玉山，大石，河野［大阪］肥後，谷口，荒木
●**URL**：https://www.iwatani.co.jp/jpn/

NX商事 株式会社（旧社名：日通商事株式会社）

●**本社**：〒105-8338 東京都港区海岸1-14-22
●**代表者**：秋田　進（あきた・すすむ）　●**設立**：1964年5月
●**従業員数**：2794名／男性2218名，女性576名（2023年3月末時点）
●**資本金**：40億円　●**売上高**（2022年12月期）：3350億300万円
●**事業内容**：事務機器・情報機器・生活関連商品・ギフト用品・包装資材・物流関連省力化機器・環境関連商品・建設関連資材・建設関連機器・石油製品・LPガス等の販売，建設工事請負，損害保険・生命保険代理業，車両整備，トレーラー・コンテナの設計・制作，車両のボディ架装，輸出梱包，3PL，不動産の取引・施設管理など　●**営業所・支店**：国内185か所，海外現地法人11社　●**連結・関連会社**：18社（国内）
●**初任給**：大卒総合職22万7200円　●**昇給**：年1回　●**賞与**：年2回
●**勤務時間**：8:45～17:45（勤務場所によって異なる）　●**休日休暇**：年間約124日，有給休暇／初年度16日・最高31日（うち10日は計画的付与制度），リフレッシュ休暇他

○**採用実績と予定**	総合職	一般職	技術職
22年実績	47名	1名	6名
23年実績	46名	0名	11名
24年4月入社予定	79名	5名	48名

○**新卒採用形態**：夏一括　○**中途採用**：有　○**採用試験科目**：面接，適性検査
○**資料請求**：HP参照　○**インターンシップ**：夏季・冬季，各複数日実施予定
○**採用担当部署**：人財戦略部／木村　☎03-6734-8283
●**URL／e-mail**：http://www.nittsushoji.co.jp/　nxs-saiyou@nipponexpress.com

MNインターファッション 株式会社

●**本社所在地**：〒107-0051 東京都港区元赤坂1丁目2番7号 赤坂Ｋタワー　☎03-6771-9760（代）
●**代表者**：代表取締役社長　木原伸一（きはら・しんいち）
代表取締役副社長　吉本一心（よしもと・かずみ）
●**従業員数**：821名／男性387名　女性434名（2023年4月時点）
●**資本金**：44億2800万円　●**売上高**（2023年3月期）：1885億4000万円（単体）
●**事業内容**：機能資材，機能テキスタイル，産業資材並びにアパレル・服飾雑貨製品，ホームファッション等の調達・販売，ブランドマーケティング，その他繊維・ファッション関連事業
●**営業所・支店**：国内1か所，海外2か所　●**連結・関連会社**：国内8社，海外11社
●**初任給**：大卒総合職24万7000円　●**賞与**：年2回
●**勤務時間**：9:30～ 17:45（フレックス㊒，コアタイム11:00～15:00）
●**休日休暇**：完全週休二日制（土日），祝祭日，年末年始，年間121日（2022年実績），有給休暇/14日～20日，結婚休暇，忌引休暇，インフルエンザ罹患休暇，リフレッシュ休暇，生理休暇，妊娠休暇，出産休暇，妻の出産休暇，公務公職休暇，介護休暇，特別福祉休暇，等

○**採用実績と予定**	総合職
22年実績	2名
23年実績	9名
24年4月入社予定	14名

○**新卒採用形態**：春一括　○**中途採用**：有　○**インターンシップ**：有
○**採用担当部署／担当者**：人事部人事企画課／谷次
●**URL／e-mail**：https://mn-interfashion.com　MNIF-recruitTKZFA@mn-interfashion.com

岡谷鋼機 株式会社

●東京本店：〒100-0005 東京都千代田区丸の内1-9-1 丸の内中央ビル ☎03-3215-7552(代)
●名古屋本店：〒460-8666 愛知県名古屋市中区栄2-4-18 ☎052-204-8149(代)
●大阪店：〒550-8691 大阪府大阪市西区新町1-27-5 四ッ橋クリスタルビル ☎06-6541-3823(代)
●代表者：岡谷健広(おかや・たけひろ) ●設立：1937年 ●従業員数(平均年齢)：668名(39.1歳)
●資本金：91億2809万円 ●売上高(23年2月期)：9620億円(連結)，5679億円(単体)
●事業内容：鉄鋼，特殊鋼，非鉄金属，電機・電子部品，化成品，機械・工具，配管住設機器，建設関連，食品などの国内販売・輸出入。
●関係会社：国内45社，海外44社 ●初任給：大卒総合職26万円　院卒総合職27万円
●賞与：年2回(6月，12月) ●勤務時間：9:00〜17:00
●休日休暇：年間124日(23年度)，有給休暇／初年度15日・最高20日，リフレッシュ，夏期，年末年始他

○採用実績と予定	大卒(院卒含む)	短大卒
22年実績	25名／文系22名，理系3名	―
23年実績	33名／文系26名，理系7名	―
24年4月入社予定	44名／文系37名，理系7名	―

○新卒採用形態：春一括 ○中途採用：有
○採用試験科目：適性検査，グループディスカッション，面接 ○資料請求：HP参照
○インターンシップ：有
●URL／e-mail：https://www.recruit.okaya.co.jp/　saiyo1@okaya.co.jp

片岡物産 株式会社

●本社：〒105-8615 東京都港区新橋6-21-6 ☎03-5405-7001
●代表者：片岡謙治(かたおか・けんじ) ●設立：1960年
●従業員数：287名(23年4月) ●資本金：4億9000万円 ●売上高(23年2月期)：335億円
●事業内容：①海外の一流食品の輸入，販売②自社オリジナル商品の開発，販売③酒類，食品原料の輸入および国内メーカーへの供給
●事業所：国内8か所，海外3か所 ●連結・関連会社：6社 ●初任給：大卒総合職20万5000円
●賞与：年2回(6月，12月) ●勤務時間：9:00〜17:45(フレックス㊒，コアタイム10:00〜15:00)
●休日休暇：完全週休2日制(土・日)，祝日，年末年始，有給休暇／初年度10日・最高20日，育児休暇，慶弔休暇，リフレッシュ休暇，特別休暇，有給休暇積み立て制度など

○採用実績と予定	大卒	短大卒
22年実績	6名	―
23年実績	6名	―
24年4月入社予定	5名	―

○採用実績校：上智，立教，早稲田，慶應，青山学院，関西学院，学習院，中央 他
○新卒選考開始時期：春 ○中途採用：有
○採用試験科目：面接，作文，筆記試験，適性検査，エントリーシート※面接重視
○資料請求：送付はおこなっていません。企業情報はHPをご覧ください。 ○インターンシップ：有
○採用担当部署／担当者：総務人事部人事課／伊藤，酒井 ☎03-5405-7018
●URL：https://kataoka-recruit.jp/

兼松 株式会社

●**本社**：〒100-7017 東京都千代田区丸の内2-7-2 JPタワー ☎03-6747-5000
●**代表者**：宮部佳也(みやべ・よしや) ●**創業**：1889年 ●**従業員数(平均年齢)**：798名(38.5歳)
●**資本金**：277億8100万円 ●**収益**(23年3月期)：9114億円(国際会計基準)
●**事業内容**：国内外のネットワークと各事業分野で培ってきた専門性と，商取引・情報収集・市場開拓・事業開発・組成・リスクマネジメント・物流などの商社機能を有機的に結合して，多種多様な商品・サービスを提供する商社。
●**営業所・支店**：国内5か所，海外35か所 ●**連結・関連会社**：134社
●**初任給**：広域：大卒25万5000円，院了29万円　エリア特定：大卒21万円，院了24万9000円(23年度4月実績) ●**賞与**：年2回
●**勤務時間**：9:00～17:15(フルフレックス　コアタイムなし)
●**休日休暇**：年間約120日，有給休暇(初年度14日・最高20日)，慶弔休暇，育児休業等

○**採用実績と予定**	広域	エリア特定
22年実績	30名／文系22名，理系8名	11名／文系10名，理系1名
23年実績	29名／文系23名，理系6名	8名／文系8名，理系0名
24年4月入社予定	43名／文系35名，理系8名	—

○**新卒採用形態**：夏季一括選考 ○**中途採用**：随時 ○**採用試験科目**：エントリーシート，面接，筆記試験
○**資料請求**：HP参照 ○**インターンシップ**：有
○**採用担当部署／担当者**：人事部人材開発課／山本，大谷
●**URL／e-mail**：https://www.kanematsu.co.jp/　jinzai@kanematsu.co.jp

カメイ 株式会社

●**本社**：〒980-8583 宮城県仙台市青葉区国分町3-1-18 ☎022-264-6111
●**代表者**：亀井昭男(かめい・あきお) ●**設立**：1932年
●**従業員数(平均年齢)**：2108名(41.8歳)／男性1363名(43.8歳)　女性745名(38.3歳)
●**資本金**：81億3296万円 ●**売上高**(23年3月期)：5512億円(連結)
●**事業内容**：石油製品，LPガスをはじめ，環境商材，酒類食料品，住宅設備機器，建設資材，鋼材等の各種商品の国内販売及び海外取引のほか，ガソリンスタンド・調剤薬局の運営等，幅広い事業を展開
●**営業所・支店**：73か所 ●**関係会社**：78社(国内51社，海外27社)
●**初任給**：大卒総合職25万円(東京)　23万2000円(仙台) ●**賞与**：年2回
●**勤務時間**：8:30～17:30 ●**休日休暇**：年間124日，有給休暇／初年度11日・最高20日

○**採用実績と予定**	大卒	短大卒
22年実績	49名／文系42名，理系7名	—
23年実績	34名／文系32名，理系2名	—
24年4月入社予定	約40名	—

○**新卒採用形態**：夏一括 ○**中途採用**：有 ○**採用試験科目**：書類選考，適性テスト，面接
○**資料請求**：HP参照 ○**インターンシップ**：8月，9月，12月，翌1月，2月予定
○**採用担当部署／担当者**：管理部人事課 採用担当 ☎022-264-6113
●**URL／e-mail**：http://www.kamei.co.jp/　saiyou@kamei.co.jp

川重商事 株式会社

●**東京本社**：〒101-0054 東京都千代田区神田錦町3-13 竹橋安田ビル5F ☎03-6744-1000
●**神戸本社**：〒650-0024 兵庫県神戸市中央区海岸通8番 神港ビル3F ☎078-392-1131
●**代表者**：高来 悟（こうらい・さとる） ●**設立**：1951年 ●**従業員数（平均年齢）**：380名（43.3歳）／男性275名（43.6歳） 女性105名（42.7歳） ●**資本金**：6億円 ●**売上高**（23年3月期）：825億
●**事業内容**：各種産業用機器・設備の販売および輸出入，エネルギー製品・環境製品の販売，鉄鋼・建材製品の販売，建設工事の請負，アフターサービス・メンテナンス ●**営業所・支店**：国内23か所，海外6か所
●**連結・関連会社**：5社 ●**初任給**：総合職／大卒23万5700円，一般職／大卒19万6900円，短大卒19万4300円 ●**賞与**：年3回（4月・7月・12月）※業績連動型 ●**勤務時間**：9:00〜18:00（一部営業所により異なる） ●**休日休暇**：完全週休二日制（土・日），祝日，年末年始休暇，夏季休暇／年間休日：約125日以上／有給休暇／初年度15日，最高20日，他（慶弔休暇，ポジティブ休暇，インフルエンザ等休暇，産前産後休暇，育児・介護休業制度，傷病等積立休暇，永年勤続特別休暇）

○**採用実績と予定**	総合職	一般職
22年実績	11名	2名
23年実績	8名	2名
24年4月入社予定	13名	3名

○**採用実績校**：岩手，愛媛，大阪工業，大阪府立，香川，神奈川，関西，関西外国語，関西学院，学習院，京都産業，京都女子，近畿，慶應義塾，甲南，神戸，神戸学院，神戸市外国語，佐賀，島根，上智，千葉，千葉工業，中央，帝京，東京外国語，東北学院，同志社，獨協，日本，兵庫県立，広島，法政，明治，明治学院，山口，横浜国立，立教，立命館，龍谷，流通科学，早稲田

○**新卒採用形態**：春〜夏 ○**中途採用**：有 ○**インターンシップ**：1day仕事体験有（冬実施予定）
○**採用試験科目**：書類選考・適性検査，面接 ○**資料請求**：会社説明会時に配布
○**採用担当部署**：総務本部 総務人事部人事課 ☎03-6744-1000
●**URL／e-mail**：https://www.kawasakitrading.co.jp/ saiyo-ksc@corp.khi.co.jp

キヤノンマーケティングジャパン 株式会社

●**本社**：〒108-8011 東京都港区港南2-16-6 ☎03-6719-9111
●**代表者**：代表取締役社長 足立正親（あだち・まさちか） ●**設立**：1968年2月
●**従業員数**：4653名（22年12月現在） ●**資本金**：733億300万円 ●**連結売上高**（22年12月期）：5881億3200万円 ●**事業内容**：社会・お客さまの課題をICTと人の力で解決するプロフェッショナルな企業グループを目指し，キヤノン製品事業とITソリューション事業を組み合わせることで「事業を通じた社会課題解決」に取り組んでいます。 ●**営業所・支店**：39か所 ●**初任給**：修士了26万500円，学部卒23万7000円，高専卒：21万500円（23年4月実績）
●**賞与**：年2回 ●**勤務時間**：9:00〜17:30（時差勤務制度あり）
●**休日休暇**：年間休日125日（23年），完全週休2日制（土・日，祝日），年末年始，有給休暇／初年度13日・以降年20日，フリーバカンス／サマーバカンス制度（それぞれ土日含む9日間）・リフレッシュ休暇制度・半日休暇制度・傷病積立休暇制度，育児休業制度，ジョブリターン制度など

○**採用実績と予定**	大卒	高専卒
22年実績	70名／文系50名，理系20名	6名
23年実績	108名／文系76名，理系32名	9名
24年4月入社予定	約130名	約10名

○**新卒採用形態**：春〜夏 ○**中途採用**：有（通年） ○**採用試験科目**：面接，適性検査など
○**インターンシップ**：有（8月〜2月実施予定）
○**採用担当部署**：総務・人事本部 採用課 ☎03-6719-8656（インフォメーションダイヤル）
●**URL**：https://canon.jp/corporate/recruit

興和 株式会社

●**本社**：〒460-8625 愛知県名古屋市中区錦3-6-29 ☎052-963-3159
●**代表者**：三輪芳弘(みわ・よしひろ) ●**設立**：1939年
●**従業員数**：7865名(2023年3月連結)
●**資本金**：38億4000万円 ●**売上高**(23年3月期)：7431億9700万円(連結)
●**事業内容**：商社部門：繊維，機械，建材，船舶，鉱物資源，化成品原料，生活関連物資などの輸出入，三国間貿易および国内販売。メーカー部門：OTC・医療用医薬品の研究開発・製造，医療用機器・光学機器の研究開発・製造販売・輸出入。
●**初任給(実績)**：大卒25万5000円 ●**30歳モデル賃金**：大卒36.2万円(家族手当，住宅手当含む)
●**賞与**：22年冬2.8か月＋α，23年夏2.9か月＋α ●**勤務時間**：9：00～17：30(一部事業所は異なる) ●**休日休暇**：年間126日(2023年度，一部事業所は異なる)，有給休暇／入社時10日・最高20日

○**採用実績と予定**	大卒・大学院卒	短大卒
22年実績	94名／文系35名，理系49名	—
23年実績	88名／文系40名，理系48名	—
24年4月入社予定	85名	

○**新卒採用形態**：通年 ○**中途採用**：有 ○**採用試験科目**：面接，適性検査，小論文など
○**資料請求**：HP参照 ○**インターンシップ**：有
○**採用担当部署**：人事部／〒460-8625 愛知県名古屋市中区錦3-6-29 ☎052-963-3159
●**URL**：http://www.kowa.co.jp/

三洋貿易 株式会社

●**本社**：〒101-0054 東京都千代田区神田錦町2-11 ☎03-3518-1110
●**代表者**：新谷正伸(しんたに・まさのぶ) ●**設立**：1947年
●**従業員数(平均年齢)**：単体273名(40.67歳)／連結724名 ※23年9月末現在
●**資本金**：10億658万円 ●**売上高**(23年9月期)：1225億9600万円(連結)
●**事業内容**：ゴム，化学品，機械，自動車用内装部品，科学機器等の輸出入及び国内販売
●**支社拠点**：国内4か所，海外17か所 ●**連結・関連会社**：23社
●**初任給**：大卒総合職33万7500円(405万円／年) ※年棒額の12分割を各月に支給
●**賞与**：年1回 ※年棒額と別途で支給
●**勤務時間**：9:15～17:15(前後2時間の時差出勤制度あり)
●**休日休暇**：年間121日，有給休暇／初年度20日，最高40日

○**採用実績と予定**	総合職	一般職
22年実績	7名／文系4名，理系3名	2名
23年実績	10名／文系3名，理系7名	5名
24年4月入社予定	11名／文系6名，理系5名	4名

○**採用実績校**：全国の国公私立大学および大学院
○**新卒採用形態**：夏一括 ○**中途採用**：有(通年) ○**インターンシップ**：実施(夏・冬)
○**採用試験科目**：国語，数学，英語，適性検査(WEB) ○**資料請求**：HP参照
○**採用担当部署／担当者**：人事総務部／小林，松崎，酒井 ☎03-3518-1110
●**URL／e-mail**：http://www.sanyo-trading.co.jp info@sanyo-trading.co.jp

JFE商事 株式会社

●**本社**：〒100-8070 東京都千代田区大手町1-9-5 大手町フィナンシャルシティ ノースタワー ☎**03-5203-5053** ●**代表者**：代表取締役社長(CEO)小林俊文(こばやし・としのり) ●**設立**：1954年 ●**従業員数(平均年齢)**：1337名／男性871名(41.6歳) 女性466名(38.2歳) ●**資本金**：147億円 ●**売上収益**(23年3月期・連結IFRS方式)：1兆5141億円 ●**事業内容**：鉄鋼製品，原材料，非鉄金属，化学品，燃料，紙パルプ，資機材，船舶，各種プラント設備等の国内・貿易取引 ●**営業所・支店**：国内20か所，海外35か所 ●**連結・関連会社**：97社 ●**初任給**：業務職：24万円 ●**勤務時間**：9：00～17：30 ※フレックスタイム制導入(標準労働時間7時間30分 コアタイム11：00～14：00)

●**休日休暇**：年間124日，有給休暇／初年度18日・通常20日，リフレッシュ休暇，積立休暇

○**採用実績と予定**	総合職	一般職
22年実績	50名	11名
23年実績	59名	—
24年4月入社予定	45名	—

○**採用実績校**：北海道，小樽商科，東京，一橋，千葉，東工，東京理科，筑波，東京外語，東京都立，東京学芸，東京農工，横浜国立，横浜市立，防衛大，大阪，神戸市外，神戸，大阪市立，大阪府立，岡山，広島，愛媛，九州，熊本，早稲田，慶應義塾，国際基督教，上智，中央，立教，明治，青山学院，法政，学習院，関西学院，関西大，同志社，立命館 他

○**新卒採用形態**：6月以降 ○**中途採用**：有 ○**採用試験科目**：面接，Webテスト(言語，非言語，英語)

○**資料請求**：本社所在地に同じ，HP参照 ○**インターンシップ**：11月～2月実施予定

○**採用担当部署／担当者**：人事部企画人事室／常盤木，三谷，坂

●**URL／e-mail**：http://www.jfe-shoji.co.jp/

CBC 株式会社

●**本社**：〒104-0052 東京都中央区月島2-15-13 ☎03-3536-4500 ●**設立**：1925年

●**代表者**：土井正太郎(どい・まさたろう)

●**従業員数(平均年齢)**：429名(44.5歳)／男性322名 女性107名 ※連結2285名

●**資本金**：51億円 ●**売上高**(23年3月期)：2194億1781万円(連結)

●**事業内容**：合成樹脂，化成品，医薬，農薬，食品，電子機材・光学機器，産業機械，医療機器・歯科材料，介護福祉関連，衣料・生活関連製品等のトレーディング業務，医薬品原薬・中間体，光学レンズ，IT・自動車部品，蒸着加工等のメーカー業務を，主としています。また，上記機能を融合させ世界中に新しい価値を作り出す開発業務にとりくんでいます。

●**営業所・支店**：国内11か所，海外35か所 ●**初任給**：院卒30万4000円 大卒28万円

●**賞与**：年2回 ●**勤務時間**：9：00～17：25(フレックス㊥) ●**休日休暇**：年間120日以上／有給休暇(初年度17日，最高20日)慶弔休暇／出産・育児休暇／介護休暇／産前産後休暇／年末年始休暇／他

○**採用実績と予定**	大卒・院卒
22年実績	6名(理系4名 文系2名)
23年実績	10名(理系2名 文系8名)
24年4月入社予定	10名(理系5名 文系5名)

○**採用実績校(直近3年)**：東京医科歯科(院)，大阪府立(院)，九州(院)，青山学院，立教，明治，中央，日本，明治学院，静岡県立，大阪府立，立命館，関西，関西外国語，愛知教育

○**新卒採用形態**：春～夏 ○**中途採用**：有 ○**インターンシップ**：未定 ○**採用試験科目**：適性試験・面接

○**資料請求**：本社に同じ ○**採用担当部署／担当者**：Human Resources Group／採用担当

●**URL／e-mail**：http://www.cbc.co.jp recruit@cbc.co.jp

株式会社 JALUX

●**本社**：〒108-8209 東京都港区港南1-2-70 品川シーズンテラス　☎03-6367-8807(採用専用)
●**代表者**：髙濱　悟(たかはま・さとる)　●**設立**：1962年
●**従業員数(平均年齢)**：1905名(42.2歳) ※23年3月現在(連結子会社1483名を含む)
●**資本金**：25億5855万円　●**売上高**(23年3月期)：1452億7100万円
●**事業内容**：海外空港ターミナル運営事業を含む航空・空港周辺事業全般, 及び食品類の輸出入, 免税品・通信販売品事業など, 幅広い商材や顧客に携わるビジネスを展開。
●**営業拠点**：東京(本社), 愛知(中京事業所), 大阪(西日本事業所), 国内24空港, 海外14か所　●**連結子会社**：20社　●**初任給**：大卒総合職24万8000円(23年4月実績)　大卒事務職21万4000円(23年4月実績)　●**賞与**：年2回(6月, 12月)　●**勤務時間**：標準労働時間9：00～17：30(フレックス㊒コアタイム10:30～15:00)　●**休日休暇**：完全週休2日制, 祝日, 家庭の日(5月1日), 有給休暇, リフレッシュ休暇, 慶弔休暇, 育児・介護休業制度など

○**採用実績と予定**	総合職	事務職
22年実績	6名／文系5名, 理系1名	―
23年実績	18名／文系18名	6名／文系6名
24年4月入社予定	20名／文系19名, 理系1名	8名／文系8名

○**採用実績校**：青山学院, 学習院, 関西, 関西学院, 慶応義塾, 國學院, 上智, 成蹊, 成城, 中央, 筑波, テンプル, 東京外国語, 東京都立, 東京農業, 東京農工, 東京理科大学, 同志社, 日本, 法政, 三重, 明治, 明治学院, 横浜市立, 立命館, 立命館アジア太平洋大学, 立教, 早稲田 他
○**新卒選考開始時期**：未定　○**中途採用**：未定　○**採用試験科目**：面接, 適性検査を予定
○**エントリー受付**：当社採用HP等　○**インターンシップ**：2023年度夏期, 2024年度冬期実施予定
○**採用担当部署／担当者**：総務人事部採用・育成課　☎03-6367-8807
●**URL／e-mail**：http://www.jalux.com/　saiyo@jalux.com

新光商事 株式会社

●**本社**：〒141-8540 東京都品川区大崎1-2-2 アートヴィレッジ大崎 セントラルタワー13F　☎03-6361-8111
●**代表者**：小川達哉(おがわ・たつや)　●**設立**：1953年
●**従業員数**：376名／男性238名　女性138名(23年3月末現在)　●**資本金**：95億193万円
●**売上高**(23年3月期)：1790億760万円(連結)　●**事業内容**：電子部品, OA機器および産業機器などの国内販売と輸出入, またそれに付帯するデバイスの企画から開発(ハード・ソフト)にいたるまでのシステムソリューション提案活動。　●**営業所・支店**：国内12カ所, 海外12カ所　●**連結・関連会社**：3社
●**初任給**：大卒総合職24万円　●**30歳モデル賃金**：37万円(家族手当2万4000円含む)
●**賞与**：年2回(6月, 12月)　●**勤務時間**：9:00～17:20
●**休日休暇**：年間120日以上, 有給休暇／初年度10日・最高20日, 夏季, 年末年始, 創立記念日

○**採用実績と予定**	総合職	一般職
22年実績	5名／文系4名, 理系1名	4名
23年実績	5名／文系4名, 理系1名	10名
24年4月入社予定	7名／文系5名, 理系2名	3名

○**採用実績校**：愛知学院, 青山学院, 亜細亜, 大妻女子, 神奈川, 関西学院, 神田外語, 関東学院, 共栄, 共立女子, 高知工科, 駒澤, 駒沢女子, 芝浦工業, 上智, 昭和女子, 成蹊, 成城, 聖心女子, 専修, 大同, 高崎経済, 玉川, 千葉工業, 千葉商科, 中央, 帝京, 電気通信, 東海, 東京経済, 東京電機, 東京農業, 東京理科, 同志社, 東洋, 獨協, 日本, フェリス女学院, 福井県立, 福岡工業, 法政, 武蔵, 武蔵野, 明治, 明治学院, 立教, 立正, 立命館アジア太平洋, 流通経済, 麗澤, 早稲田 他
○**新卒採用形態**：春一括　○**中途採用**：有(随時)　○**採用試験科目**：適性検査, 面接
○**資料請求**：HP参照　○**インターンシップ**：マイナビ参照
○**採用担当部署／担当者**：企画人事部人事課課長／重田
●**URL／e-mail**：https://www.shinko-sj.co.jp　jinji@st.shinko-sj.co.jp

住友商事グローバルメタルズ 株式会社

●**本社**：〒100-8601　東京都千代田区大手町二丁目3番2号 大手町プレイス イーストタワー　☎03-6285-7000
●**代表者**：村上　宏(むらかみ・ひろし)　●**設立**：2003年
●**従業員数**：590名(41.5歳)／男性345名(42.8歳)　女性245名(39.7歳)
●**資本金**：167億円　●**売上高**(23年3月期・連結IFRS方式)：1938億円　●**事業内容**：鉄鋼及び非鉄金属並びにそれらの製品の輸出入と販売及び製造業, 加工業等の事業経営
●**営業所・支店**：国内4か所　●**連結・関連会社**：国内6社・海外3社
●**初任給**：大卒基幹職25.5万円　院卒基幹職　29万円　大卒事務職：20.5万円
●**賞与**：年2回　●**勤務時間**：9:30〜17:45(フレックス㊒)　●**休日休暇**：有給休暇年間20日(初年度16日), 土・日曜, 祝祭日, 年末年始, 結婚休暇, 配偶者出産休暇, リフレッシュ休暇ほか

○**採用実績と予定**	基幹職(総合職)	事務職(一般職)
22年実績	15名	
23年実績	14名	6名
24年4月入社予定	14名	4名

○**採用実績校**：青山学院, 大阪, 大阪教育, 大妻女子, 学習院, 金沢, 関西, 関西学院, 九州, 共立女子, 慶応義塾, 神戸, 神戸市外国語, 国際基督教, 上智, 中央, 筑波, 津田塾, 東京外国語, 東京女子, 同志社, 東北, 日本, 日本女子, 一橋, 広島, 法政, 北海道, 明治, 横浜国立, 立命館, 立教, 早稲田
○**新卒採用形態**：春一括　○**中途採用**：有　○**採用試験科目**：書類選考, 適性検査, 面接(複数回)
○**資料請求**：HP参照　○**インターンシップ**：有
○**採用担当部署／担当者**：採用・人材育成チーム／金丸, 菊池, 塩谷, 大塚, 金子, 加藤
●**URL／e-mail**：http://www.scgm.co.jp/recruit/　saiyo@scgm.co.jp

西華産業 株式会社

●**本社**：〒100-0005 東京都千代田区丸の内3-3-1　☎03-5221-7101
●**代表者**：櫻井昭彦(さくらい・あきひこ)　●**設立**：1947年　●**従業員数(平均年齢)**：316名(41.8歳)
●**資本金**：67億2800万円　●**売上高**(23年3月期)：933億1100万円
●**事業内容**：各種プラント, 機械装置・機器類, 環境保全設備, 電子情報システム機器類の販売および輸出入
●**営業所・支店**：国内29か所, 海外3か所　●**連結・関連会社**：28社(国内12社, 海外16社)(23年3月31日現在)
●**初任給**：大卒総合職25万円　●**賞与**：年2回
●**勤務時間**：9:00〜17:15(フレックス㊒)
●**休日休暇**：年間約120日, 有給休暇／初年度10日・最高20日, 夏季休暇5日(6月〜9月のうち自由に取得可能), 年末年始・慶弔・子の看護休暇等

○**採用実績と予定**	大卒男女
22年実績	7名
23年実績	5名(院卒1名)
24年4月入社予定	10名

○**新卒採用形態**：春〜夏　○**中途採用**：有　○**インターンシップ**：実施予定
○**採用試験科目**：書類選考・Webテスト・面接　○**資料請求**：HP参照
○**採用担当部署**：総務・人事部／人事課　☎03-5221-7102
●**URL**：https://www.seika.com

双日 株式会社

●**本社**：〒100-8691 東京都千代田区内幸町2-1-1 飯野ビルディング ☎03-6871-5000
●**代表者**：藤本昌義（ふじもと・まさよし） ●**設立**：2003年4月1日 ●**従業員数**：2,523名／男性1,754名 女性769名（23年3月現在） ●**資本金**：1,603億3,900万円（23年6月30日現在）
●**純利益（前年比）**：111,247百万円（35.1%）
●**収益（前年比）**：2兆4,798億円（18%）（23年3月期・連結）
●**事業内容**：総合商社 ●**営業所・支店**：国内5か所，海外88か所（23年6月30日現在）
●**連結・関連会社**：443社（国内131社，海外312社）※23年6月30日現在
●**初任給**：【総合職】院卒：34万円，学部卒：30万5,000円 【事務職】院卒・学部卒：23万900円（2024年4月以降入社対象）※通勤交通費，在宅勤務手当，超過勤務手当等は含まない。 ●**全社平均年間給与**：12,085千円（2023年3月31日現在） ●**賞与**：年2回 ●**勤務時間**：9:15～17:30（フレックス㊒）
●**休日休暇**：完全週休2日制（土・日），祝日，年末年始，夏期休暇／5日，有給休暇／20日等

○**採用実績と予定**	総合職	事務職
22年実績	70名／文系49名，理系21名	20名
23年実績	87名／文系62名，理系25名	20名
24年4月入社予定	80名程度	15名程度

○**新卒採用形態**：国内・海外通年採用 ○**中途採用**：有
○**採用試験科目**：面接，筆記試験（テストセンター），書類選考等
○**資料請求**：HP参照 ○**インターンシップ**：有
○**採用担当部署**：人事部 採用課 ☎03-6871-3820
●**URL**：http://www.sojitz.com/jp/

第一実業 株式会社

●**本社**：〒101-8222 東京都千代田区神田駿河台4丁目6番地 御茶ノ水ソラシティ17階
●**代表者**：代表取締役社長 宇野一郎（うの・いちろう） ●**設立**：1948年
●**従業員数（平均年齢）**：591名（40.3歳）／男性441名（41.4歳） 女性150名（36.9歳）※2023年3月31日現在
●**資本金**：51億500万円 ●**売上高**（23年3月期）：1536億7400万円（連結）
●**事業内容**：産業機械及びプラントの国内外販売ならびに輸出入 ●**営業所・支店**：国内7か所，海外37か所（2023年10月31日現在） ●**連結・関連会社**：24社（2023年10月31日現在）
●**初任給**：（総合職）大卒・院卒 23万4000円，26万6000円
●**賞与**：年2回 ●**勤務時間**：9:00～17:30（フレックス㊒）
●**休日休暇**：完全週休二日制，年間125日，有給休暇／初年度10日・最高20日，特別休暇，慶弔休暇等

○**採用実績と予定**	大卒・院卒
22年実績	16名／文系14名，理系2名
23年実績	23名／文系21名，理系2名
24年4月入社予定	28名／文系25名，理系3名

○**新卒採用形態**：春～夏 ○**中途採用**：有 ○**採用試験科目**：面接（3回），適性検査
○**資料請求**：HP参照 ○**インターンシップ**：有（夏・冬）
○**採用担当部署／担当者**：人事部／太田 ☎03-6370-8600
●**URL／e-mail**：http://www.djk.co.jp/ saiyo@djk.co.jp

大同興業 株式会社

●**本社**：〒108-8487 東京都港区港南一丁目6番35号　大同品川ビル　☎03-5495-7260
●**代表者**：立花一人(たちばな・かずと)　●**設立**：1946年
●**従業員数(平均年齢)**：355名(39.8歳)／男性230名(41歳)　女性125名(36.8歳)※22年度末時点
●**資本金**：15億1150万円　●**売上高**(23年3月期)：2444億円　●**事業内容**：特殊鋼，素形材，原材料，機械，磁材等の売買および輸出入　●**拠点**：国内5か所(支店：東京，名古屋，大阪)(営業所：浜松，福岡)，海外14か所(支店：シンガポール，ソウル，台北)，大同特殊鋼グループ関連会社(アメリカ，上海，深圳，タイ)(現地法人：タイ，ドイツ，インド，インドネシア)
●**初任給**：院卒総合職27万2500円，大卒総合職25万2000円，大卒一般職22万3500円
●**賞与**：年2回(7月，12月)
●**勤務時間**：9：00～17：30(フレックス㊒コアタイム11：00～14：00)　●**休日休暇**：年間120日，有給休暇／初年度20日・最高40日，積立休暇，慶弔休暇，特別休暇，リフレッシュ休暇等

○**採用実績と予定**	大卒・院卒
22年実績	11名
23年実績	13名
24年4月入社予定	17名

○**採用実績校**：一橋，東京外国語，早稲田，慶應，青山学院，立教，明治，法政，中央，南山，中京，大阪，神戸，同志社，関西，カリフォルニア，ウェブスター，キーストン，シドニー，南京，復旦，高麗
○**新卒採用形態**：通年　○**中途採用**：有
○**採用試験科目**：履歴書，ES，面接，適性試験　○**インターンシップ**：有
○**採用担当部署／担当者**：人事部　採用育成チーム　☎03-5495-7260
●**URL／e-mail**：http://www.daidokogyo.co.jp　dkk_saiyo@daidokogyo.co.jp

ダイワボウ情報システム 株式会社

●**本社**：〒530-0005 大阪府大阪市北区中之島3-2-4　中之島フェスティバルタワー・ウエスト10F　☎06-4707-8015
●**東京支社**：〒140-0014 東京都品川区大井1-20-10　住友大井町ビル南館　☎03-5746-6411
●**代表者**：取締役社長　松本裕之(まつもと・ひろゆき)　●**設立**：1982年　●**従業員数**：1679名
●**資本金**：118億1300万円　●**売上高**(23年3月期)：8199億3500万円
●**事業内容**：東証プライムのダイワボウホールディングス(株)の中核企業として，パソコンを中心としたIT機器の販売／情報処理システム・通信システムの開発と販売を行っております。
●**営業所・支店**：国内94拠点　●**初任給**：大卒総合職23万6000円，一般職20万7100円(東京勤務時の地域手当含む)　●**賞与**：22年冬2.7か月，23年夏3.0か月　●**勤務時間**：9：00～17：45
●**休日休暇**：年間休日124日(22年度)，有給休暇／初年度10日・最高20日，全週休二日制(土・日)，祝祭日，年末年始，特別，慶弔，産前産後，育児，リフレッシュ，等

○**採用実績と予定**	大卒(院卒含む)	短大卒	ほか卒
22年実績	94名	1名	—
23年実績	174名	2名	—
24年4月入社予定	160名程度		

○**採用実績校**：青山学院，慶應義塾，東京理科，中央，法政，明治，立教，日本，東洋，成蹊，武蔵，早稲田，駒澤，大阪，神戸，同志社，立命館，龍谷，近畿，関西，関西学院，甲南，南山，名城，西南学院，広島 等
○**新卒採用形態**：春～夏　○**中途採用**：無　○**採用試験科目**：適性テスト，面接
○**資料請求**：HP参照　○**インターンシップ**：2023年夏季より実施
○**採用担当部署／担当者**：東日本：東京人事課／宮本，小林　☎0120-08-2681
西日本：人材開発課／番匠谷，松本，小部，藤井　☎0120-28-1162
●**URL**：http://www.pc-daiwabo.co.jp/saiyo/

田村駒 株式会社

●**本社**：〒541-8580 大阪本社：大阪市中央区安土町3-3-9　☎06-6268-7000
〒150-0001 東京本社：東京都渋谷区神宮前1-3-10　☎03-5771-1700
●**代表者**：堀　清人(ほり・きよひと)　●**設立**：創業1894年　設立1918年
●**従業員数(平均年齢)**：合計617名(23年3月31日現在・連結)
●**資本金**：12.4億円　●**売上高**(22年3月期)：991億円(連結)　●**事業内容**：繊維(衣料品・寝装品等)生活関連資材などの企画・製造・販売・貿易業　●**営業所・支店**：本社国内2か所(大阪・東京)，営業所2か所，海外(事務所含む)9か所　●**連結・関連会社**：11社，海外6社　●**初任給**：大卒総合職26.5万円(営業手当込)　一般職21.0万円　●**賞与**：年間6.2か月(2023年実績)　●**勤務時間**：大阪09：15～17：15　東京09：30～17：30　●**休日休暇**：年間127日(2022年度)，有給(初年度12日・最高20日)，慶弔，リフレッシュ，夏期，年末年始 等

○**採用実績と予定**	総合職	一般職
22年実績	5名	2名
23年実績	6名	3名
24年4月入社予定	8名	4名

○**採用実績校**：大阪府立大，神戸大，東京外大，長崎大，横浜国立大，青学大，関学大，慶應大，上智大，同志社大，立教大，早稲田大 等
○**新卒採用形態**：春一括　○**中途採用**：有　○**インターンシップ**：有
○**採用試験科目**：WEBテスト(一般常識および適性検査)および各種面接
○**資料請求**：ホームページを参照もしくは各種説明会にて資料配布
○**採用担当部署／担当者**：東京　総務部人事課　☎03-5771-1701／岩田・大木・中島
●**URL／e-mail**：http://www.tamurakoma.co.jp/fresh/　recruit_jinji@tamurakoma.co.jp

蝶理 株式会社

●**東京本社**：〒108-6216 東京都港区港南2-15-3 品川インターシティC棟　☎03-5781-6203
●**大阪本社**：〒540-8603 大阪市中央区淡路町1-7-3　☎06-6228-5115
●**代表者**：先濵一夫(さきはま・かずお)　●**設立**：1948年
●**従業員数**：1285名(連結)　●**資本金**：68億円　●**売上高**(23年3月期)：3294億円
●**事業内容**：繊維，化学品，機械およびその他諸物資の貿易・国内取引
●**営業所・支店**：国内4か所，海外30か所(現地法人含む)　●**連結・関連会社**：40社(現地法人18社含む)
●**初任給**：大卒基幹職26.5万円　大院卒基幹職27.5万円　大卒事務職21万円　短大・専門学校卒19万円　●**賞与**：年2回(6月，12月)　●**勤務時間**：9：15～17：30(フレックス㊒)
●**休日休暇**：年間約120日，有給休暇／初年度10日・最高20日，季節休暇

○**採用実績と予定**	大卒・大学院卒
22年実績	18名／総合職18名
23年実績	18名／総合職18名
24年4月入社予定	22名／総合職22名

○**新卒採用形態**：一括　○**中途採用**：随時　○**採用試験科目**：面接，書類，筆記試験 他
○**インターンシップ**：2023年8月～2024年2月　開催予定
○**採用担当部署／担当者**：人事総務部人事課／新卒採用担当　☎03-5781-6203
●**URL**：http://www.chori.co.jp/saiyo/

帝人フロンティア 株式会社

●**本社**：〒530-8605 大阪市北区中之島3-2-4 中之島フェスティバルタワー・ウエスト ☎06-6233-2600
●**代表者**：平田恭成(ひらた・やすなり) ●**発足**：2012年
●**従業員数(平均年齢)**：849名(43.8歳)／男性497名(45.8歳) 女性352名(40.8歳)
●**資本金**：20億円 ●**売上高**：3218億円(2022年度繊維・製品事業G連結)
●**事業内容**：繊維原料, 衣料製品, 工業資材, 産業資材, 車輌資材, インテリア関連製品, 樹脂, フィルム化学品, 工業製品, 包装資材, 建設資材, OA機器, その他各種機械などの販売および輸出入取引
●**営業所・支店**：国内5か所, 海外3か所 ●**連結・関連会社**：37社 ●**初任給**：院卒24万5000円, 大卒23万円 大卒(院卒)一般職18万8000円 ●**賞与**：年2回(6月・12月) ●**勤務時間**：9：15～17：30(フレックス㊒コアタイム11：00～15：00) ●**休日休暇**：年間約120日, 有給休暇／初年度10日・最高20日, 年末年始, 慶弔休暇, 他

○**採用実績と予定**	総合職	一般職
22年実績	8名／文系6名, 理系2名(内院卒2名)	—
23年実績	10名／文系4名, 理系6名(内院卒5名)	—
24年4月入社予定	18名／文系11名(内院卒1名), 理系7名(内院卒4名)	—

○**採用実績校**：京都, 大阪, 名古屋, 千葉, 筑波, 滋賀, 東京都立, 横浜国立, 横浜市立, 神戸, 大阪公立, 神戸外語, 京都工繊, 奈良女子, 広島, 信州, 福井, 早稲田, 慶應, 上智, 東京理科, 学習院, 明治, 金沢, 青山学院, 立教, 中央, 法政, 同志社, 立命館, 関西学院, 関西 ほか
○**新卒採用形態**：夏季中心 ○**中途採用**：有 ○**インターンシップ**：有(夏・秋・冬／大阪・東京)
○**採用試験科目**： Web適性検査, その他 ○**資料請求**：各種イベントにて配布
○**採用担当部署／担当者**：人事部採用・教育課／松井, 野村 ☎06-6233-2444
●**URL／e-mail**：http://www2.teijin-frontier.com Jinji-Saiyo@teijin-frontier.com

トラスコ中山 株式会社

●**東京本社**：〒105-0004 東京都港区新橋4-28-1 トラスコ フィオリートビル ☎03-3433-9832
●**大阪本社**：〒550-0013 大阪府大阪市西区新町1-34-15 トラスコ グレンチェックビル ☎06-6586-9871
●**代表者**：中山哲也(なかやま・てつや) ●**設立**：昭和39年(1964年) ●**従業員数(平均年齢)**：1639名(39.8歳)／男性1062名(43.4歳) 女性577名(33歳) ●**資本金**：50億2237万円 ●**売上高**(22年12月期)：2464億5300万円 ●**事業内容**：機械工具, 物流機器, 環境安全用品等の卸売及び自社ブランドTRUSCOの企画開発 ●**拠点**：国内89か所 海外5か所 ●**初任給**：大卒総合職24万5000円 修士了総合職25万2000円 ●**賞与**：年2回 ●**勤務時間**：9:00～17:30 ●**休日休暇**：休日／完全週休2日(土日※但し12月最終土曜日は出勤日)・祝日・年次有給休暇／初年度10日・最高40日(未使用分は積立有給休暇として無期限に積立可), 特別休暇／慶弔, 介護など

○**採用実績と予定**	キャリア(総合職)	ロジスキャリア(2022年新設)
22年実績	44名	—
23年実績	63名	1名
24年4月入社予定	52名	—

○**採用実績校**：青山学院, 大分, 大阪市立, 大阪府立, 学習院, 関西, 関西学院, 北九州市立, 京都女子, 京都府立, 岐阜, 慶應義塾, 神戸, 國學院, 埼玉, 滋賀, 滋賀県立, 下関市立, 上智, 昭和女子, 成蹊, 高崎経済, 千葉, 中央, 津田塾, 東京海洋, 東京学芸, 東京都立, 東京理科, 同志社, 同志社女子, 長崎県立, 奈良女子, 新潟, 日本, 法政, 明治, 武蔵, 山形, 横浜国立, 立命館, 立教, 和歌山, 早稲田 他
○**新卒採用形態**：春, 夏一括 ○**中途採用**：有
○**採用試験科目**：書類選考(WEB ES), 面接, グループディスカッション
○**資料請求**：HP参照 ○**インターンシップ**：有
○**採用担当部署**：人事部 採用課
●**URL／e-mail**：https://www.trusco.co.jp/recruit/ recruit.o@trusco.co.jp

中川特殊鋼 株式会社

●**本社**：〒104-6591 東京都中央区明石町8-1　☎03-3542-8811
●**代表者**：中川陽一郎(なかがわ・よういちろう)　●**設立**：1924年(大正13年)
●**従業員数**：150名／男性110名 女性40名
●**資本金**：4500万円　●**売上高**(23年度3月期)：705億円
●**事業内容**：ものづくりをグローバルに支えている独立系鉄鋼商社です。鉄鋼事業を中核に,倉庫・ロジスティクス事業,アドバンスト・プロダクト事業,不動産・都市開発事業を展開しております。
●**営業所・支店**：国内8か所　●**連結・関連会社**：15社(内,海外子会社12社)
●**初任給**：大卒総合職21万3000円(23年4月入社実績)　●**賞与**：年2回　●**勤務時間**：8:50～17:40
●**休日休暇**：年間120日(23年4月入社実績),有給休暇／初年度10日,最高20日,他

○**採用実績と予定**	総合職	エリア限定職
22年実績	7名／文系7名	—
23年実績	7名／文系7名	—
24年4月入社予定	8名／文系8名	—

○**採用実績校**：全国の国公私立大学および大学院
○**新卒採用形態**：春夏中心　○**中途採用**：有　○**インターンシップ**：有(1day仕事体験)
○**採用試験科目**：面接,適性検査,書類選考　○**資料請求**：入社案内は会社説明会にて配布
○**採用担当部署／担当**：コーポレート統括部　人事・総務グループ／採用担当　☎03-3542-8811
●**URL／e-mail**：http://www.nssi.co.jp/　recruit@nssi.co.jp

長瀬産業 株式会社

●**大阪本社**：〒550-8668 大阪府大阪市西区新町1-1-17
●**東京本社**：〒100-8142 東京都千代田区大手町二丁目6番4号　常盤橋タワー
●**代表者**：上島宏之(うえしま・ひろゆき)　●**設立**：1917年(大正6年)12月9日
●**従業員数(平均年齢)**：943名／男性600名(42.5歳)　女性343名(38.1歳)
●**資本金**：97億円　●**売上高**(23年3月期連結実績)：9129億円
●**事業内容**：化学品,合成樹脂,電子材料,化粧品,健康食品等の輸出・輸入及び国内販売
●**事業所・支店**：国内6か所,海外33か所　●**連結・関連会社**：108社(23年3月末時点)
●**初任給**：総合職／学部卒27万円　修士了30万円　事務職／学部卒・修士了22万3000円　●**賞与**：年2回
●**勤務時間**：9:00～17:15　●**休日休暇**：土日,祝日,年末及び年始,年次有給休暇(初年度14日・最高20日)等

○**採用実績と予定**	総合職	事務職
22年実績	27名	15名
23年実績	35名	13名
24年4月入社予定	25名	14名

○**採用実績校**：全国の国公私立大学および大学院
○**新卒採用形態**：夏一括　○**中途採用**：有　○**採用試験科目**：書類選考,面接,WEBテスト
○**資料請求**：HP参照　○**インターンシップ**：実施予定
○**採用担当部署／担当者**：人事総務部人事課　採用チーム
●**URL／e-mail**：http://www.nagase.co.jp/　recruit@nagase.co.jp

日鉄物産 株式会社

●**本社**：〒103-6025　東京都中央区日本橋二丁目7番1号 東京日本橋タワー
●**代表者**：中村真一(なかむら・しんいち)　●**設立**：1977年(昭和52年)8月2日
●**従業員数**：1294名　連結6580名
●**資本金**：163億8900万円　●**売上高**(2022年3月期)：2兆1342億円
●**事業内容**：鉄鋼，産機・インフラ，食糧，繊維 その他の商品の販売及び輸出入業
●**営業所・支店**：国内　24拠点　海外　18か国33拠点　●**連結子会社**：70社
●**初任給**(2023年度)：大卒総合職　26万円
●**賞与**：年2回　●**勤務時間**：9:00～17:20(フレックス有)
●**休日休暇**：完全週休2日制(土・日)，祝祭日，年末年始，有給休暇(リフレッシュ休暇，サマーホリデー制度，アニバーサリー休暇など)/初年度14日/年・最高20日/年，創立記念日，男性育児休暇(連続5日間まで有給)，特別休暇(結婚休暇，転任休暇，妻の出産休暇など) など

○**採用実績と予定**	総合職	一般職
22年度実績	10名	―
23年度実績	32名	2名
24年4月入社予定	50名程度	―

○**新卒採用形態**：通年　○**中途採用**：有　○**採用試験科目**：ES，PR動画，適性検査，面接
○**資料請求**：説明会にて配布・WEBにて公開(予定)　○**インターンシップ**：有(10月～翌年2月・複数日程)
○**採用担当部署**：人事部採用チーム　☎03-6772-5020
●**URL／e-mail**：http://www.nst.nipponsteel.com/recruit/fresher/　saiyo-tky@nst.nipponsteel.com

株式会社 日本アクセス

●**本社**：〒141-8582 東京都品川区西品川1-1-1 住友不動産大崎ガーデンタワー
☎03-5435-5750　●**代表者**：服部真也(はっとり・まさや)　●**設立**：1993年
●**従業員数(平均年齢)**：3105名(42.3歳)／男性2187名(43.6歳)　女性918名(39.1歳)
●**資本金**：26億2000万円　●**売上高**(22年度連結)：2兆1977億円　●**事業内容**：商社(食品)
●**営業所・支店**：国内営業拠点数86か所・物流拠点数525か所※連結ベース
●**連結・関連会社**：14社
●**初任給(20年実績)**：大卒22万6600円　●**賞与**：(※2022年実績4.9か月)
●**勤務時間**：9:00～17:30(フレックス㊒)
●**休日休暇**：年間122日，有給休暇／20日，他

○**採用実績と予定**	大卒男女	他
22年実績	93名／文系84名，理系9名	―
23年実績	104名／文系83名，理系21名	
24年4月入社予定	100名程度	

○**採用実績校**：早稲田，明治，法政，中央，立命館，関西学院，宮城，東京，大阪，神戸，他，全国の国公私立大学
○**新卒採用形態**：一括　○**中途採用**：有　○**インターンシップ**：有
○**採用試験科目**：書類選考，適性検査，グループディスカッション，WEBテスト，面接
○**資料請求**：HP参照
○**採用担当部署／担当者**：人事・総務部人材採用課　☎03-5435-5750
●**URL／e-mail**：http://www.nippon-access.co.jp/　saiyo@nippon-access.co.jp

日本紙パルプ商事 株式会社

●**本社**：〒104-8656 東京都中央区勝どき3-12-1 フォアフロントタワー ☎03-3534-8522
●**代表者**：渡辺昭彦(わたなべ・あきひこ) ●**設立**：1916年
●**従業員数(平均年齢)**：873名(44.7歳)／男性581名(45.4歳) 女性292名(43.5歳) ※23年3月末現在
●**資本金**：166億4892万円 ●**売上収益**(23年3月期)：5452億7900万円(連結)
●**事業内容**：紙, 板紙, パルプ, 古紙, 紙二次加工品, その他の関連商品の売買および製造, 不動産の賃貸, 発電および電気の供給・売買
●**営業所・支店**：国内主要拠点 東京, 大阪, 京都, 名古屋, 福岡, 札幌, 仙台
●**グループ会社**：国内55社, 海外72社 ●**初任給**：大卒総合職25万円(23年実績)
●**勤務時間**：9:00～17:15
●**休日休暇**：完全週休2日制(土・日), 祝日, 夏季休暇(計画年休), 年末年始, 有給休暇(初年度10日, 2年目15日, 4年目以降20日), リフレッシュ休暇, 積立有給休暇制度

○**採用実績と予定**	総合職	一般職
22年実績	13名	—
23年実績	16名	—
24年4月入社予定	16名	—

○**採用実績校**：全国の国公私立大学
○**採用試験科目**：エントリーシート, 適性検査, 面接 ○**資料請求**：説明会にて配布いたします
○**インターンシップ**：有 ○**採用担当部署**：人事部人材開発課 ☎03-5548-4029
●**URL／e-mail**：https://www.kamipa.co.jp person@kamipa.co.jp

阪和興業 株式会社

●**東京本社**：〒104-8429 東京都中央区築地1-13-1 銀座松竹スクエア ☎03-3544-2170
●**大阪本社**：〒541-8585 大阪府大阪市中央区伏見町4-3-9 ☎06-7525-5541
●**代表者**：中川洋一(なかがわ・よういち) ●**設立**：1947年
●**従業員数**：1521名(単体), 5580名(連結)※23年3月末時点
●**資本金**：456億円 ●**売上高**(23年3月期)：2兆6682億円(連結)
●**事業内容**：鉄鋼を中心にリサイクルメタル・プライマリーメタル, 食品, エネルギー・生活資材, 木材及び機械等各種商品の国内販売及び輸出入取引を主たる事業とする。
●**営業所・支店**：国内18か所, 海外49か所 ●**子会社・関連会社**：122社
●**初任給**：院卒総合職27万円 大卒総合職26万円 一般職20万1000円 ●**賞与**：年2回
●**勤務時間**：8:45～17:00 ●**休日休暇**：年間約120日, 有給休暇／初年度10日・最高20日

○**採用実績と予定**	総合職	一般職
22年実績	59名	52名
23年実績	62名	53名
24年4月入社予定	79名	52名

○**新卒採用形態**：夏一括 ○**中途採用**：有 ○**採用試験科目**：面接, 試験 ○**資料請求**：HP参照
○**インターンシップ**：有
○**採用担当部署／担当者**：人事部／[東京] ☎03-3544-2170
[大阪] ☎06-7525-5411
[名古屋] ☎052-977-3493
●**URL／e-mail**：http://www.hanwa.co.jp/ hksaiyo@hanwa.co.jp

丸文 株式会社

●**本社**：〒103-8577 東京都中央区日本橋大伝馬町8-1 ☎03-3639-2509
●**代表者**：飯野 亨（いいの・とおる） ●**設立**：1947年
●**従業員数（平均年齢）**：620名／男性423名（46.2歳） 女性197名（39.7歳） ●**資本金**：62億1450万円
●**売上高**（23年3月期）：2261億円（連結）
●**事業内容**：集積回路を中心とした半導体やシステム機器（レーザー機器・航空関連機器など），それらを組み合わせたソリューション提案・仕入販売を行う先端エレクトロニクス商社
●**営業所・支店**：国内19か所 ●**連結・関連会社**：国内3社，海外10社 ●**初任給**：修士卒基幹職24万8100円，大卒基幹職24万1500円（諸手当含む） ●**30歳モデル賃金**：大卒33万2300円 ●**勤務時間**：9:00〜17:30
●**休日休暇**：完全週休2日（土・日），年間126日，祝日，年末年始，夏季，有給休暇／初年度13日・最高20日

○**採用実績と予定**	院卒	大卒	短大・専門卒
22年実績	1名	12名	1名
23年実績	1名	19名	
24年4月入社予定		25名	

○**採用実績校**：千葉，群馬，明治，中央，法政，学習院，東京理科，東京電機，芝浦工業，東京海洋，日本，専修，神奈川，東海，同志社，関西学院，立命館，関西，甲南，大阪工業，南山，中京，名城，愛知工業 他

○**新卒採用形態**：春〜秋頃 ○**中途採用**：有 ○**採用試験科目**：面接，適性試験

○**資料請求**：HP参照 ○**インターンシップ**：有

○**採用担当部署／担当者**：人事部 採用研修課／山田，中見川 ☎0120-100-639（学生専用フリーダイヤル）

●**URL**：http://www.marubun.co.jp

丸紅 株式会社

●**本社**：〒100-8088 東京都千代田区大手町1-4-2 ☎03-3282-2075
●**代表者**：柿木真澄（かきのき・ますみ） ●**設立**：1949年
●**従業員数（平均年齢）**：4340名（42.3歳） ※2023年3月
●**資本金**：2633億2400万円 ●**収益**（23年3月期）：9兆1905億円
●**事業内容**：総合商社 ●**営業所・支店**：国内12か所，海外118か所 ●**連結・関連会社**：480社
●**初任給**：院卒総合職29万円 大卒総合職25万5000円（2023年4月実績）
●**賞与**：年2回 ●**勤務時間**：フレックスタイム制度 休憩60分／日 所定時間外労働：有
●**休日休暇**：完全週休2日制，祝祭日，年末年始休暇，年次有給休暇，オールシーズン特別休暇，リチャージ休暇，慶弔特別休暇（結婚休暇など），産前産後休暇，看護休暇，介護休暇，ファミリーサポート休暇，特別傷病休暇，ボランティア休暇 など

○**採用実績と予定**	総合職
22年実績	105名／文系79名，理系26名
23年実績	94名／文系77名，理系17名
24年4月入社予定	非開示

○**新卒採用形態**：未定 ○**中途採用**：有 ○**採用試験科目**：ES提出，適性検査，面接複数回，その他

○**資料請求**：HP参照 ○**インターンシップ**：未定

○**採用担当部署／担当者**：人事部 採用課

●**URL**：https://www.marubeni-recruit.com

三谷商事 株式会社

●**本社**：〒100-0005 東京都千代田区丸の内1-6-5 丸の内北口ビル2F ☎03-3283-3777
〒910-8510 福井県福井市豊島1-3-1 ☎0776-20-3111
●**代表者**：代表取締役社長 三谷 聡(みたに・あきら) ●**設立**：1946年
●**従業員数(平均年齢)**：650名(41.6歳) ※連結3251名 ●**資本金**：50億869万円
●**売上高**(23年3月期)：3202億8100万円(連結) ●**経常利益**：243億4700万円(連結)
●**事業内容**：建設，エネルギー，情報システムを中心にその他多角的に展開する独立系商社。
●**関連会社**：168社 ●**営業所・支店**：東京，大阪，名古屋，札幌，仙台，福岡，ベトナム，シンガポールなど(関連会社含) ●**初任給**：大卒総合職25.5万円，院了総合職26.8万円 ※東京勤務 ●**賞与**：年2回(7月，12月) ●**勤務時間**：9:00～18:00(地域によって8:30～17:30) ●**休日休暇**：土日祝祭，夏季，年末年始，慶弔，育児，介護，看護，特別休暇など ●**住宅費補助**：例 東京地区30歳既婚者の場合，給与換算200万円/年相当

○**採用実績と予定**	総合職	一般職
22年実績	28名／文系27名，理系1名	—
23年実績	22名／文系19名，理系3名	—
24年4月入社予定	32名／文系24名，理系8名	—

○**採用実績校**：北海道，東北，東京，一橋，横浜国立，早稲田，慶応義塾，上智，明治，青山学院，立教，法政，中央，名古屋，南山，金沢，福井，京都，大阪，神戸，関西，関西学院，同志社，立命館，広島，九州 他
○**新卒採用形態**：冬～夏 ○**中途採用**：有 ○**採用試験科目**：ES，適性検査，課題提出，面接
○**資料請求**：HP参照 ○**インターンシップ**：有 ○**採用担当部署**：人事課採用担当
●**URL／e-mail／TEL**：https://www.mitani-corp.co.jp/saiyou@mitani-corp.co.jp 0120-080-266

三菱商事 株式会社

●**本社**：〒100-8086 東京都千代田区丸の内2-3-1 ☎03-3210-2121
●**代表者**：中西勝也(なかにし・かつや) ●**設立**：1950年4月1日
●**従業員数(平均年齢)**：5,448名(42.9歳)(2023年3月31日現在) ●**資本金**：2,044億円
●**連結収益**(23年3月期)：21兆5,719億円 ●**連結純利益**(23年3月期)：1兆1,807億円
●**事業内容**：世界約90の国・地域に広がる当社の拠点と約1,700の連結事業会社と協働しながらビジネスを展開しています。天然ガス，総合素材，石油・化学ソリューション，金属資源，産業インフラ，自動車・モビリティ，食品産業，コンシューマー産業，電力ソリューション，複合都市開発の10グループにコーポレートスタッフ部門・産業DX部門・次世代エネルギー部門を加えた体制で，幅広い産業を事業領域としており，貿易のみならず，パートナーと共に，世界中の現場で開発や生産・製造などの役割も自ら担っています。
●**営業所・支店**：国内11拠点，海外110拠点(2023年4月1日現在)
●**連結対象会社**：1,737社(2023年3月31日現在)
●**初任給**：院卒総合職34万円，大卒総合職30万5,000円(2023年4月実績)
●**勤務時間**：9:15～17:30(実働7時間15分，フレックスタイム制導入部署あり)
●**休日休暇**：完全週休2日制(土・日)，祝祭日，年末年始，年次有給休暇，結婚休暇，リフレッシュ休暇 等

○**採用実績と予定**	総合職	一般職
22年実績	120名／文系82名，理系38名	—
23年実績	127名／文系92名，理系35名	—
24年4月入社予定	非開示	

○**新卒採用形態**：昨年度実績 3月選考，6月選考
○**中途採用**：有 ○**採用試験科目**：筆記試験，面接他 ○**資料請求**：HP参照
○**インターンシップ**：HP参照
○**採用担当部署／担当者**：人事部／採用担当
●**URL**：http://www.mitsubishicorp.com/jp/ja/

三菱食品 株式会社

●**本社**：〒112-8778 東京都文京区小石川1丁目1番1号 文京ガーデンゲートタワー ☎03-4553-5111(代表)
●**代表者**：京谷　裕(きょうや・ゆたか)　●**設立**：1925年3月13日
●**従業員数**(23年4月1日現在)：4,149名(単体)　●**資本金**(23年3月31日現在)：106億30百万円
●**売上高**(23年3月期連結)：1兆9967億80百万円　●**経常利益**(23年3月期連結)：251億99百万円
●**事業内容**：総合食品商社　●**営業所・支店**(23年4月1日現在)：本社，6支社・物流拠点約400拠点
●**関係会社**(23年3月31日現在)：14社　●**初任給**：大卒基本給235,000円（ライフプラン支援金（※）を含む）(※)ライフプラン支援金：任意で確定拠出年金拠出できる老後の資産形成のための制度の一つ
●**賞与**：年2回　●**勤務時間**：9:00～17:30(フレックス制㊒)
●**休日休暇**：完全週休2日制（一部部署により土日祝日のシフト制勤務有り）祝日，年末年始休日，年次有給休暇，産前産後休暇，育児休業，介護休業など

○**採用実績と予定**	総合職
22年実績	80名
23年実績	79名
24年4月入社予定	100名程度

○**採用実績校**：全国の国公私立大学
○**新卒採用形態**：一括
○**採用試験科目**：エントリーシート・適性検査・PR動画・面接　○**資料請求**：HP参照
○**採用担当部署**：人事グループ採用ユニット　☎03-4553-5005
●**URL**：http://mitsubishi-shokuhin-recruit.jp

明和産業 株式会社

●**本社**：〒100-8311 東京都千代田区丸の内3-3-1　☎03-3240-9011
●**代表者**：吉田　毅(よしだ・たかし)　●**設立**：1947年
●**従業員数**(23年3月31日時点)：合計199名(43.3歳)／男性133名　女性66名
●**資本金**：40億2400万円　●**売上高**(23年3月期)：1566億6200万円
●**事業内容**：電池材料，自動車，資源・環境ビジネス，難燃剤，機能建材，石油製品，高機能素材，機能化学品，合成樹脂等の関連事業
●**営業所・支店**：国内4か所，海外2か所　●**子会社・関連会社**：国内7社，海外6社
●**初任給**：(総合職)大卒21.5万円，院卒23.5万円　(事務職)大卒20万円
●**勤務時間**：9:15～17:30
●**休日休暇**：年間約120日，有給休暇／初年度12日，最高20日 他(夏季，年末年始，結婚，傷病，忌引，転任，子どもの看護，介護，リフレッシュ 等)

○**採用実績と予定**	大卒男女
22年実績	6名
23年実績	9名
24年4月入社予定	7名

○**新卒採用形態**：春一括　○**中途採用**：有
○**インターンシップ**：夏(8月上旬～9月上旬)，冬(12月下旬～1月上旬)
○**採用試験科目**：ES，筆記，適性検査，面接　○**資料請求**：HP参照
○**採用担当部署／担当者**：人事部　☎03-3240-9011
●**URL／e-mail**：http://www.meiwa.co.jp/　saiyo@meiwa.co.jp

株式会社 メタルワン

●**本社**：〒100-7032 東京都千代田区丸の内2-7-2 JPタワー
●**代表者**：代表取締役社長執行役員 兼 CEO　北村京介（きたむら・きょうすけ）●**設立**：2003年※三菱商事と双日（旧日商岩井）の鉄鋼製品部門が事業統合　●**従業員数**：947名（23年4月1日現在）
●**資本金**：1000億円　●**売上高**（23年3月期）：約2兆4000億円　●**純利益**：約415億円
●**事業内容**：鉄鋼商社　●**営業所・支店**：国内20か所，海外28か所
●**事業投資会社**：国内30社，海外37社　●**初任給**：B職（総合職）大卒26万円　院卒29.5万円
●**賞与**：年2回（6月・12月）●**勤務時間**：9:15～17:30（フレックス㊒）
●**休日休暇**：完全週休2日制（土・日），祝祭日，年末年始，年次有給休暇（20日）等

○**採用実績と予定**	B職（総合職）
22年実績	15名
23年実績	15名
24年4月入社予定	13名

○**新卒採用形態**：一括　○**中途採用**：有　○**採用試験科目**：筆記試験，面接
○**資料請求**：新卒採用HP参照
○**インターンシップ**：有（9月～2月）
○**採用担当部署／担当者**：人事部 人事組織ユニット／採用担当　☎070-4074-8385
●**URL／e-mail**：https://www.metalone-recruit.jp　metalone.saiyo@mtlo.co.jp

株式会社 守谷商会

●**本社**：〒103-8680 東京都中央区八重洲1-4-22 モリタニビルディング83　☎03-3278-6001（代）
●**代表者**：加藤　弘（かとう・ひろし）●**創業**：1901年　●**従業員数（平均年齢）**：631名（42.5歳）／男性480名（44.5歳）　女性151名（39.4歳）●**資本金**：8億1000万円　●**売上高**（23年3月期連結）：1100億円　●**事業内容**：機械類の国内販売および貿易取引（産業機械，電気・電子機器，環境保全機器，計測検査機器，運輸・運搬機器，鉄鋼・非鉄金属）●**営業所・支店**：国内24か所
●**連結（非連結を含む）・関連会社**：国内9社，海外5社　●**初任給**：大卒総合職29万6200円　大卒事務職22万6800円（東京）●**賞与**：年2回　●**勤務時間**：9:00～17:30　●**休日休暇**：週休2日（土日），祝祭日，年末年始，年間約120日，有給休暇／初年度15日・最高20日，リフレッシュ休暇，慶弔休暇

○**採用実績と予定**	大卒	短大卒
22年実績	19名／文系18名，理系1名	—
23年実績	21名／文系17名，理系4名	—
24年4月入社予定	24名／文系22名，理系2名	—

○**採用実績校**：青山学院，学習院，関西，慶應義塾，上智，成蹊，成城，中央，筑波，東京理科，東京都立，東洋，獨協，法政，明治，立教，立命館，早稲田，関西学院，同志社，南山，広島 他　全国の国公私立大学
○**新卒採用形態**：通年　○**中途採用**：有（第2新卒のみ。時期応相談）
○**採用試験科目**：筆記（一般常識，作文），適性検査，個人面接
○**資料請求**：HP参照　○**インターンシップ**：有
○**採用担当部署／担当者**：人事部人事課／神田，乙馬，仲川　☎03-3278-6001
●**URL／e-mail**：https://recruit.moritani.jp/　psinfo@moritani.co.jp

森村商事 株式会社

●**本社**：〒105-8451東京都港区虎ノ門4-1-28 虎ノ門タワーズオフィス ☎03-3432-3517
●**代表者**：森村裕介(もりむら・ゆうすけ) ●**設立**：1876年 ●**従業員数**：249名／男性140名,女性109名
●**資本金**：4億5000万円 ●**売上高**：916億円(2022年12月期単体)
●**事業内容**：各種原材料の輸出入・三国間貿易および国内販売(セラミックス,樹脂,金属,香料,食品,電子・IT関連部材,化成品等) ●**国内外拠点**：国内5ヵ所,海外15ヵ所 ●**子会社・関連会社**：22社
●**初任給**：総合職(院修了)24万7000円,総合職(大卒)23万5000円,事務キャリア職(大卒)21万1000円
●**賞与**：年2回(6月,12月) ●**勤務時間**：9:00〜17:20 ●**休日休暇**：完全週休2日制(年120日以上),祝祭日,年末年始,創立記念日,慶弔休暇,有給休暇(14日〜20日),特別有給休暇 等

○**採用実績と予定**	総合職	事務キャリア職
22年実績	5名	1名
23年実績	5名	6名
24年4月入社予定	6名	3名

○**採用実績校**：北海道,東北,東京,青山学院,慶應義塾,国際基督教,芝浦工業,上智,東京都立,成蹊,成城,中央,東京外国語,東京学芸,津田塾,学習院,法政,明治,立教,早稲田,横浜国立,千葉,名古屋,南山,名古屋外国語,京都,大阪,関西学院,九州工業,立命館,関西,同志社,獨協 他
○**新卒採用形態**：春〜夏 ○**中途採用**：有 ○**採用試験科目**：Webテスト,適性検査,面接
○**資料請求**：HP参照 ○**インターンシップ**：有(詳細は未定。採用マイページにて募集予定)
○**採用担当部署／担当者**：人事部／友田,島内,鈴木
●**URL／e-mail**：https://www.morimura.co.jp/ saiyo@morimura.co.jp

ユアサ商事 株式会社

●**本社**：〒101-8580 東京都千代田区神田美土代町7番地 住友不動産神田ビル17F ☎03-6369-1212
●**代表者**：代表取締役社長 田村博之(たむら・ひろゆき)
●**設立**：創業1666年 設立1919年 ●**従業員数(平均年齢)**：1103名／男性660名(39.6歳) 女性443名(37.1歳) ●**資本金**：206億4424万円 ●**売上高**(23年3月期)：5048億600万円(連結)
●**事業内容**：工業機械,産業機器,流体システム機器,住宅設備機器・建築資材,建設機械,燃料などの国内外販売・輸出入および建設事業,エンジニアリング事業,その他 ●**営業所・支店**：国内31か所,海外23か所 ●**関係会社**：37社 ●**初任給**：大卒総合職26万円,大卒一般職22万円(月21時間分の固定見做し残業代含む) ●**賞与**：年2回(6月,12月) ●**勤務時間**：9:00〜17:00 ●**休日休暇**：年間約120日,有給休暇／初年度12日・最高20日,夏季・年末年始・慶弔休暇等

○**採用実績と予定**	総合職	一般職
22年実績	39名／文系32名,理系7名	18名
23年実績	46名／文系41名,理系5名	30名
24年4月入社予定	44名／文系41名,理系3名	32名

○**採用実績校**：愛知,青山学院,関西,関西学院,学習院,近畿,釧路公立,甲南,国立台北科技,神戸,佐賀,静岡,城西国際,成蹊,専修,中京,東京電機,東洋,同志社,獨協,南山,武蔵,兵庫県立,法政,明治,明治学院,立命館,龍谷,山形,早稲田,和歌山(23年4月入社総合職実績)
○**新卒採用形態**：一括 ○**中途採用**：有 ○**採用試験科目**：グループワーク,面接,適性検査
○**資料請求**：セミナー時に配布 ○**インターンシップ**：有(4days,1day共に実施予定)
○**採用担当部署／担当者**：人事部／松野,弘中,笠井 ☎03-6369-1212
●**URL／e-mail**：http://www.yuasa.co.jp jinji@yuasa.co.jp

株式会社 RYODEN

●**本社**：〒170-8448 東京都豊島区東池袋3-15-15　☎03-5396-6133

●**代表者**：富澤克行（とみざわ・かつゆき）　●**設立**：1947年　●**従業員数**：1242名

●**資本金**：103億3430万円　●**売上高**（23年3月期）：2603億円

●**事業内容**：FAシステム，冷熱システム，デバイスなどを国内外で幅広く取り扱う三菱電機系国内最大手の技術商社

●**支社拠点**：国内29か所，海外21か所　●**連結・関連会社**：10社　●**初任給**：大卒21万4000円

●**賞与**：年2回　●**勤務時間**：9:00～17:30

●**休日休暇**：年間　　　　　　　　，有給休暇／初年度14日・最高20日他夏季休暇3日，育児休業㊒

○**採用実績と予定**	総合職	事務職
22年実績	28名	3名
23年実績	31名	7名
24年4月入社予定	27名	3名

○**採用実績校**：東京理科，芝浦工業，東京電機，早稲田，明治，立教，中央，青山学院，法政，学習院，成蹊，日本，専修，名古屋工業，南山，同志社，立命館，関西，関西学院，近畿，甲南，九州工業，福岡

○**新卒採用形態**：春～秋　○**中途採用**：有

○**採用試験科目**：面接，グループワーク，適性検査，エントリーシート

○**資料請求**：HP参照　○**インターンシップ**：有

○**採用担当部署／担当者**：人事部人事課／番匠，乗田　☎03-5396-6133

●**URL**：http://www.ryoden.co.jp/recruit/

CREDIT

制作●福永 一彦、大木 浩美（トレンド・スポッター）、
高月 靖、三宅 正人、
圓岡 志麻、金井 映子、多賀谷 典子、
D.ブレイン
企画●D.ブレイン
DTP●橋本 仁（スタジオ205プラス）
カバーデザイン・イラスト●中西 啓一（panix）
本文デザイン（第３章年表）●やまだ ゆかり
写真●小倉 直子、花木 敬示、桑名 晴香

あとがき

やっと、二〇二五年度版の制作作業が終わった。来月の刊行を待つばかりである。毎年のことだが、取材は八月、九月に集中する。「今年は去年より暑いよねえ」などと取材のたびにライターやカメラマンと話をするが、今年の暑さは特に堪えた。しかし、商社パーソンたちの話はとてつもなく面白く、取材の熱気は外の暑気にも負けないほどだった。四時間の取材はあっという間に過ぎる。

激務をこなしながら、プロのボクシング選手にもなった人、未知の国に派遣されて、砂漠の中で仕事をした人、取引先からいきなり出禁を言い渡された新入社員、ビジネスで見事敗者復活を遂げたエビのプロフェッショナル、秩父宮のグランドに立てなかったラガーマン……。

自分が何度生まれ変わってもできないような経験を、直接聞けるのはとても楽しい。今年も多くの魅力的な商社パーソンたちに出会うことができた。

そして、人事部には、情熱的な二十代の若者たちがたくさんいた。今年大学を卒業した人もいる。彼らのほとんどが、商社では営業をしたいと思っていたが、人事部に配属されたのだ。私はそんなことは百も承知の上で、いろいろな問いかけをするが、実に立派な受け答えをしてくる。商社に入社するのは簡単ではない。その強固な門を破り抜けてきたという自信がそうさせているのだろう。彼らの貴重な就職活動を後輩たちにも知ってほしいものだ。

彼らの話を聞きながら、いつも商社って何だろうと考える。何でも作る、何でも持ってくる、何でもどこへでも持っていく。Ａｍａｚｏｎだって同じだろうというかもしれない。しかし商社では、商社パーソンは一人ひとりの存在が、輝いているのだ。それが一番の魅力だと思う。一人でも多くの学生が本書からそんなことを読み取ってくれたらうれしい限りだ。

ライターの福永一彦氏、高月靖氏、大木浩美さん、圓岡志麻さんには、今年もお世話になった。緻密な取材といい原稿に助けられた。カメラマンの小倉直子さん、花木啓示さん、桑名晴香さんにはいい写真をたくさん撮ってもらった。また制作では三宅正人氏に多大な協力を仰いだ。さらにＤＴＰでは橋本仁氏に助けられた。氏の迅速な作業力がなければ、本書を短期間で完成させることはできなかった。またデザイナーの中西啓一氏は、今年もふさわしい装丁を提供してくれた。

最後に、お忙しい中、本書の制作にご協力いただいたすべての商社の人事ご担当者様に、心より感謝申し上げたい。彼らの〝学生たちにメッセージを伝えたい〟という思いが私の支えでした。

十一月吉日

D.ブレイン
稲葉　昌司

【編著者】
D.ブレイン
広告、IT、生保・損保、食品、アミューズメント、化学、金融、コンサルティングファーム、カジノなど、今まで多くの業界・企業研究、就職関連の書籍を中心に手掛ける。

商社業界とは30年以上の交流があり、信頼関係は強い。直接の取材による確かな情報発信に定評がある。今まで1000人以上の商社パーソンに会っている。

編著書は『コンサルティング業界大研究』『フードサービス大研究』『ベンチャー企業』『情報通信・近未来予想図』『内定の達人』『カジノジャパン』『北京の碧い空を』『鉄腕アトムを救った男』など多数。

業界《ぎょうかい》と会社研究《かいしゃけんきゅう》
2025年度版《ねんどばん》　商社《しょうしゃ》

2024年1月1日　初版発行

編著者　D.ブレイン
発行者　D.ブレイン

発売所　株式会社 産経新聞出版
〒100-8077 東京都千代田区大手町1-7-2 産経新聞社8階
電話　03-3242-9930　FAX　03-3243-0573

印刷・製本／シナノパブリッシングプレス

ISBN 978-4-86306-172-9 C0063　Printed in JAPAN